Martin Kersting

Alte Bücher sammeln

Ex Libris

Peter

Freude

Murnau

Martin Kersting

Alte Bücher sammeln

Ein praktischer Leitfaden
durch die Buchgeschichte und
die Welt der Antiquariate

BATTENBERG

Die Deutsche Bibliothek - CIP-Einheitsaufnahme

Kersting, Martin:
Alte Bücher sammeln : Ein praktischer Leitfaden
durch die Buchgeschichte und die Welt der Antiquariate /
Martin Kersting. – Augsburg : Battenberg, 1999
ISBN 3-89441-440-5

BATTENBERG VERLAG, AUGSBURG
© 1999 Weltbild Verlag GmbH, Augsburg
Alle Rechte vorbehalten

Lektorat: Gert Schröder
Satz und Layout: Der BUCHMACHER, Arthur Lenner, München
Gesetzt aus der Schneidler Text von Linotype Library
Skizzen: Gesa Puell, München
Umschlaggestaltung: Thomas Steinkaemper, Wörthsee
Umschlagfoto: William Michael Harnett, Der Tisch des Bankiers (Ausschnitt), 1877, Öl/Lwd., 20,3 × 30,5 cm; New York, The Metropolitan Museum of Art
Reproduktion: Repro Mayr, Donauwörth
Druck und Bindung: Spiegl, Ulm

Gedruckt auf umweltfreundlich chlorfrei gebleichtem Papier.

Printed in Germany

ISBN 3-89441-440-5

Vorwort

Der Büchersammler in Sebastian Brants »Narrenschiff« ist der erste in einer Reihe von 112 weiteren Narren und Toren. Diese harte Schelte der Bibliophilie, die bei Brant allerdings eine gehörige Portion Selbstkritik einschließt, konnte leidenschaftliches Büchersammeln späterer Jahrhunderte nicht verhindern, und nichts spricht dagegen, daß es den Bibliophilen auch in Zukunft noch geben wird. Trotz elektronischer Medien ist das Buch nach wie vor das Symbol der Geistesgeschichte, die Brücke von der Vergangenheit zur Gegenwart. Gerade das alte, das antiquarische Buch ist in der Lage, diese Brückenfunktion besonders wahrzunehmen. Nicht nur sein Inhalt macht uns mit Denkformen vergangener Zeiten vertraut, auch sein Erscheinungsbild ist ein Teil der Geschichte. Gelegentlich läßt sich das Schicksal eines Buches rekonstruieren: die Provenienz und die Besitzverhältnisse, die dem Werk seinen individuellen Charakter geben. Anders als verlagsfrische Exemplare verkörpern antiquarische ihre eigene Geschichte. Gerade im Zeitalter der Massenproduktion ist es ein besonderes Vergnügen, etwas zu besitzen, das einmaligen Charakter hat. Hinzu kommt noch der Reiz, den das Sammeln an sich hat. Es ist unmöglich, ein vergriffenes Buch ein-

fach zu bestellen, man muß es unter Umständen lange suchen, viele Antiquariate anschreiben, Suchlisten verschicken und Kataloge wälzen. Um so größer ist die Freude, wenn es endlich gelingt, ein Exemplar aufzutreiben.

Diese Schrift möchte bei der Jagd nach dem vergriffenen Buch etwas Hilfestellung leisten. Sie informiert über die Vertriebsformen des Antiquariatsbuchhandels, über die Arbeitsweise von Auktionshäusern, über die Preisbildung und will vor allen Dingen Kataloge lesbar machen, indem die Kürzel von etwa 650 häufig verwendeten Bibliographien aufgelöst werden. Ein umfangreiches Register erleichtert die eigenen Forschungen. Vorangesetzt ist ein Abriß der Buchgeschichte sowie der Druck- und graphischen Illustrationstechniken, der dem Sammler die notwendigen Informationen gibt, um das von ihm erworbene Buch in seinen historischen Kontext einzuordnen. Weiterführende Literaturangaben ermöglichen es, sich mit einem Thema intensiver zu befassen. Es ist dabei nicht auf Vollständigkeit Wert gelegt worden, sondern der Verfasser hat sich darum bemüht, nur solche Titel aufzunehmen, die in einer durchschnittlich ausgestatteten öffentlichen Bibliothek vorhanden sind.

Dr. Martin Kersting

Inhalt

INHALT

Buchgeschichte

Bis weit in die zweite Hälfte des 20. Jahrhunderts war das Buch das große Gedächtnis der Menschheit. Selbst heute, da viele Aufgaben des zwischen zwei Buchdeckeln eingebundenen Papiers durch den Computer übernommen worden sind, kann sich kaum ein Mensch eine Welt ohne Buch vorstellen. Wie ein menschliches Gedächtnis hat auch das Gedächtnis der Menschheit vieles gespeichert, was ihm wichtig erschien und deshalb sofort abrufbar sein soll, vieles aber liegt vergraben und kann erst durch Aktivierung des Erinnerungsvermögens wieder präsent gemacht werden, und manche Dinge sind so verschüttet, daß es guter Therapeuten bedarf, um sie freizulegen. Wenn man den Vergleich weiterführen möchte, so kann man als die Therapeuten die vielen tausend Wissenschaftler bezeichnen, die in den diversen historischen Fachrichtungen arbeiten. Ihnen steht tüchtiges Hilfspersonal in Form von Bibliothekaren, Archivaren, Dokumentaren und Antiquaren zur Seite. Deren Aufgabe ist es, den Therapeuten die notwendigen Arbeitsmittel zur Verfügung zu stellen. Diese Arbeitsmittel sind in erster Linie die Bücher selbst.

Neben dieser wichtigen wissenschaftlichen Funktion bereitet das Buch – vor allen Dingen das alte – vielen Menschen ein ästhetisches Vergnügen. Die kunsthandwerklich wertvollen Arbeiten eines mittelalterlichen Schreibers oder Illuminators, eines Typographen der Neuzeit oder eines kundigen Buchbinders werden im Zeitalter der industriellen Massenproduktion mehr denn je geschätzt. Da die Menge an antiquarischen Büchern eine nahezu unendliche Zahl umfaßt – jedes nicht mehr lieferbare oder verlagsneue Buch ist ein antiquarisches – will diese Schrift ein wenig helfen, den Dschungel im Angebot der Antiquariate transparent zu machen. Selbstverständlich liegt es nicht in meiner Absicht, irgendeinen Einfluß auf die persönlichen Sammelkriterien des

Lesers zu nehmen. Ziel der Schrift ist es, ihm eine gewisse Sicherheit bei der Beurteilung des alten und wertvollen Buches zu geben.

Um die gewaltige stoffliche Fülle zu bewältigen, die die Beschäftigung mit dem Buch an sich bildet, hat sich ein eigener Wissenschaftszweig herausgebildet: das Buchwesen. Ein bedeutendes Forschungsgebiet ist hierbei die Buchgeschichte. Ähnlich wie bei anderen historischen Hilfswissenschaften liegt auch in dieser Disziplin der eindeutige Schwerpunkt auf der Periodisierung. Man versucht, bestimmte Epochen herauszukristallisieren, um auf diese Weise eine Entwicklungsgeschichte des Buches aufzeigen zu können. Da es sich dabei auch um einen greifbaren materiellen Gegenstand handelt, bietet es sich an, technische Fragen der Produktion und ökonomische der Distribution in den Vordergrund zu stellen. Ein äußerst grobes Raster könnte somit ganz einfach folgendermaßen aussehen:

Die Papyruszeit: Die Papyrusrolle war das »Buch« der Antike. Die ältesten Funde stammen aus Ägypten, aus der Zeit Alexanders des Großen. Die spätesten werden auf die Zeit des Eindringens der Araber (611 n. Chr.) datiert.

Mittelalterliche Handschriften: Die Buchgeschichte bietet einen großzügigen Mittelalterbegriff an. Seit dem 4. nachchristlichen Jahrhundert sind illuminierte Codices bekannt, die als Vorläufer der mittelalterlichen Buchkunst anzusehen sind.

Die Inkunabelzeit: Das 15. Jahrhundert gilt in der Buchgeschichte – wie in den meisten anderen historischen Disziplinen auch – als der Beginn der Neuzeit. Gutenbergs bahnbrechende Erfindung wird im allgemeinen auf das Jahr 1440 datiert. Alle Drucke seit dieser Zeit bis 1500 bezeichnet man als Inkunabeln (Lat. incunabula: die Wiege).

Humanismus und Reformation: Im 16. Jahrhundert gewinnt das gedruckte Buch eine bisher noch nicht dagewesene Bedeutung als Medium breiterer Schichten der Bevölkerung. Die fortschreitende Arbeitsteilung, verbunden mit neuen Technologien, eröffnet dem Verlagswesen neue Absatzmärkte.

Die barocke Klosterbibliothek Waldsassen

Absolutismus und Aufklärung: Im 17. und 18. Jahrhundert verstärkt sich die Tendenz zur Arbeitsteilung noch. Der Kupferstich ermöglicht eine feinere Illustrationstechnik als der Holzschnitt.

Neunzehntes und zwanzigstes Jahrhundert: Echte Massenproduktion wird erst im Laufe des 19. Jahrhunderts möglich. Lithographie, Holz- und Stahlstich machen illustrierte Werke für weite Teile der Bevölkerung erschwinglich. Industrie-Einbände können die Preise weiter drücken. Im 20. Jahrhundert wird die Stellung des Buches als preiswertes Massenprodukt ausgebaut, andererseits gibt es eine Gegentendenz zur künstlerischen Gestaltung der Verlagsprodukte. Gutenbergs Bleisatz wird durch Offset-Verfahren abgelöst. *Literatur: Hermann Barge: Geschichte der Buchdruckkunst von ihren Anfängen bis zur Gegenwart. Leipzig 1940; Fritz Funke: Buchkunde. 4. Aufl. München 1978; Georg Kurt Schauer: Ein halbes Jahrhundert Bleisatz. Darmstadt 1982.*

Die Papyruszeit

Die Papyrusrolle definiert sich durch den Schreibstoff. Nachweisbar ist sie seit dem 3. Jahrtausend vor Christus. Seit dem 6. vorchristlichen Jahrhundert wurde Papyrus nach Griechenland exportiert. Der griechische Kultureinfluß brachte auch dem Römischen Reich dieses Schreibmaterial. Während der gesamten Antike hütete Ägypten das Monopol für die Produktion des Papyrus, obgleich die Staude (*Cyperus papyrus*) auch für Syrien und Mesopotamien bezeugt ist.

Über die Papyrusherstellung sind wir durch Plinius (*Naturalis historia* 13, 11–13) informiert: Das Stengelmark der Pflanze wird in dünne Streifen geschnitten, auf eine quer zu den Markfibern verlaufende zweite Schicht gelegt und so übereinander gepreßt, daß eine Seite mit horizontalen und eine Seite mit vertikalen Fibern entsteht. Verschiedene Einzelblätter werden zusammengeklebt, so daß sich eine Rolle beträchtlicher Länge (bis zu 40 Meter) ergibt.

Diese Technik führte dazu, daß eine Rolle nur einseitig beschrieben wurde: die Recto-Seite mit der waagrecht laufenden Faserung bot dem Schreibinstrument geringeren Widerstand. Auch für dieses lieferten die Nilufer das Ausgangsprodukt. Die schräg zugeschnittene Binse diente als Griffel. Schreibmittel war in den meisten Fällen eine schwarze Rußtinte. Seit dem 2. nachchristlichen Jahrhundert zeichnet sich eine wichtige Entwicklung in Richtung Buch ab: Die Rolle wird durch den Codex ersetzt. Zwischen zwei Holz- oder Wachstafeln eingeheftete Blätter waren einfach praktischer in der Handhabung als die meterlangen Rollen. Es erscheint auch schon gelegentlich der Schreibstoff des Mittelalters, das Pergament *(siehe S. 14/15)*. Der große Meister der alten Geschichte Theodor Mommsen hat die Prophezeiung gewagt, das 20. Jahrhundert werde das Jahrhundert der Papyrologie sein, so wie sein Jahrhundert das der Epigraphik war. Die bedeutenden Funde der letzten 30 Jahre in Ägypten und Palästina haben ihm Recht gegeben. Die Philologien sind kaum in der Lage, die riesigen Bestände, die sich aufgestaut haben, zu edieren. Die Behauptung, daß sich der althistorischen Forschung eine völlig neue Basis eröffnet hat, dürfte wohl kaum übertrieben sein.

Inhaltlich wird durch die Papyri das gesamte Spektrum des literarischen Lebens der Antike abgedeckt. Fast alle griechischen Dichter sind mit irgendeinem ihrer Werke vertreten. Unschätzbar sind zum Beispiel die vielen Homer-Fragmente, deren ältestes immerhin bis in das 3. vorchristliche Jahrhundert zurückreicht. Der Schluß der »Perser« des Aischylos konnte dank eines Papyrusfundes zu Anfang unseres Jahrhunderts rekonstruiert werden. Wir wissen aufgrund der ägyptischen Funde, daß sich die drei großen Tragiker auch mit dem Satyrspiel beschäftigt haben. Die Werke des Kallimachos kennt man eigentlich erst seit Beginn der Papyrusforschung.

Noch bedeutenderen Gewinn als die Altphilologen haben die Theologen aus den Funden gezogen. Das eigenartige koptische Christentum in Ägypten kann in seiner frühen Geschichte sehr viel besser beschrieben werden als jede andere der regionalen jungen Kirchen. Die gnostischen Schriften aus Nag Hamadi haben einen gar nicht hoch genug einzuschätzenden religionsgeschichtlichen Wert. Einem Papyrusfund in der Oase Fajum verdanken wir das Gesamtwerk des Mani.

Einen Einblick in das ptolemäische und römische Ägypten liefern diverse medizinische, mathematische, astronomische, juristische und musikalische Abhandlungen. In Ansätzen sind wir sogar in der Lage, das griechische Bibliothekswesen zu rekonstruieren, weil uns einige Titellisten erhalten sind. Urkunden ergänzen das Bild des Alltages.

Erwähnenswert erscheint noch, daß nicht nur das trockene Wüstenklima Ägyptens Papyri die letzten Jahrtausende überdauern ließ, sondern daß seit 1752 auch aus Herkulaneum stark verkohlte Rollen bekannt sind. Sie überliefern – soweit ihr Zustand eine Rekonstruktion zuläßt – philosophische Schriften Epikurs in griechischer Sprache.

Als Sammelgebiet eignen sich Papyri kaum. Die wenigen Rollen, die sich auf dem Markt befinden, dürften wohl nur in den seltensten Fällen legal in den Handel gelangt sein.

Mittelalterliche Handschriften

Bedeutsamer für den Privatsammler sind mittelalterliche Codices. Es empfiehlt sich selbstverständlich auch hier nur der Kauf bei absolut seriösen Firmen, da immer wieder die Gefahr besteht, ein gestohlenes Exemplar zu erwerben.

Pergament   Die Wende von der Antike zum Mittelalter vollzieht sich als technologische, die bis in unsere Zeit hinein beträchtliche geistesgeschichtliche Folgen hat. Im 4. Jahrhundert hat sich das Pergament als Schreibstoff endgültig durchgesetzt, die Papyrusrolle hatte ausgedient und verschwand aus den Bibliotheken. Da sich im 4. Jahrhundert das Christentum endgültig durchsetzte, gelangten nur noch Kopien der Texte heidnischer Autoren, die für die neue Religion eine gewisse Bedeutung hatten, in die Bibliotheken. Trotz der enormen Funde an Papyri der letzten Jahrzehnte müssen wir leider davon ausgehen, daß wir die antike Literatur nur bruchstückhaft kennen. Ohne Übertreibung kann man sagen, daß sich in der Spätantike die größte und umfassendste Kulturrevolution ereignete, die die Geschichte der Menschheit kennt. Daran konnte auch die pagane Reaktion auf die theodosianische Zeit nur wenig ändern. Die *condemnatio memoriae* einer 1500jährigen Literatur hatte definitiven Charakter. Anzumerken bleibt, daß sich diese Revolution in höchst undramatischer Form und für die Zeitgenossen kaum wahrnehmbar vollzog.

Seite aus dem Hildebrandlied, Handschrift auf Pergament, Bl. 76ᵛ (27,5 × 20 cm), um 835; Kassel, Gesamthochschulbibliothek, 2° Ms. theol. 54

Pergament ist ein Schreibmaterial, das anders als Papyrus nicht über große Entfernungen importiert werden mußte. Es handelt sich um in einer Kalklauge gebeizte Tierhaut. Die durch diesen Vorgang gelösten Haare und Fettreste werden mittels eines Schabers entfernt, um es anschließend ein zweites Mal zu beizen. Am Ende des Bearbeitungsvorganges wird es, auf einen Rahmen gespannt, getrocknet. Der Fachmann ist in der Lage, an der Beschaffenheit des Pergamentes dessen Herkunft zu erkennen.

Obgleich Pergament an nahezu jedem Ort hergestellt werden konnte, war die Beschaffung in der Regel ein nicht unbedeutendes ökonomisches Problem. Für Riesen-Codices benötigte man bis zu 500 Schafshäute. In manchen Handschriften werden die Stifter des

*Die Papiermacher,
Holzschnitt von Jost
Amman aus: Hans
Sachs, Eygentliche
Beschreibung Aller
Stände auff Erden,
Bl. 112 (7,8 × 6 cm),
Sigmund Feyerabend,
Frankfurt/M. 1568;
Nürnberg, Stadt-
geschichtliche Museen*

Skriptorien

Pergamentes dankbar erwähnt. Der Mangel an Schreibstoff hat der Nachwelt manch wertvolles Werk in Form eines Palimpsestes überliefert: Das Pergament wurde gelegentlich abgeschabt oder abgewaschen, um Raum für einen neuen Text zu bekommen. Es ist heute mit phototechnischen Mitteln möglich, die älteren Texte der Handschrift wieder sichtbar werden zu lassen. Ciceros *De re publica* und die meisten Komödien des Plautus kennen wir nur als Palimpseste.

Seit dem 13. Jahrhundert benutzt die abendländische Buchproduktion das Papier. Erfunden wurde es im 2. Jahrhundert nach Christus in China. Durch chinesische Kriegsgefangene in Samarkand lernte es 751 die arabische Welt kennen. Die erste Papiermühle auf europäischem Boden ist für das 12. Jahrhundert in der Nähe von Valencia bezeugt, das damals noch unter arabischer Herrschaft stand. Aus der Zeit des Stauferkaisers Friedrich II. sind Mandate auf Papier erhalten. Die früheste bekannte Papierhandschrift im deutschsprachigen Raum kann auf das Jahr 1246/47 (Bayerische Staatsbibliothek München, Clm 2574b) datiert werden. Ab etwa 1300 verwandten die Papiermühlen ihr eigenes Wasserzeichen, das heute Bibliothekaren und Antiquaren die Bestimmung der Provenienz und des Alters erheblich erleichtert.

Über die Bedingungen der Buchproduktion im 4. und 5. Jahrhundert wissen wir wenig. Wahrscheinlich erfolgte die frühe Kopistentätigkeit auf privater Grundlage. Seit dem 6. Jahrhundert gibt es in den Klöstern Skriptorien. Sie sollten für die nächsten 600 Jahre eine fast monopolartige Stellung einnehmen. Voraussetzung

für das Entstehen derartiger Schreibstuben war das Vorhandensein *Vgl. Tf. I*
eines ausreichenden Bücherbestandes, einer Bibliothek, deren
Werke abgeschrieben werden konnten. Der Vater des abendländischen Mönchtums, Benedikt von Nursia, schreibt im 48. Kapitel
seiner Ordensregel das Vorhandensein einer derartigen Bibliothek
zwingend vor. Nach Cassiodor galt das Kopieren von Handschriften als Gottesdienst. Bis zum 12. Jahrhundert waren es ausschließlich Geistliche, die sich mit der Buchproduktion beschäftigten. Seit
der karolingischen Zeit entstehen auch vereinzelt Schreibschulen
an größeren Bischofssitzen. Ihre Produktion konnte sich jedoch
kaum mit der der Klöster messen.

Die Kopisten mußten nicht unbedingt den Klöstern angehören,
in denen sie ihrer Tätigkeit nachgingen. Bedeutend ist beispielsweise der Einfluß irischer, schottischer und englischer Mönche auf
die kontinentale Buchkunst der karolingischen Zeit. Ein großes
Skriptorium hatte viele Kontakte: So war es notwendig, Handschriften aus befreundeten Klöstern auszuleihen, um sie zu kopieren. Auch dieser Verkehr bewahrte die Buchproduktion des Mittelalters vor dem Verfall in die Provinzialität.

Der St. Galler Klosterplan verzeichnet das Skriptorium im Erd-
geschoß unterhalb der Bibliothek im ersten Stock. Bei allen Bene-
diktinerklöstern war die Schreibstube ein Gemeinschaftssaal,
während später bei den Karthäusern der Schreiber allein in seiner
Zelle arbeiten mußte.

Mit dem Aufschwung der Universitäten im 12. Jahrhundert **Universitäten**
treten zunächst Weltgeistliche, später auch vermehrt Laien als
Schreiber auf. Die aufblühende Stadtkultur konnte auf ein gewis-
ses Maß an Schriftlichkeit nicht verzichten. Ein System der manu-
ellen Massenproduktion von Gebrauchshandschriften nahm von
den Universitätsstädten seinen Ausgang, das es den Studenten
schnell und vergleichsweise preiswert ermöglichte, an die für den
Unterricht notwendigen Texte zu gelangen: Vom »stationarius«
wurde ein sorgfältig korrigiertes Exemplar angefertigt, das nicht
eingebunden, sondern in durchlaufend numerierten Lagen an die

Studenten gegen einen Mietpreis zum Kopieren abgegeben wurde. Für maximal eine Woche konnten die Scholaren eine »pecia« (= Lage) ausleihen, um sich nach der Abschrift eine neue zu mieten. Der Vorteil dieses Systems war, daß mehrere Kopien gleichzeitig angefertigt werden konnten.

Laienschreiber
Im Spätmittelalter, etwa ab 1300, treten neue Kräfte auf, die bisher auch für den Historiker nur schwer faßbar gewesen sind: die religiös interessierten Laien. Als Schreiber arbeiten fortan viele Frauen, zum Teil der Unterschicht angehörend. Das deutsche Werk Meister Eckharts wäre uns unbekannt, wenn es nicht die vielen hundert Mitschriften seiner Predigten von mystisch orientierten Nonnen aus dem Dominikanerorden geben würde. Das literarisch-antiquarische Interesse einer neuen stadtadeligen Schicht findet seinen Niederschlag in den bedeutenden Sammelhandschriften, deren berühmtestes Beispiel der *Codex Manesse* *Vgl. Tf. II* ist. In der Spätgotik erleben wir auch den Höhe- und Endpunkt der Buchmalerei. Die Stundenbücher des Duc de Berry, gestaltet von den Brüdern Limburg, waren wohl nicht mehr zu übertreffen.

Buchmalerei
Schon in altchristlicher Zeit bestand das Bedürfnis, über den reinen Gebrauchstext hinauszugelangen und die Handschrift als Kunstwerk zu begreifen. Der Kirchenvater und Editor der lateinischen Bibel Hieronymus beklagt sich im 5. Jahrhundert über das Mißverhältnis zwischen der luxuriösen Ausstattung der Codices und der miserablen Übersetzung des Textes. Seine puristische Auffassung des Buches hat sich nicht durchgesetzt. Die Buchmalerei kann trotzdem auf eine 1500 Jahre alte Tradition zurückblicken.

Aus der ganz frühen Zeit der Buchmalerei sind leider nur sehr wenige Codices bekannt. Sie stehen in der Tradition der antiken Wand- und Tafelmalerei. Bedeutendstes Beispiel ist das Iliasfragment aus der Mailänder Ambrosiana (Cod. F. 205 inf.), das in die letzten Jahrzehnte des 4. Jahrhunderts datiert werden muß. Im byzantinischen Erbe ist überraschenderweise das Material noch lückenhafter als im Westen, so daß hier eine stilistische Einordnung nahezu unmöglich ist. Für die bedeutenden Codices, die »Genesis« der Nationalbibliothek in Wien (theol. gr. 31) und den *Codex Sinopensis* der Pariser Nationalbibliothek (Suppl. gr. 1286), hat man syrische Einflüsse und Vorlagen angenommen. *Vgl. Tf. III*

Einen deutlichen Bruch mit den spätantiken Traditionen der figürlichen Miniaturen lassen die vorkarolingischen Handschriften des 7. Jahrhunderts erkennen. Das Ornament steht jetzt eindeutig im Vordergrund, oder die Figuren sind in die Ornamentik eingebunden. Besonderes Formgefühl zeichnet die Gestaltung der Initialen aus. Tiere, zum Teil auch menschliche Gestalten, bilden die Buchstaben.

Für das Abendland kann man zwei Ströme der Tradition feststellen, die beim Übergang von der Antike zum Mittelalter einen ersten wirklichen Höhepunkt der Buchmalerei schufen. Die insularen Künstler – in Irland, England und Schottland – fanden ihre ornamentalen Vorbilder in der keltischen Metallkunst. Initialen aus diesen Codices wirken wie kostbare Gold- oder Kupferschmiedearbeiten. Die kunstwissenschaftliche Erschließung dieser Werke kann nicht allein durch den Codikologen erreicht werden. Hier ist enge Zusammenarbeit mit dem Archäologen gefordert, der vergleichbare Ornamentik aus der keltischen Metallkunst kennt. Den geistesgeschichtlichen Hintergrund dieser eigenartigen Formensprache dürfte man in dem Bekehrungswerk der irischen Missionare sehen, die in der Lage waren, eine lebensfähige Symbiose aus Christentum und keltischer Tradition zu schaffen. Kostbarkeiten wie das *Book of Durrow* oder das *Book of Kells* sind Zeugnisse einer frühen Nationalkirche, die sich ungestört von den zerstörerischen Wirkungen der Völkerwanderung auf dem europäischen Festland entwickeln konnte. **Keltische Traditionen** *Vgl. Tf. IV*

Die schwierigen politischen und kulturellen Verhältnisse im Frankenreich waren allerdings kein wirkliches Hindernis bei der Schaffung einer merowingischen Buchkunst. Der Stil und die Ikonographie der Codices, die in Frankreich vor der Mitte des 8. Jahrhunderts entwickelt wurden, waren jedoch in erheblich geringe- **Merowingische Buchkunst** rem Maße traditionsbildend als die gleichzeitige insulare Produktion. Von den merowingischen Klöstern geht so gut wie gar kein Missionsimpuls aus. Die vorkarolingischen Mönche beschäftigten sich primär mit ihrem eigenen Glauben. So entstanden – stark abweichend von den irisch-britischen Gepflogenheiten – kaum Evangeliare, dafür aber Missales, Sakramentare und Kirchenvätersammlungen. Dem trägt auch die Buchmalerei Rechnung. Die *Vgl. Tf. V* Initiale hat keine sakramentale Bedeutung sondern reine Zierfunktion. In der Forschung ist es umstritten, welche Vorbilder auf die Illuminationen eingewirkt haben. Zwar kennt auch die orientalische Buchkunst die zoomorphen Initialen, jedoch sind die Dokumente, die aus Armenien oder dem koptischen Bereich bekannt sind, deutlich jünger als die fränkischen Zeugnisse. Byzantinischen Einfluß wird man wohl nicht vermuten können, da sich im ost-römischen Reich zu dieser Zeit ikonoklastische Tendenzen ausbreiteten. Mit Sicherheit kann man aber ausschließen, daß Elemente aus der autochthonen Kultur eine Rolle spielen. Gallischer, germanischer oder provinzialrömischer Einfluß ist nirgendwo greifbar.

Die Zeit Karls des Großen Es fällt auf, daß sich die Buchmalerei seit der Zeit Karls des Großen eher insularer als kontinentaler Vorbilder bediente. Die karolingische Renaissance war nur durch das enge Zusammenspiel von kaiserlichem Hof und irischen sowie angelsächsischen Beratern möglich, denn mit dem Verfall des Merowingerreiches ging auch ein Bildungs- und Kirchenverfall einher, der nicht zuletzt auf die Selbstisolierung der Klöster zurückgeführt werden kann. Seit 782 gab es an der Aachener Palastschule unter dem Angelsachsen Alcuin eine Hofschule, an der die bedeutendsten Lehrer der Zeit unterrichteten. Die Hofkapelle verfügte über ein eigenes Skriptorium, in dem wahrscheinlich so bedeutende Handschriften wie das »Godescalc-Evangeliar« (Paris, Nationalbibliothek, Nouv. Acq. *Vgl. Tf. VI* Lat. 1203) und das Evangeliar aus St. Médard (Paris, Nationalbibliothek, MS. Lat. 8850) entstanden sind. Mit der Integration der heidnischen Sachsen in das Frankenreich begann die Frage der

Missionierung eine neue Dimension zu bekommen. Auch hierbei konnte Karl der Große auf Angelsachsen oder auf Mönche aus von Angelsachsen gegründeten Klöstern zurückgreifen.

Einer der wichtigsten Reformschritte war die Entwicklung einer neuen Schrift. Mit der karolingischen Minuskel verschwanden die schwer zu entziffernden merowingischen Buchschriften. Jeder, der sich mit mittelalterlichen Handschriften beschäftigt hat, wird bestätigen, daß die Lesbarkeit einer frühmittelalterlichen Handschrift sogar deutlich höher ist als bei einer aus dem 14. oder 15. Jahrhundert.

Die karolingische Buchmalerei befreit sich von der reinen Ornamentik. Man hat den Mut, den Text zu illustrieren und damit in Bildern zu erzählen. Zunächst verrät das kleine Format der Szenen noch eine gewisse Scheu vor der biblischen Darstellung, spätestens jedoch gegen Ende des 8. Jahrhunderts ist die blattdeckende Illu-

**Karolingische
Buchkunst**

Schriftmuster: Karolingische Minuskel und Halbunziale

21

LXII·DEFECERVNT   LAVDESO DEF ILIIES   SEPSALMOVSASAPI

**Karolingische
Renaissance**

mination fester Bestandteil der Buchmalerei. Man wagt sich sogar
an dreidimensionale Darstellungen, die in dieser Plastizität erst
wieder in der Renaissance erreicht werden sollten.

Die Aachener Hofschule wirkte sich in alle Teile des Reiches
aus. Es entstehen bedeutende Skriptorien in Fulda, auf der
Reichenau, in St. Gallen, Corbie und Montpellier. Mit dem
Utrechtpsalter (Univ. Bibl. Script. Eccl. 484) liegt uns ein Beispiel
frühmittelalterlicher Zeichenkunst vor, das wohl auf bedeutende
spätantike Vorlagen zurückgreift.

Der Begriff karolingische Renaissance – Wiedergeburt – meint
auch, daß man sich inhaltlich an antiken Bildungsidealen orientierte. Es entsteht im bescheidenen Rahmen ein nichtreligiöses
Schrifttum. An erster Stelle denkt man hier an die bedeutenden
astronomischen Sammelhandschriften. Für das Studium der lateinischen Sprache wurden lateinische Klassiker rezipiert. So findet
sich in der Bibliotheca Vaticana ein hübsch illustrierter Terenz-
Codex, der auf das erste Drittel des 9. Jahrhundert datiert wird.

Einhard berichtet in seiner *vita Caroli magni*, daß der Herrscher die alten – gemeint sind die germanischen – Heldengesänge sammeln ließ. Bis auf ein bescheidenes Bruchstück des Hildebrandliedes konnte leider keines dieser Werke vor dem frommen Eifer des Nachfolgers Karls, Kaiser Ludwig, gerettet werden. Das gesamte Wissen der Zeit versuchte man in Enzyklopädien zu vereinigen, deren bedeutendste die des Isidor von Sevilla ist. Eine allegorische Naturauslegung findet sich in dem häufig kopierten »Physiologus«.

Vgl. Abb. S. 15

Das komplizierte Verhältnis zwischen der Schriftsprache Latein und den Volkssprachen kann hier nur am Rande behandelt werden. Es bleibt aber festzustellen, daß der Teil der Handschriften, die volkssprachliche Texte enthalten oder gar durchgehend volkssprachlich abgefaßt sind, das ganze Mittelalter über in der Minderzahl bleibt, allerdings mit zunehmender Tendenz. In der karolingischen Zeit standen Verfasser und Schreiber eines deutschen Werkes vor einer kaum lösbaren Aufgabe: Für die *lingua Theodisca* gab es keine Orthographie, Grammatik, Stilistik, Syntax… Die Schreiber mußten Pionierarbeit leisten, von der wir uns heute kaum noch eine Vorstellung machen. Dennoch besitzen wir vermutlich aus spätkarolingischer Zeit einen Autographen des wichtigsten althochdeutschen Werkes überhaupt. Die Wiener Handschrift des Evangelienbuches Otfrids von Weißenburg enthält zahlreiche Korrekturen in Buchstaben, Worten und Akzenten, die mit hoher Wahrscheinlichkeit auf eine durch den Verfasser gefertigte Revision des Textes zurückgehen.

Volkssprachliche Texte

Der Impuls, der von dem Reformwerk Karls des Großen ausging, hatte sich um 900 erschöpft. Viele der berühmten karolingischen Schreibstuben versanken in der Provinzialität. Die politischen Verhältnisse waren nicht dazu angetan, Kunstwerke von bleibendem Wert zu fördern. Die Außengrenzen des Reiches wurden regelmäßig durch Ungarn, Sarazenen und Normannen gebrandschatzt. Für viele Teile des Abendlandes hatte das verheerende wirtschaftliche Folgen, die sich auch in der materiellen Kultur niederschlugen. Der Niedergang des Karolingerreiches eröff-

Niedergang des Karolingerreiches

nete anderen geographischen Breiten die Möglichkeit einer eigenständigen Entwicklung, nicht zuletzt im Bereich der Buchmalerei. Bis zur Jahrtausendwende entstanden regional eigenständige Schulen, die dann in ottonischer Zeit ihre Vorarbeiten und Versuche in das große romanische Haus einbringen konnten. Die wenigen unversehrt gebliebenen Zentren waren dabei die Keimzellen der neuen Blüte. Im deutschsprachigen Raum muß an erster Stelle St. Gallen genannt werden. Kloster Tegernsee liefert ein gutes Beispiel, wie die Verluste durch eifrige Kopistentätigkeit ersetzt wurden.

Cluniazensische Reformen

Der eigentlichen Anstoß aber für eine neue Buchkunst war ähnlich wie schon in der Karolingerzeit eine grundlegende Reform des monastischen Lebens. Die französischen Klosterreformen – ausgehend von Cluny – wurden auch in den meisten anderen Teilen Europas aufgenommen. Es entwickelte sich eine monastische Theologie, die auf gut ausgestattete Klosterbibliotheken angewiesen war. Zunächst jedoch steht Frankreich, das eigentliche Zentrum der monastischen Reformen, in der Buchkunst hinter Spanien, England und Deutschland zurück.

Die spanische und mozarabische Buchmalerei ist das Bindeglied zwischen Spätantike und Mittelalter. Die relative Toleranz der maurischen Eroberer machte es möglich, daß sich auf der iberischen Halbinsel eine Reihe von vorislamischen Elementen halten *Vgl. Tf. VII* konnte, die auch der Buchmalerei des 8. und frühen 9. Jahrhunderts ihre Prägung gaben. Noch im 10. Jahrhundert erinnert die eigenartige Farbskala der Initialen an die merowingische Buchmalerei. Rot, Grün und Gelb dominieren. Daneben sind aber durchaus auch byzantinische und stadtrömische Elemente erkennbar. Die ausgesprochene Flächigkeit der Figuren weist auf nationale Eigenheiten.

England und Irland sind ebenfalls durch die karolingische Renaissance kaum berührt worden. Die altgewohnten Formen des 8. Jahrhunderts sind weitgehend beibehalten, allerdings um den Preis einer gewissen Verflachung. Die mit geflügelten zweifüßigen Reptilienkörpern verbundenen Köpfe lassen schon die romanische

Dracheninitiale ahnen. Künstlerischer Schwerpunkt ist in der Regel der Seitenrahmen. Es verschwinden definitiv die verschlungenen Spiralornamente, die für das 7. und 8. Jahrhundert prägend waren. Seit der Mitte des 10. Jahrhunderts zieren Illustrationen zum biblischen Text die Codices. Für den Historiker schwer nachweisbar sind die Beziehungen, die zwischen den Inseln und dem griechischen Orient bestanden haben – die illuminierten Handschriften jedenfalls legen eine solche Verbindung nahe.

Vgl. Tf. VIII, Abb. 1

In Deutschland erlebte die mittelalterliche Buchkunst unter den Kaisern des sächsischen Herrscherhauses ihren Höhepunkt. Im Gegensatz zur karolingischen Buchmalerei wagt man sich jetzt an großformatige Illustrationen des Neuen Testamentes. Einen Schwerpunkt bilden die liturgischen Handschriften: Evangeliare, Perikopenbücher, Sakramentare. Das prächtige Innere des Buches fand seine Entsprechung in der äußeren Gestaltung: Prachteinbände wurden mit Gold, Silber, Elfenbein und Edelsteinen verziert.

Vgl. S. 116 ff.

Die Bedingungen der ottonischen Buchmalerei waren denen der karolingischen Epoche durchaus vergleichbar. Otto I. gelang es, durch ein Bündnis zwischen Kirche und Kaisertum eine feste Bastion gegen die Ansprüche des Adels zu schaffen, die ihren Niederschlag auch in der Buchmalerei findet. Die Reichsabteien stellten die Künstler und Schreiber für die Palastkapelle. Der Beginn der ottonischen Buchmalerei wird im allgemeinen mit dem sogenannten »Ottonianum« datiert, einer Urkunde aus dem Jahre 962, die sich in den Archiven des Vatikans befindet. Otto I. bestätigt in ihr die Herrschaft des Papstes über den Kirchenstaat. Sie ist ohne sonstige Dekoration von einem mehrfarbigen Blattornament eingerahmt. Diese Arkanthusborte wird zu einem Kennzeichen der Buchmalerei der Zeit. Zehn Jahre jünger ist die prächtige Urkunde, in der die Schenkungen an die byzantinische Prinzessin Theophanu anläßlich ihrer Vermählung mit Otto II. aufgeführt sind. Sie wurde am Weißen Sonntag des Jahres 972 in der Vatikansbasilika in Rom entrollt und verlesen und hatte sicher die Funktion, auf die

Ottonische Buchmalerei

Vgl. Tf. VIII, Abb. 2

anwesenden Byzantiner Eindruck zu machen. Mit ihr sollte demonstriert werden, daß auch der Westen Kunstwerke schaffen konnte, die sich durchaus mit denen vom Bosporus messen ließen. Der Untergrund wird verziert durch eine Doppelreihe von roten Medaillons mit figürlichen Tierdarstellungen. Die blauen Zwickelfelder dazwischen schmücken rote Ornamente. Die Seitenränder erinnern in ihrer floralen Ornamentik noch an das »Ottonianum«, während die Kopfleisten wiederum figürlich ausgeführt sind. Der prächtige Eindruck wird durch die Verwendung goldener Tinte erhöht. Sowohl das »Ottonianum« als auch die Heiratsurkunde haben byzantinische Prachturkunden als Vorbilder. Mit ihnen wurde der Weg vorgezeichnet, der für die Buchkunst des späten 9. und frühen 10. Jahrhunderts prägend werden sollte.

Byzantinische Vorbilder

Für das letzte Drittel des 10. Jahrhunderts sah es so aus, als ob der Gegensatz Byzanz – Westreich überwunden werden konnte. Konstantinopel war, bedingt durch die Expansion der Araber, auf militärische Hilfe des Westens angewiesen. Es wurde zum ersten Mal seit Justinians Zeiten wieder eine aktive Westpolitik seitens Byzanz betrieben, wobei es vor allen Dingen um den Einfluß in Italien ging. Man war im gewissen Rahmen bereit, über die karolingische »Usurpation« des Kaisertitels hinwegzusehen. Die ottonische Politik hatte sich umgekehrt zum Ziel gesetzt, eine dynastische Verbindung zwischen den Kaiserhäusern durch die Ehe einer purpurgeborenen Prinzessin mit einem deutschen Kaiser zu erreichen. Das gelang nicht, jedoch konnte Otto II. immerhin Theophanu, die angeheiratete Nichte von Kaiser Johannes Tsimiskes heiraten. Ihr Einfluß auf die abendländische Buchkunst ist im Zusammenhang mit ihrem 1000. Todesjahr 1991 in mehreren großen Kölner Ausstellungen gewürdigt worden.

Das Ornament, das für die karolingischen Illuminationen noch prägend war, tritt jetzt völlig hinter die figürliche Darstellung zurück. Prachtcodices werden auf purpurgetränktem Pergament geschrieben. Deutlicher als in der vorangegangenen Epoche lassen sich einzelne Schulen unterscheiden, die ihren eigenen Stil ent-

wickeln. Von dem sächsischen Herr-
scherhaus wurde die Abtei Corvey an
der Weser am meisten begünstigt. Hier
entstanden Evangeliare, wie das New
Yorker (Pierpont Morgan Library M.
755), das Wolfenbütteler (Cod. Guelf.
16. 1. Aug. 2°) und das Kasseler (Hes-
sische Landesbibliothek, Ms. theol. 2°
60). Und hier wurde die byzantinische
Kunst der Chrysographie (Verwendung von goldener Tinte) gepflegt.
Liturgische Werke auf Bestellung produzierten vor allen Dingen die Klöster
der Reichenau, während Fulda auf
durchgängig illuminierte Sakramentare spezialisiert war. Weitere berühmte Schreibschulen waren das
Emmeranskloster in Regensburg, St.
Pantaleon in Köln, St. Maximin in
Trier, Lorsch, Mainz und vor allen Dingen St. Gallen, das die Tradition seines Skriptoriums auch über die problematische erste
Hälfte des 10. Jahrhunderts retten konnte.

Der Missionsimpuls, der von den Reformen der ottonischen
Zeit ausging, stellte ein Werk in den Vordergrund, das in den Jahrhunderten zuvor eher ein Schattendasein geführt hatte: die Bibel.
In allen europäischen Ländern werden seit dem Beginn des
11. Jahrhunderts großformatige illuminierte Prachtbibeln geschaffen. Daneben wird bereits das hoch- und spätmittelalterliche An-
dachtsbuch mit ganzseitigen Bildern aus dem Leben Jesu vorweg-
genommen, die die Psalterien verzieren. Darüber hinaus führte die
Rückbesinnung auf den evangelischen Text zu einer erneuten Renaissance der Volkssprache. Die Bibel ist seit etwa 1050 auch Stoff-
sammlung der Dichter. Leider setzt hier die Überlieferung sehr
spät ein. Die wichtigste Sammelhandschrift dieser Gattung – die

Seite aus dem Wolfenbütteler Evangeliar, Handschrift, Abtei Corvey, letztes Viertel 10. Jahrhundert, Bl. 9ʳ (32,5 × 22 cm); Wolfenbüttel, Herzog August Bibliothek, Cod. Guelf. 16.1. Aug. 2°

Vorauer (Codex 276) – wird auf das letzte Drittel des 12. Jahrhunderts datiert.

Ein etwas problematisches Verhältnis zum geschmückten Buch hatten die Reformorden wie die Zisterzienser. Wir kennen einerseits die vierbändige reich verzierte Bibel des Abtes Stephan Harding von Citeaux (gest. 1133), andererseits schreibt Bernhard von Clairvaux in den Statuten seines Ordens vor, daß die Buchstaben in den Handschriften einfarbig und nicht ausgemalt sein sollen. Man wird deshalb auch kaum von einer Zisterzienser-Buchkunst sprechen können. Für die aufkommenden Bettelorden gilt ähnliches. Dem Armutsgebot ihres Gründers folgend, wurde im Franziskanerorden sogar der Buchbesitz gelegentlich als nicht mit den Regeln vereinbar angesehen.

Mitte des 12. Jahrhunderts wurde der Teilrückzug der geistlichen Kräfte aus der Buchproduktion durch die vermehrte Teilnahme der Laien am Bildungsbetrieb ausgeglichen. In der Literatur fällt die Beschränkung auf geistliche und biblische Themen auf. Kaiserchronik, Rolandslied des Pfaffen Konrad und Alexanderlied des Pfaffen Lamprecht lassen dagegen schon die »staufische Klassik« erahnen. Die aufkommenden Universitäten haben einen Buchbedarf, wie er bis dato unvorstellbar war. Die Fakultäten der Mediziner und Artisten forderten wichtige Grundlagenwerke – die Schriften des Aristoteles sowie Werke griechischer, jüdischer und arabischer Ärzte in Übersetzungen. Für die scholastische Philosophie und Theologie gilt ähnliches. Der Gebrauchswert des Buches wurde nun deutlich erhöht, indem man die Codices

Seite aus der Vorauer Handschrift, Ende 12. Jahrhundert, Bl. 74ʳ. (32 × 45 cm); Vorau, Augustiner-Chorherrenstift, Codex 276

wesentlich rationeller gestaltete. Um das Zitieren überhaupt zu ermöglichen, ging man zur Paginierung über. Die ersten Register
stammen aus dem 13. Jahrhundert. Die Gotik hat zwar mindestens
ebensoviele Prachtcodices wie die Romanik hinterlassen, jedoch
beherbergen die Bibliotheken bedeutend mehr Gebrauchshandschriften aus dieser Zeit.

Die Buchmalerei hat im 11. und 12. Jahrhundert noch nicht die **Gotische**
Freiheit des 13. erlangt. Schwerpunkt ist nach wie vor die kirchli- **Buchmalerei**
che, biblische oder hagiographische Ikonographie. Nur vereinzelt
sind Ritterdichtungen oder Enzyklopädien mit Bildern versehen
worden. Mit der Emanzipation des Laien im 13. Jahrhundert entstehen dann erst Bücher zur privaten Andacht: die Stundenbücher
mit ihren zum Teil großartigen Gemälden. Zur Laienbelehrung
dienten auch die *bibliae pauperum*, in denen Szenen des alten und
des neuen Testamentes typologisch gegenübergestellt wurden. Im
Hoch- und Spätmittelalter verlagert sich das Zentrum der Buchkunst vom deutsch- und englischsprachigen Bereich in den französischen. Der Pariser und der burgundische Hof als Auftraggeber
waren in der Lage, die hervorragendsten Künstler zu beschäftigen.
Die Illuminatoren verlassen nun die Anonymität, die ihnen das
klösterliche Skriptorium gewährte. Viele französische Meister sind
uns namentlich bekannt: Ein Brevier Philipps des Schönen wird
mit dem Namen des Maître Honoré verbunden; für ihn arbeitet
auch Jean Pucelle. Der Duc de Berry ließ die Brüder Limburg,
vieleicht auch die Brüder van Eyck für sich arbeiten. Für denselben
Fürsten war Jean Fouquet tätig. In Deutschland erlebt die Buchmalerei im ausgehenden 14. Jahrhundert einen letzten Höhepunkt.
Das bekannteste Werk ist wohl die Manessische Liederhand- *Vgl. Tf. II*
schrift, entstanden um 1380 in Konstanz oder Zürich. In Köln sind
burgundische und französische Einflüsse deutlich erkennbar. Der
Südosten erhielt seine Prägung durch die Aufträge Kaiser Karls IV. *Vgl. Tf. IX*
und seines Kanzlers Johannes von Neumarkt.

Der Übergang vom geschriebenen zum gedruckten Buch war
ein fließender. Noch 1494 ließ Johannes Trithemius, Abt von

Sponheim ein Buch mit dem Titel *de laude scriptorium manualium* drucken (!), in dem er das handschriftliche Kopieren alter Codices als die höchste Erfüllung des mönchischen Lebens pries. Durch die Humanisten, vor allen Dingen in Italien, wurden die Klosterbibliotheken mit ihren reichen Beständen an klassischen Autoren wiederentdeckt und zum Teil eifrig kopiert. Man versuchte, mit rankengeschmückten kleinen Initialen an das Stilgefühl der Romanik anzuknüpfen. Die architektonisch gerahmten Titelseiten erinnern an die großen Codices aus karolingischer Zeit. Diese gestalterischen Versuche sind wichtige Vorarbeiten für die Drucker der Inkunabelzeit geworden.

**Schrift-
entwicklung**

Es ist notwendig, noch kurz auf die Entwicklung der Schrift im Mittelalter einzugehen. Die im Abendland gebräuchliche lateinische Schrift ist eine Modifizierung des westgriechischen Alphabe-

Schriftmuster

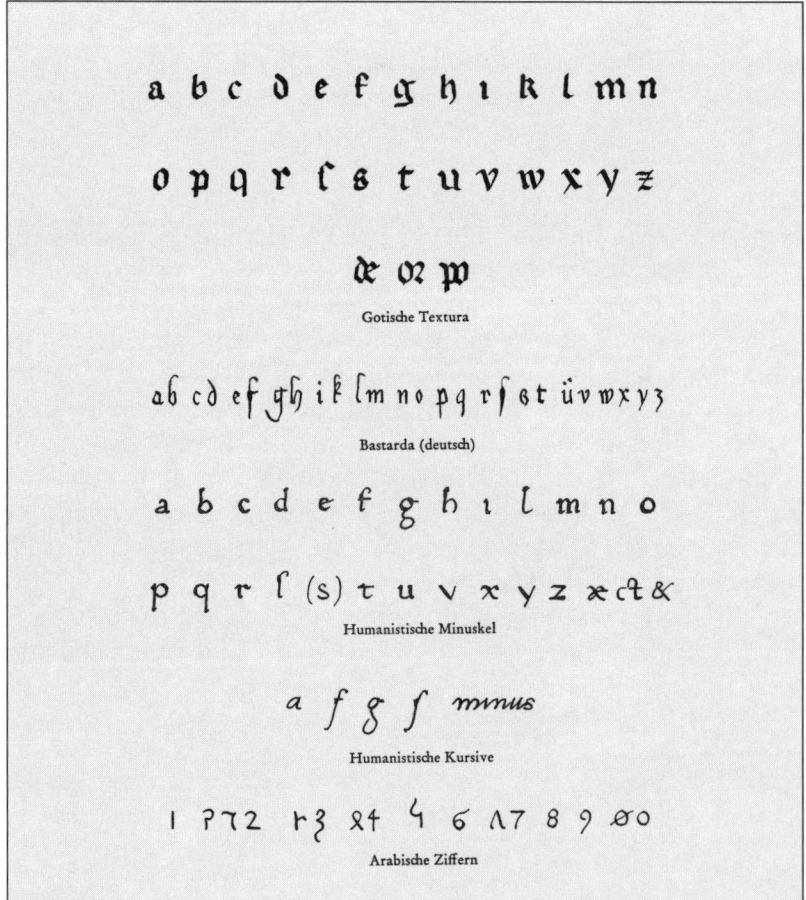

Gotische Textura

Bastarda (deutsch)

Humanistische Minuskel

Humanistische Kursive

Arabische Ziffern

tes, das von den Römern wohl durch Vermittlung der Etrusker
übernommen worden ist. Als kanonische Buchschrift galt bis in die
Spätantike die Capitalis im Unterschied zur Schreibschrift, der
Kursive. Als kalligraphische Schrift gibt es seit dem 4. Jahrhundert
die Unziale. Aus ihr entwickelt sich durch irische und angelsäch-
sische Vermittlung die karolingische Minuskel, die – im Gegensatz
zur zweizeiligen Majuskel – durch Über- und Unterlängen
gekennzeichnet ist. Sie ist in Europa bis zum 11. Jahrhundert die
beherrschende Buchschrift. Von Nordfrankreich ausgehend setzt
sich seit dieser Zeit die gotische Textura durch. Die Minuskel wird
durch Streckung und Dehnung kantiger, Winkel in den Auf- und
Abstrichen bilden sich aus, Oberlängen werden gespalten. Besonders für den deutschen Sprachraum wird dieses Schriftbild prägend. Daneben besteht als Schreibschrift eine gotische Kursive, die
gelegentlich Elemente der Textura aufnimmt. Diese Mischform
wird als Bastarda bezeichnet.

*Vgl. Schriftmuster,
S. 21*

Für den Ungeübten sind mittelalterliche Schriften, besonders
Textura, Kursive und Bastarda nicht immer einfach zu lesen. Das
liegt nicht nur an der Fremdartigkeit der Schrift, sondern auch an

HANDSCHRIFTEN

den vielen Abkürzungen. Das Abbreviaturen- und Ligaturen-
verzeichnis von Cappelli ist auch für den deutschen Sprachraum
eine willkommene Hilfe.
*Literatur: Adriano Cappelli: Lexicon abbreviaturum. Wörterbuch lateini-
scher und italienischer Abkürzungen. Leipzig 1928; Karl Löffler: Einführung in die Handschriftenkunde. Leipzig 1929; Bernhard Bischoff:
Paläographie des römischen Altertums und des abendländischen Mittelalters. Berlin 1979.*

Die Inkunabelzeit

Gutenbergs bahnbrechende Erfindung in der Mitte des 15. Jahrhunderts war eine ökonomische Notwendigkeit. Schon gegen
Ende des Handschriftenzeitalters war das Bedürfnis nach Büchern
nur unter großem organisatorischem Aufwand zu befriedigen. Die
Schriftlichkeit hatte gegenüber dem Früh- und Hochmittelalter
kaum vorstellbare Ausmaße angenommen. Der Feudaladel und
das Bürgertum waren zu lesenden
Schichten geworden, die sich vom
kirchlichen Bildungsmonopol be-
freien konnten. Handel und Verkehr waren nicht mehr möglich
ohne Kenntnisse der Schrift. Der
Klerus wiederum versuchte, der
Verweltlichung Einhalt zu gebieten,
indem er die Laien in Form von An-
dachtsbüchern und Predigtliteratur
an seinem Wissen zu beteiligen
suchte.

Eine wichtige technische Voraus-
setzung für das Aufkommen des
Buchdrucks war die vorindustrielle
Produktion von Papier. Das teure

Pergament wurde durch einen vergleichsweise billigen Schreibstoff ersetzt, der als Rohstoffgrundlage das damals noch reichlich vorhandene Holz hatte.

Schon vor Gutenberg wurde mit der mechanischen Vervielfältigung literarischer Produkte experimentiert. Man darf sicher sein, daß Stempeldruck und Holzschnitt durchaus Anregungen waren für die Erfindung eines Druckverfahrens mit beweglichen Lettern. Ähnlich wie das Papier ist auch der Holzschnitt eine chinesische Erfindung. Seit dem 8. Jahrhundert sind aus dem chinesisch-japanisch-koreanischen Kulturraum Beispiele für diese Technik bekannt. Es ist allerdings – anders als beim Papier – unbekannt, ob es eine direkte Verbindung zwischen der chinesischen und der europäischen Technik gibt.

Vesperbild aus Stift Lambach, Holzschnitt, (20 × 13,7 cm), Österreich, 1. Viertel 15. Jahrhundert; Wien, Albertina, Inv. Nr. 1925/236, Schr. 972a

Das Holzschnittverfahren (Xylographie) wurde zunächst nicht von den Buchproduzenten verwendet. Die frühesten Beispiele kennen wir als Textildrucke. Die sogenannten Zeugdrucke wurden als Futterstoffe für liturgische Gewänder verwendet. In Italien wird diese Technik schon seit dem 12. Jahrhundert gebraucht. Seit Ende des 13. Jahrhunderts bedruckte man auch Leder, das dann als Tapete verwendet wurde. Vereinzelt findet man auch in dieser Zeit farbige Muster auf Bucheinbänden aus dünnem Schafsleder. Ebenso wird man für das späte Mittelalter von Metallschnittexperimenten ausgehen müssen.

Die Überlieferungslage für den Druck von Holz- oder Metallschnitt auf Papier ist für die Frühzeit sehr ungünstig. Die ersten Werke dieser Art werden Andachtsbilder gewesen sein, die ohne Rahmen an den Wänden befestigt waren. Bei dieser Verwendungsform konnten sich allerdings nur wenige Blätter erhalten. Den ältesten, sicher datierbaren Holzschnitt beherbergt das Germanische Nationalmuseum in Nürnberg. Es handelt sich um einen heiligen Christoph aus dem Jahre 1423. Älter als Heiligenbilder sind möglicherweise Spielkarten in Metallschnitt, die seit dem letzten Viertel des 14. Jahrhunderts in Deutschland bekannt sind.

Blockbücher Gelegentlich enthalten die Bilder kurze Texte oder Spruchbänder zur Verdeutlichung des Bildinhaltes. Von dieser Entwicklung aus war es nur noch ein kleiner Schritt, ganze Textblätter in Holz zu schneiden. Bei diesen xylographischen oder Blockbüchern werden drei Gruppen unterschieden:

1. Werke, die Text und Bild auf einer Seite vereinigen.
2. Text und Bild stehen sich auf zwei Seiten gegenüber.
3. Bücher, die nur aus Text bestehen. Der älteste Katalog, 1902 von Wilhelm Schreiber herausgegeben (vgl. S. 166), nennt 33 verschiedene Blockbücher, die in über 100 Ausgaben bekannt sind.

Schwierigkeiten bereitet die zeitliche Einordnung dieser Werke. Alle sicher zu datierenden Bücher sind deutlich nach Erfindung der Druckkunst mit beweglichen Lettern entstanden. Erst für das Jahr 1470 ist durch Eintrag beispielsweise eine Nördlinger Armenbibel bezeugt. Diese ungünstige Überlieferungslage hat die Forschung gelegentlich dazu bewogen, die Xylographie als Parallelerscheinung, nicht als Vorläufer des Buchdrucks anzusehen. Von kunsthistorischer Seite jedoch ist mit stilistischen Kriterien überzeugend der Nachweis geführt worden, daß es Blockbücher schon vor Gutenberg gegeben haben muß.

Es scheint so, als ob sich die Gattung des Blockbuches auf den deutschen und niederländischen Raum beschränkt hat. Eine einzige Passionsfolge stammt aus Venedig, bis heute ist kein xylographischer Druck in England, Frankreich oder Spanien bekannt geworden.

Die vergleichsweise aufwendige Technik des Blockbuches ließ es nicht zu, sehr umfangreiche Werke zu drucken. Erhalten sind einige Heiligenlegenden, eine *ars moriendi*, eine *ars memorandi*, eine Apokalypse und zwei Armenbibeln sowie einige kleinere Werke. Das interessanteste Buch ist zweifellos der älteste gedruckte Reiseführer, die *mirabilia Romae*, in dem Rompilgern Hinweise für den Besuch der heiligen Stätten gegeben werden.

Eine andere Form der mechanischen Vervielfältigung war der Stempeldruck. Das früheste Beispiel in nachantiker Zeit liefert eine Tafel,

Blockbuchseite (15,5 × 18,3 cm) des »Hohen Liedes« (Canticum canticorum), Niederlande, um 1460; Rom, Bibliotheca Apostolica Vaticana, Cod. Pal. Lat. 143

die dem Benediktinerkloster Prüfening bei Regensburg entstammt. Sie wurde 1119 bei der Weihe der Kirche angefertigt; die Schrift ist mit Holz- oder Messingstempeln in den Ton eingedrückt worden. Goldschmiede benutzten sogenannte Punzen, bei denen das Bild erhaben gearbeitet ist. Buchbinder verwandten seit Beginn des 15. Jahrhunderts solche Stempel, um kurze Sätze auf den Einband zu drucken.

Johann Gensfleisch zu Gutenberg (geb. um 1397) brachte die besten Voraussetzungen für die Erfindung einer neuen Technologie mit. Er entstammte einer Mainzer Patrizierfamilie, die an der erzbischöflichen Münzprägung beteiligt war, und war wohl seit Jugendzeiten mit Metallarbeiten vertraut. Urkundlich belegt ist, daß er in seiner Straßburger Zeit (wohl 1434–1444) als Zugeselle bei den Goldschmieden geführt wird. Verschiedene Quellen dokumentieren auch, daß er sich mit der Produktion von Spiegeln beschäftigt hat. Als Goldschmied kannte er die Technik des Sandgußverfahrens, als Spiegelmacher benutzte er Blei-Zinn-Legierungen, beides wichtige Voraussetzungen für die Produktion gegossener Buchstaben.

Gutenbergs Erfindung
Die Druckkunst kann allerdings auf keinen Fall als Entwicklung aus bekannten Techniken bezeichnet werden. Sie ist aufgrund ihrer vielen Einzelkomponenten, die in dem Verfahren vereinigt werden, eine echte Erfindung. Gutenberg stand vor der Aufgabe, folgende Probleme lösen zu müssen:

1. *Zerlegung eines Textes in Zeichen* (= Buchstaben)
2. *Gießen der Buchstaben in eine feste Form* (= Typen)
3. *Satz der Typen zum Text*
4. *Druck*

1. Wie genial Gutenberg das erste Problem gelöst hat, beweist seine 42zeilige Bibel, wohl 1456 entstanden. Nur wenige Inkunabeln haben ein derart ansprechendes Schriftbild. Mustergültig ist das Problem der Anschlüsse gelöst. Zahllose Einzelstudien waren die Voraussetzungen für ein solches Meisterwerk.

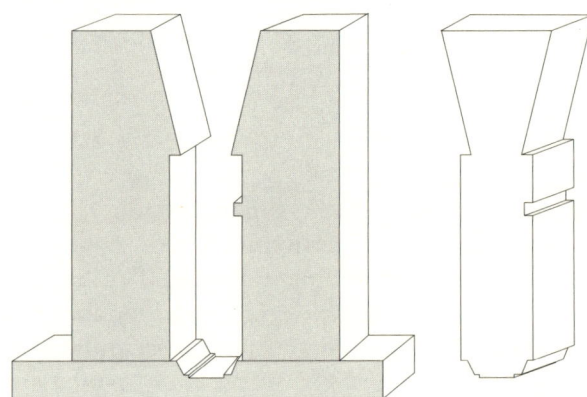

Skizze:
Gießinstrument

2. Die Buchstaben wurden mit Blei in eine feste Form gegossen. Durch Gravieren, Prägen oder Gießen stellte man eine seitenrichtige Matrize her. Ab 1472 lassen sich in den Offizinen Stempelschneider nachweisen, die eiserne Buchstabenstempel für die Kupfermatrizen produzierten. Voraussetzung für den Typenguß war ein geeignetes Gießinstrument. Wir kennen Gutenbergs Gerät nicht, haben aber Anlaß zu der Vermutung, daß es sich nur unwesentlich von Instrumenten unterschied, die bis ins 20. Jahrhundert hinein gebraucht wurden. Es bestand wohl aus zwei Teilen, die übereinandergelegt die Seiten der Type begrenzten. Die Matrize am Grund des Instrumentes – in der Regel aus Kupfer – lieferte den seitenverkehrten Buchstaben.

Die Buchdrucker, Holzschnitt von Jost Amman aus: Hans Sachs, Eygentliche Beschreibung Aller Stände auff Erden, Bl. 112 (7,8 × 6 cm), Sigmund Feyerabend, Frankfurt/M. 1568; Nürnberg, Stadtgeschichtliche Museen

3. Die Typen wurden in einer Form aus Holz zum Text zusammengesetzt und mit Stegen justiert. Der gesamte Satz wurde dann mit Hilfe von Keilen in der Form (dem Schließrahmen) eingeschlossen.

4. Der eigentliche Druckvorgang fand in der Presse statt. Das Problem, das Gutenberg zu lösen hatte, war mit den druckausübenden Maschinen des 15. Jahrhunderts nicht zu lösen. Beim Buchdruck ist es notwendig, einen starken gleichzeitigen Druck auf die gesamte Fläche auszuüben. Die neue Tiegeldruckpresse war bis weit ins 19. Jahrhundert hinein das Instrument, das die Voraussetzung zu einer gleichmäßigen Bedruckung der Seite bot. Ähnlich wie bei der wichtigeren Erfindung Gutenbergs, dem Gießinstrument, kennen wir auch hier nicht die Details der Presse. Es dürfte aber sicher sein, daß er sich an vorhandenen Öl- oder Weinpressen orientiert hat: In einem massiven Holzrahmen dreht sich

in einem Querbalken eine Schraube (Spindel) mit Hebel, dem sogenannten Ziehbengel. Den unteren Abschluß der Schraube bildet
eine Holzplatte mit dem Tiegel, der vieleicht schon aus Metall war.
Unter diesem befand sich das Druckbrett, auf dem der Schriftsatz
lag. Ob es in der Frühzeit schon einen Drucktisch mit Karren gegeben hat, ist ungeklärt.

Die tatsächlichen ökonomischen Auswirkungen der Erfindung
sind für uns heute nicht abschätzbar. Wir wissen nichts über Preise
oder Auflagenhöhe der ersten gedruckten Bücher. Daß einige Zeitgenossen aber den materiellen Wert der neuen Technologie erkannt haben, beweisen die komplizierten Prozesse, die um die
Nutzung der Druckkunst geführt wurden: Gutenberg mußte bei
dem Mainzer Bürger Johann Fust Kredite aufnehmen, um sein Verfahren zur Anwendungsreife zu führen. 1450 schließen beide
einen Gesellschaftervertrag, in dem Fust als Kapitalgeber auftritt
und Gutenberg als Leiter des Unternehmens. 1455 verklagt Fust
Gutenberg auf die Herausgabe des gesamten vorgeschossenen
Kapitals. Das Urteil ist nur zum Teil überliefert, jedoch scheint es
so, als ob nun Fust und sein Schwiegersohn Peter Schöffer die al-
leinigen Inhaber der Druckerei geworden waren. Die finanziellen
Verhältnisse Gutenbergs waren jedenfalls in den Jahren bis zu seinem Tod (1468) äußerst angespannt, während Schöffer und Fust
beachtliche wirtschaftliche Erfolge mit der Druckerei gelangen.

Frühe Druckorte Ein weiteres Indiz für die wirtschaftliche Bedeutung des Buchhandels ist die schnelle Verbreitung der neuen Technik. Bis 1475
verfügt nahezu jede größere Stadt in Mittel- und Westeuropa über
einen Buchdrucker. Die ältesten datierbaren Drucke kommen
natürlich aus der Offizin von Schöffer und Fust in Mainz. Das Psalterium von 1457 ist das früheste Werk, das ein Impressum enthält,
also Angaben über Entstehungszeit, Drucker und Druckort macht.
Wie bei der 38zeiligen im allgemeinen auf 1456 datierten Bibel
handelt es sich auch bei diesem Buch weniger um einen
Gebrauchstext, sondern um ein auf einen eher eingeschränkten
Käuferkreis abzielendes Prachtwerk. 1459 liegen das *Psalterium*

Benedictinum und das *Rationale divinorum officiorum* vor. 1462 erscheint die 48zeilige Bibel, das erste Buch, das über eine Druckermarke verfügt. Das letzte Buch, das die Druckerei unter gemeinsamer Leitung von Schöffer und Fust herausbrachte, war Ciceros *De officiis*. Ein neues Absatzgebiet erschloß sich Peter Schöffer, als er 1484 ein mit zahlreichen Holzschnitten geschmücktes lateinisches Kräuterbuch druckte. Die deutsche Ausgabe folgte 1485 unter dem Titel »Gart der Gesundheit«.

Vgl. Klappe vorne

In Straßburg erscheint der erste Druck in Form einer 49zeiligen lateinischen Bibel 1460. Wir wissen nicht, wo und wann Johann Mentelin die schwarze Kunst erlernt hat, seine Typen sind jedenfalls unabhängig von denen Gutenbergs, Schöffers und Fusts. Mentelins Bedeutung liegt vor allen Dingen in der Tatsache begründet, daß er der Drucker der ersten deutschsprachigen Bibel ist (1466). Straßburg ist für die ersten 100 Jahre Druckgeschichte der wichtigste Ort. Vor 1500 wurden etwa 20 Pressen gegründet, darunter so bedeutende wie die von Heinrich Eggestein, Adolf Rusch, Heinrich Knoblochtzer, Martin Schott, Johann Grüninger und Johann Prüß.

Holzschnitt aus: Johannes von Tepl (Saaz), Der Ackermann aus Böhmen, Bl. 1ʳ, Pfister, Bamberg um 1460; Wolfenbüttel, Herzog August Bibliothek, 16,1 Eth.

Bamberg hat für die Inkunabelzeit zwar nur wenige Drucke aufzuweisen, dafür aber besonders qualitätvolle. Albrecht Pfister wird gelegentlich sogar als eigenständiger Erfinder der Druckkunst angesehen. Sein Name ist in zwei Erzeugnissen genannt: »Vier historien« und »Belial«. Eine 36zeilige Bibel, die wohl noch 1460 entstanden ist, verfügt über die gleichen Typen wie diese Werke. Pfisters Bedeutung geht über eine typographiegeschichtliche hinaus. Erstmals legt ein Drucker ein Literaturdokument seiner Zeit auf: zwei mit Holzschnitten ausgestattete Auflagen des »Ackermann aus Böhmen« kommen aus seiner Werkstatt.

Köln ist die erste Universitätsstadt, in der sich ein Buchdrucker etabliert. Ulrich Zells Beziehungen zu Schöffer und Fust sind deutlicher zu erkennen als die der vorgenannten Drucker. Er bezeichnet sich selbst als *clericus dioecesis Moguntinensis*. Seine Typen stehen denen aus Mainz stilistisch nahe. Er scheint für den Bedarf der Universität gearbeitet zu haben, obwohl sich in seinem Œuvre keine Schriften Kölner Professoren finden. Eindeutiger Schwerpunkt seiner Offizin ist die Theologie. Für die Inkunabelzeit sind in Köln 29 Drucker nachweisbar, unter anderen so bedeutende wie Johann Koelhoff und Heinrich Quentell. Letzterem verdanken wir zwei Auflagen einer niederdeutschen Bibel.

Die reiche Handelsstadt Augsburg kommt 1468 mit dem Buchdruck in Kontakt. Ein Schüler des ersten Straßburger Meisters Mentelin, Günther Zainer, gründet hier seine Werkstatt. Sein Verdienst ist es, halbgotischen italienischen Stileinflüssen das Tor geöffnet zu haben. Zainer und die meisten anderen Augsburger Drucker legten Wert auf qualitative Buchausstattung. Man darf in Augsburg einen ausgeprägteren kaufmännischen Geist als an vielen anderen Druckorten vermuten. Reich illustrierte volkssprachliche und volkstümliche Werke sicherten gute Absatzchancen. Von Sorg (1475–1493) kennen wir den ältesten Verkaufskatalog.

In Nürnberg sind, ähnlich wie in Augsburg, Tendenzen zu beobachten, die auf eine bessere ökonomische Nutzung der Drucktechnologie abzielen. Die erste Presse, 1470 von Johann Sensenschmid gegründet, hatte nur acht Jahre Bestand. Man darf vermuten, daß bei ihrer Errichtung Gutenbergs Assistent Heinrich Keffer aus Mainz mitgewirkt hat. Beide bezeichnen sich in der Schlußschrift der *Panthologia* des Rainerus de Pisis als *magistri artis impressoriae*. Die bedeutendste Werkstatt in Nürnberg betrieb Anton Koberger. Der früheste datierbare Druck aus dieser Presse ist das »Ehebüchlein« Albrecht von Eybs. Kobergers Bedeutung gründet sich nicht nur auf die besonders schönen und qualitätvollen Drucke, sondern vor allen Dingen auf die frühkapitalistischen Vermarktungsformen seiner Produkte. In seiner Offizin sollen bis zu 24 Pressen im Einsatz gewesen sein, an denen über 100 Menschen beschäftigt waren. Für ihn arbeiteten die besten Holzschneider Nürnbergs. Michael Wolgemut illustrierte das »Heiligenleben« von 1488. Das nach der Gutenberg-Bibel berühmteste Werk der Inkunabelzeit – die Schedelsche »Weltchronik« – ist mit 1809 Holzschnitten das aufwendigste Buch des 15. Jahrhunderts.

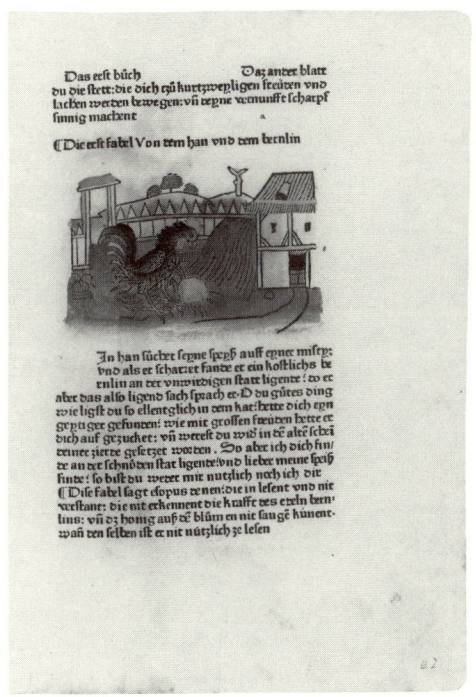

Die Namen der Erstdrucker in Speyer sind nicht bekannt. 1471 entstand dort eine *Postilla scolastica*, 1472 die *Gesta Christi*.

1472 werden in Esslingen und Ulm die ersten Pressen gegründet. Ulm erlangt im 15. Jahrhundert eine ähnliche Bedeutung wie Straßburg, Augsburg und Basel. Johann Zainer aus Reutlingen – wohl ein naher Verwandter des Augsburger Erstdruckers – hatte seine Ausbildung in Straßburg erfahren. 1473 veröffentlichte er die »Pestordnung« des Ulmer Stadtarztes und Humanisten Heinrich Steinhövel. Es folgte noch im gleichen Jahr die »Deutsche Chronik« desselben Verfassers. Die enge Beziehung Zainers zum Humanismus veranlaßte ihn auch zu einer lateinischen Ausgabe von Boccaccios »Berühmte Frauen«.

Vgl. Abb. S. 41

Die Holzschnitte für dieses Werk schuf derselbe Künstler, der auch den Zainerschen Aesop illustriert hat (um 1476). Ab 1482 sind zwei weitere Drucker in Ulm nachweisbar: Konrad Dinckmuth und Lienhard Holle. Aufgrund der von ihm benutzten Schrifttypen darf man für letzteren eine enge Beziehung zu Venedig vermuten.

Lübeck, 1473 erster Druckort in Norddeutschland, war der Ausgangspunkt für die Verbreitung des Buchdruckes im skandinavischen Bereich. Lucas Brandis aus Delitzsch druckte hier 1475 seinen »Josephus« und das *Rudimentum novitiorum*, eine Geschichtschronik. Für die Literaturgeschichte des niederdeutschen Raumes ist die sogenannte Mohnkopfdruckerei von Bedeutung. Hier entstanden 1489 der »Totentanz« und der »Reynke de Vos« (1498). Berühmtheit erlangten die hier gefertigten Holzschnitte zu Sebastian Brants »Narrenschiff«.

Vgl. Abb. S. 5

Bischöflicher Initiative verdankt die Würzburger Druckerei ihre Entstehung. Georg Reyser produzierte mit einer größeren Gruppe von Druckern seit 1479 ausschließlich liturgische Drucke. Bedeutung erlangte die Würzburger Offizin durch die Verwendung von Kupferstichen zur Illustration.

Der Leipziger Buchdruck orientiert sich ähnlich wie der Kölner an den Gegebenheiten der Universität. Der Anteil der lateinischen Werke ist wesentlich höher als in anderen Druckerstädten. Auffallend ist die relativ späte Einführung des gedruckten Buches. Erst 1481 ist ein Erzeugnis von Marcus Brandis nachweisbar.

Über die Anfänge des Buchdruckes in Basel sind wir nur unzureichend informiert. Die frühesten Drucke sind ohne Datierung und nennen keinen Verleger. In Urkunden erscheint seit 1473 ein

Berthold Ruppel, der als Drucker bezeichnet wird. Für das Jahr 1471 wird von einem Streit zwischen den »Meistern, so die Bücher trucken« und ihren Gesellen berichtet. Die Forschung geht davon aus, daß in Basel der Buchdruck in den ausgehenden sechziger Jahren des 15. Jahrhunderts eingeführt worden ist. Die Typographie liefert dafür eine gewisse Bestätigung: Die frühesten Drucke, unter anderen das *Repertorium vocabulorum* des Conradus de Mure, benutzen Typen, die den Fust-Schöfferschen entsprechen. Ein früher datierbarer Baseler Druck ist der »Dekretalenkommentar« des Nicolaus von Panormitanus aus dem Jahr 1477. Das Erzeugnis ist insofern ein Unikum, als drei Drucker, Ruppel, Wenßler und Richel, mit ihren jeweils eigenen Typen das Werk gemeinsam herstellten. In Bernhard Richels Werkstatt entstand die Erstausgabe des »Sachsenspiegel« (1474), Martin Flach verlegte mehrere illustrierte Ausgaben des »Ackermann aus Böhmen«.

Humanismus und Buchdruck gehen in Basel eine enge Verbindung ein. Johann von Amerbach hatte in Paris den Grad eines Magister Artium erworben. Die schwarze Kunst scheint er in Venedig erlernt zu haben. 1477 läßt er sich als Drucker in Basel nieder. Seine Kirchenväterausgaben ließ er von den Humanisten korrigieren. Seine aus mehr als 6000 Briefen bestehende Korrespondenz ist erhalten geblieben und bildet eine besonders wertvolle Quelle für die Geschichte des Buchdruckes. Sein Schüler Johann Froben ist der bedeutendste Drucker der kommenden Epoche. Neben Amerbach verkörperten Nikolaus Keßler und Johann Bergmann von Olpe die Symbiose von Humanismus und Buchdruck.

In Italien, dem wirtschaftlich fortschrittlichsten Gebiet Europas im 15. Jahrhundert, konnte sich der Buchdruck sehr schnell durchsetzen. Die älteste Presse siedelte sich schon 1465 im Benediktinerkloster von Subiaco an. Es kann als sicher gelten, daß Konrad Sweynheym und Arnold Pannartz, die in späteren Werken als Drucker genannt werden, sie gegründet haben. Für Konrad Sweynheym, dessen Biographie ansonsten unbekannt ist, sind Beziehungen zu Mainz nachweisbar. 1467 eröffnet Ulrich Han aus Ingol-

Italien

stadt in Rom eine Druckerei. Bis 1479 gehen fast 80 Werke – meist Klassikerausgaben – aus seiner Offizin hervor.

Die Produktion Venedigs überflügelt noch im 15. Jahrhundert alle alten deutschen Druckerstädte. Ciceros *Epistolae Familiares* aus der Offizin Johanns von Speyer erscheinen 1469 als ältester venezianischer Druck. 1470 übernimmt sein Bruder Wendelin die *Vgl. Tf. X* Presse. Typographisch legen sie den Grundstein für die Vorherrschaft Venedigs als Bücherstadt. Ihre Antiqua wird prägend für das Erscheinungsbild aller späteren Drucke der Lagunenstadt. Auch in Deutschland und Frankreich wird sie eifrig nachgeahmt. Nikolaus Jenson, ein Franzose aus Sommevoire bei Troyes, entwickelte die venezianische Antiqua seit 1470 weiter und gilt bis heute als der größte Schriftkünstler der Frühdruckzeit. Neben Jenson prägen in den siebziger Jahren vor allen Dingen Deutsche das Bild des venezianischen Buchdruckes. Zu nennen wären in erster Linie Peter Ratoldt mit seinen Partnern Bernhard Maler und Peter Löslein. Der deutsche Einfluß konnte erst im folgenden Jahrzehnt durch kapitalkräftige einheimische Firmen zurückgedrängt werden: Johann und Gregorius de Gregoriis (seit 1480), Baptista de Tortis (1481), Andreas Torresanus (1481), Bernardinus Staginus (1483), Bernardinus Benalius (1483), Georgius Arrivabenus (1483).

Schriftmuster: Humanistische Antiqua Venezianische Drucker entwickelten sich zu Spezialisten für juristische Literatur. Die Eröffnung der Offizin des Aldus Manutius 1495 leitet eine neue Epoche in der Buchgeschichte ein. Erstmalig werden ganze Bücher mit griechischen Typen gedruckt. Aldus ist wohl durch seine Verbundenheit mit dem italienischen Humanisten Giovanni Pico della Mirandola zu großen Kenntnissen in der klassischen griechischen Literatur gekommen. Am 8. März 1495 erschien

BUCHGESCHICHTE

als erstes Buch aus seiner Presse die griechische Grammatik des Constantinus Lascaris, bis 1500 folgten 18 weitere griechische Werke, unter anderem die fünfbändige Aristoteles-Ausgabe. Für seine lateinischen und italienischen Drucke verwendete er eine zierliche Antiqua, die weit über die Inkunabelzeit hinaus benutzt wurde.

Meist von deutschen Druckern gegründet, entstanden in Bologna (1470), Ferrara (1471), Florenz (1471), Foligno (1470), Mailand (1470), Neapel (1471), Perugia (1471), Savigliano (1471), Trevi (1470) und Treviso (1472) Pressen, von denen allerdings nicht alle Bestand hatten. Zusammenfassend kann man sagen, daß dank der venezianischen Produktion seit etwa 1475 Italien das Zentrum des frühen Buchdruckes ist.

Frankreich findet wegen der politischen Verhältnisse erst spät Anschluß an den Buchdruck. Es gibt allerdings einen nicht unbedeutenden Import aus Deutschland. Der älteste französische Druck entstand aufgrund einer Initiative, die von Professoren der Sorbonne ausging. Johann Heynlin von Stein und Guillaume Fichet beriefen 1470 eine Gesellschaft von deutschen Druckern, Ulrich Gering, Michael Friburger und Martin Crantz, die bis 1473 23 lateinische Texte veröffentlichten, die im Bildungskanon der Humanisten eine Rolle spielten. Ab 1473 machten die Drucker sich selbstständig und produzierten fast ausschließlich theologische Werke. Erst seit 1475 besteht in Paris eine Presse unter rein französischer Leitung. Pasquier Bonhomme publizierte als Erstlingswerk auch gleichzeitig das erste gedruckte Buch in französischer Sprache: die *Grandes Chroniques de France*.

In der Buchkunst und in der Typographie schlägt Frankreich einen Sonderweg ein. Die Tradition der Buchmalerei – besonders die der Stundenbücher – prägt bis weit ins 16. Jahrhundert hinein die Buchdruckerei. Jean Dupré schmückte seine Missales und Stundenbücher mit Holzschnittrandleisten, die meistens koloriert wurden. Für das nicht geübte Auge ist es häufig schwierig, diese Drucke von Handschriften zu unterscheiden. Außer in Paris konnten sich im französischen Sprachraum in Lyon (1473) und Genf (1478) Druckereien etablieren.

Niederlande Seit dem 16. Jahrhundert nehmen die Niederlande gelegentlich für sich in Anspruch, der Buchdruck sei durch Laurens Janszon Coster in Harlem erfunden worden. Es ist allerdings bisher nicht gelungen, einen erkennbaren historischen Kern dieser Tradition herauszuschälen. Man wird also weiterhin davon auszugehen haben, daß die älteste niederländische Druckerei 1473 in Löwen entstanden ist, noch im gleichen Jahr folgt Utrecht. Für die zweite Hälfte der achtziger Jahre sind Druckereien in Brügge, Brüssel, Delft, Deventer und Gouda bezeugt. Wenn man bedenkt, welch führende Stellung Antwerpen in der Buchkunst des 16. Jahrhunderts einnehmen wird, so kann man über das späte Gründungsdatum einer Presse in dieser Stadt nur erstaunt sein. 1481 tritt Matthias von Goes auf, 1484 Gerhard Leeu. Harlem hat seit 1483 mit Jacob Bellaert seinen ersten Drucker. Amsterdam spielt in der Inkunabelzeit keine Rolle.

Spanien, Portugal Auch die iberische Halbinsel wird von der neuen Technik spät erreicht. Ab 1475 sind Druckereien in Valencia, Saragossa und Barcelona nachweisbar. Die Gründungsverhältnisse für Valencia sind rekonstruierbar: Jakob Vizland aus Isny warb einige Drucker aus Südwestdeutschland an mit dem Auftrag, dort eine Presse einzurichten. Ähnlich wie bei der ersten Offizin in Paris ging die Initiative von einem Nichtfachmann aus, allerdings standen kommerzielle Beweggründe im Vordergrund, während man an der Sorbonne vorrangig die wissenschaftlichen Aspekte des Unternehmens sah. Weitere bedeutende Druckorte in Spanien sind Burgos, Salamanca und Sevilla. Seit 1489 gibt es in Lissabon die hebräische Druckerei des Rabbi Elieser; es folgen 1495 zwei deutsche Drucker, deren Arbeiten allerdings keinen größeren Umfang angenommen haben.

England Über den Ausbildungsgang des ersten englischen Druckers, William Caxton, sind wir in großen Teilen informiert. Urkundlich belegt ist, daß er 1471 in der Offizin eines Kölner Meisters gearbeitet hat, in Brügge war er in der Werkstatt des Colard Manison tätig. Seit 1476 betreibt er eine eigene Druckerei in Westminster. Bis 1491 erschienen 90 Erzeugnisse, davon 74 volkssprachliche. Weitere Druckereien entstehen in Oxford (1478), St. Albans (1497) und London (1480).

Über Lübeck erreichte der Buchdruck Skandinavien. Johann Snell ist in Odense (1482) und Upsala (1483) nachweisbar. In Krakau gab es seit 1474 eine recht produktive Offizin, die wohl im Auftrag des dortigen Franziskanerklosters tätig war. Einige wenige Drucke erschienen zwischen 1473 und 1475 in Buda. Sebald Feiel aus Neustadt an der Aisch schuf 1490 und 1491 einige liturgische Drucke in kyrillischer Schrift und auf Kirchenslawisch.

Holzschnittinitiale zu einer Seite aus der Koberger-Bibel, Bd. 1, Bl. 4ʳ, Nürnberg 1493; München, Bayerische Staatsbibliothek, 2° Inc. c.a. 2887 a

Wie bei vielen anderen Periodisierungen historischer Phänomene erscheint das Datum 1500 als Obergrenze der Inkunabelzeit recht willkürlich. Es wird seit Mitte des 17. Jahrhunderts allgemein gebraucht, ist aber in der Forschung bis heute umstritten. Es sollen hier kurz, ohne auf die Forschungsdiskussion weiter einzugehen, die wichtigsten Kriterien angeführt werden, die die Jahrhundertwende als Epochengrenze erscheinen lassen.

Argumentiert wird zunächst mit der äußeren Form: Die Inkunabel ist (meist) ein Foliant ohne Titel und Blatt- oder Seitenzählung. Sie wurde auf schwerem Büttenpapier gedruckt; das Impressum befindet sich – wenn überhaupt – am Ende des Werkes. Die Formen der Typen stehen in der Tradition mittelalterlicher Handschriften und lassen dementsprechend zahlreiche regionale Sonderentwicklungen erkennen. Umgekehrt besteht in der Schriftentwicklung aber auch durchaus eine überregionale Tendenz: Von ihren Ausbildungsorten brachten einzelne Drucker Typenentwürfe in ihre Offizin. So kann man nach 1475 auch nördlich der Alpen venezianische Rotunden antreffen.

Nach wie vor lehnt man sich an die handschriftlichen Vorbilder an, die zahlreich vorhandenen Doppeltypen, Ligaturen und Abbreviaturen zeugen davon. Auch beim Buchschmuck greift man auf die Vorlagen zurück, die die Manuskripte boten. Kolorierte Bilderhandschriften des Spätmittelalters mit ihren eigenartigen gebrochenen Federzeichnungen konnten mit relativ geringem Aufwand in Holzschnitte transponiert werden. Initialen und Vignetten wurden immer noch mit der Hand gemalt und häufig koloriert. Die erste Seite wurde nicht selten durch Randleisten in Holzschnitt hervorgehoben, auch in diesem Detail handschriftlichen Vorbildern folgend. Als bildlicher Schmuck der Inkunabel neu ist die Druckermarke.

Bei den aufgeführten Kriterien muß man mit progressiven und statischen Kräften rechnen. An Druckorten wie Venedig oder Straßburg konnten sich neue Tendenzen wesentlich schneller durchsetzen als an abgelegenen Flecken, in denen der lokale Mei ster von seinen Fachkollegen isoliert war. Es fällt schwer, bereits vor 1500 entstandene Aldus-Drucke noch als Inkunabeln zu bezeichnen. Manche Offizinen dagegen verwenden ihre Typen weit über die Jahrhundertwende hinaus, und es ist stilistisch auch kaum ein Fortschritt festzustellen. Ich habe keine Bedenken, solche Drucke als Inkunabeln zu bezeichnen.

Ein anderes Argument für die Grenze im Jahr 1500 bezieht sich auf die Produktionsbedingungen. Viele glauben, bis zu dieser Zeit in dem Werk auch die Person des Schaffenden, des Druckers, erkennen zu können. Diese Argumentation läuft letztendlich auf die Negation eines differenzierten arbeitsteiligen Prozesses hinaus. Für die ersten Werkstätten mag das stimmen. Es ist wahrscheinlich, daß bei Gutenberg oder Pfister der gesamte Arbeitsvorgang in einer Hand lag. Wenn man jedoch an die Offizin Kobergers in Nürnberg denkt, so erkennt man durchaus frühindustrielle Produktionsverhältnisse. Es ist schwer vorstellbar, daß bei 100 Beschäftigten, von denen berichtet wird, eine Person das gesamte Verfahren überwachen und lenken konnte. Zutreffend an dieser Argumentation ist aber sicher, daß es möglich ist, die Individualität im Stil einer bestimmten Werkstatt zu erkennen und eine Zuschreibung an bestimmte Meister vorzunehmen.

Die Frage nach der Individualität eines Meisters ist eng verbunden mit der Frage nach der Individualität des Produktes. Durch die Technik des Druckes wurde bekanntlich die Singularität eines Werkes aufgehoben. Die Druckform macht ein Verlagsprodukt beliebig reproduzierbar. Dank dieser Reproduzierbarkeit ist das Buch – bezogen auf mittelalterliche Verhältnisse – ein für breite Schichten der Bevölkerung erschwingliches Produkt. Wir verdanken der Drucktechnik zweifelsohne eine Bildungsrevolution. Es stellt sich dabei die Frage, ob die ersten Drucker auch von dieser Intention geleitet wurden. Eine Antwort können nur die Druckwerke selbst geben.

Es ist unwahrscheinlich, daß Gutenberg, Schöffer und Fust schon die Möglichkeit gesehen haben, mit ihrer Presse preiswerte

Massenprodukte zu erzeugen. Der kaufmännische Geist war den Erfindern der Druckkunst sicher zu eigen, jedoch beweisen die uns bekannten Werke aus ihrer Presse, daß ihnen eher an einem teuren Luxusprodukt von hoher Qualität gelegen war. Durch die Auflage konnte man mit Sicherheit erreichen, daß die 42zeilige Bibel kostengünstiger als eine vergleichbare Handschrift war, sie war jedoch beileibe noch kein billiger Gebrauchstext. Ähnliches gilt für das zweite Werk der Mainzer Presse. Der Prachtdruck des *Psalterium Moguntinum* konnte in seiner Zeit wohl nicht von vielen erworben werden. Es fällt ebenfalls auf, daß das Sortiment sich nicht an die neuen Bildungsschichten wendet – Adel und städtisches Patriziat –, sondern nur auf die Bedürfnisse des Klerus abzielt. Die Möglichkeit, sich einen weiteren Absatzmarkt zu erschießen, wurde wohl erstmalig von Mentelin in Straßburg genutzt. 1466 druckt er die erste volkssprachliche Bibel, seine Ausgaben des »Parzival« und des »Titurel« zielen auf ein stadtadeliges Bildungsbürgertum. Zell in Köln spezialisierte sich auf die Bedürfnisse der Universität. Ab etwa 1470 konnten die Preise durch Arbeitsteilung und Rationalisierung weiter gesenkt werden – Koberger sei hier als Beispiel genannt –, so daß das Buch am Ende der Inkunabelzeit eine wirkliche Chance hatte, Medium für breite Bevölkerungsschichten zu werden.

Literatur: K. Haebler: Handbuch der Inkunabelkunde. 2. Aufl. Stuttgart 1966; F. Geldner: Die deutschen Inkunabeldrucker. 2 Bde. Stuttgart 1968–1970; ders.: Inkunabelkunde. Wiesbaden 1978.

Humanismus und Reformation

Heinrich Glareanus schreibt 1516 in einem Brief an Ulrich Zwingli: »Hiernächst darf ich nicht unbemerkt lassen, daß gerade zu dieser Stunde Wolfgang Lachner, unsres Frobenius Schwiegervater, aus Venedig einen ganzen Leiterwagen voll Klassiker von den besten Aldinerausgaben kommen läßt. Willst du davon etwas haben, so sag es geschwind und schick mir baar Geld. Denn kaum langt eine solche Gallion an, so stehen immer ihrer dreißige für einen da, fragen nur: Was kostet's und katzbalgen sich noch darum. Und kurz das Gelust nach diesen Schätzen ist einer ordentlichen Raserei ähnlich und befällt zum Teil auch Leute, die von solchen Büchern denn doch gar keinen Gebrauch machen, und sie auch nicht einmal verstehen würden.« Glareanus beschreibt eine Marktlage, von der moderne Buchhändler nur träumen. Trotz eines immensen Aufschwunges der drucktechnischen Produktion konnten die Offizinen des 16. Jahrhunderts den Lesehunger ihres Publikums nur unvollkommen stillen. Die gewaltige Menge an Material, die bisher kaum aufgearbeitet ist, erschwert die Ausarbeitung allgemeingültiger Kriterien buchge-

Titelholzschnitt aus: Martin Luther, Eyn deutsch Theologia, Bl. 1ʳ, Johannes Grunenberg, Wittenberg 1518; Erlangen, Universitätsbibliothek, 4° Thl. (IV)

schichtlicher Positionen des 16. Jahrhunderts. Ein problematischer Aspekt der wissenschaftlichen Erfassung dieses Jahrhunderts ist die Tatsache, daß die seit der Spätantike bestehende Einheit des Abendlandes zerfällt und zahlreiche politische, ökonomische und kulturelle Sonderwege beschritten werden. An der Bayerischen Staatsbibliothek in München und der Herzog August Bibliothek in Wolfenbüttel werden seit 1983 alle Drucke im deutschen Sprachraum erfaßt und katalogisiert. Das Projekt ist auf 40 Foliobände angelegt. Ohne Einblattdrucke gehen die Verfasser von einer Gesamtmenge von 150 000 Titeln aus.

Kriterien der Periodisierung sind deshalb nicht mehr so deutlich herauszuarbeiten wie für die Inkunabelzeit. Dennoch gibt es eigenständige Stilkriterien, die es gestatten, das 16. Jahrhundert als Epoche der Buchgeschichte zu behandeln. Gegenüber den Inku-

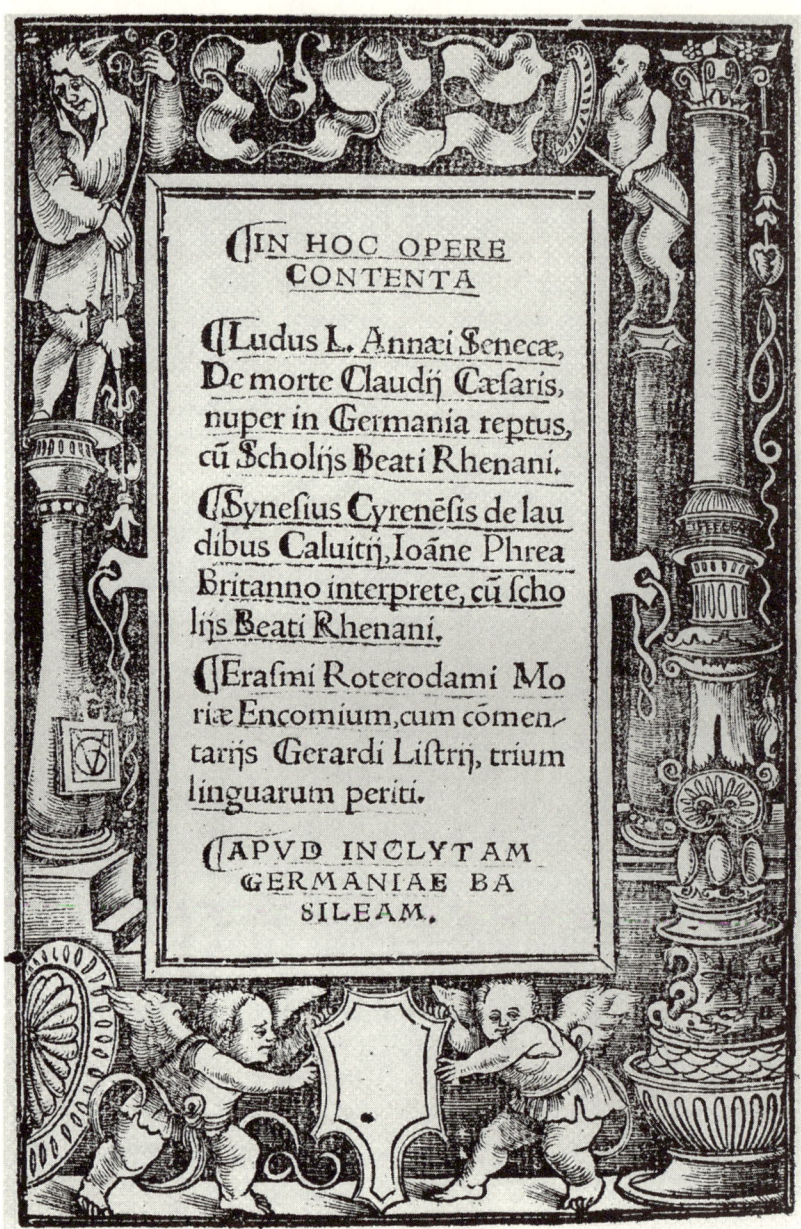

¶IN HOC OPERE
CONTENTA

¶Ludus L. Annæi Senecæ,
De morte Claudij Cæsaris,
nuper in Germania reptus,
cũ Scholijs Beati Rhenani.

¶Synesius Cyrenēsis de lau
dibus Caluitij, Ioāne Phrea
Britanno interprete, cũ scho
lijs Beati Rhenani.

¶Erasmi Roterodami Mo
riæ Encomium, cum cōmen
tarijs Gerardi Listrij, trium
linguarum periti.

¶APVD INCLYTAM
GERMANIAE BA
SILEAM.

*Titelholzschnitt
aus: Desiderius
Erasmus von Rot-
terdam, Ludus
L. Annaei Senecae,
De morte Claudij
Caesaris ..., Bl. 1ʳ,
Johann Froben,
Basel 1515;
Freiburg, Univer-
sitätsbibliothek,
D 8441*

BUCHGESCHICHTE

nabeln grenzen sich die neuen Druckerzeugnisse zunächst durch die Freiheit des Formates ab. Neben den gewohnten Folianten erscheinen nun kleine (12°) und sehr kleine (16°) Bücher. Das uns heute geläufige Oktav wird gegen Ende des Jahrhunderts das Regelformat. Die Pfade der handschriftlichen Tradition werden endgültig verlassen: Fast immer haben die Werke ein Titelblatt – in Deutschland seit etwa 1510 mit in Holz geschnittener architektonischer Titelumrahmung – und kennen Blatt- oder Seitenzählung. Die Palette der Verlagsprodukte unterscheidet sich kaum noch von der modernen Produktion: Preiswerte Massenware steht neben teuren illustrierten Büchern, Unterhaltungsliteratur hat ihren Platz neben wissenschaftlichen Werken gefunden. Im Kontext der Reformation greifen das Buch und der neu aufkommende Einblattdruck in das politische Tagesgeschehen mit noch nie dagewesenen sozialen und kulturellen Folgen ein.

Karsthans, Einblattdruck, Holzschnitt, Johann Prüss d. J., Straßburg 1521; Frankfurt/M., Stadt- und Universitätsbibliothek, H. 3897

Privilegien

Von kaum einschätzbarer wissenschaftsgeschichtlicher Bedeutung ist der Dialog zwischen Wissenschaft und Buchdruck. Starker Konkurrenz ausgesetzt, war es den Inhabern der Pressen ein existentielles Anliegen, immer bessere Texte auf den Markt zu bringen. Sie versicherten sich deshalb der Mitarbeit der Humanisten, die wiederum mit ihren schon recht entwickelten Methoden der Textkritik in der Lage waren, hervorragende Klassikereditionen zu besorgen. Aldus in Venedig und Amersbach in Basel waren noch in der Inkunabelzeit Vorbilder für diese Zusammenarbeit. Umgekehrt gibt es allerdings miserable Texte von Druckern, die recht unverschämt Werke ihrer Kollegen abkupferten oder schlechte

Vorlagen benutzten, ohne sich philologischen Rat zu holen. Diese schwarzen Schafe unter den Verlegern machten es notwendig, eine Rechtsordnung zu entwickeln, die die Eigentumsrechte an dem gedruckten Wort schützte. Die Obrigkeit erteilte die Privilegien dazu. In der Frühzeit bedeutete das zunächst, daß sich kein zweiter Drucker an einem Ort niederlassen durfte. Der älteste bekannte Privilegieninhaber war 1469 Johann von Speyer in Venedig. Seit Beginn des 16. Jahrhunderts kennen wir Privilegien für einzelne Werke. 1501 erhielt Conrad Celtis ein Reichsprivileg für eine Ausgabe der Werke Roswithas von Gandersheim. Hans Lufft – der Drucker Luthers – erhielt 1549 das erste preußische Privileg für Königsberg. Bei einer Sichtung der Buchbestände muß man allerdings feststellen, daß das Privileg bis weit ins 19. Jahrhundert eine eher stumpfe Waffe war. Die Zahl der Raubdrucke von erfolgreichen Werken war enorm.

Italien Die sich schon im 15. Jahrhundert andeutende Tendenz der geographischen Verschiebung des Schwerpunktes der Typographie setzt sich im 16. fort. Deutschland ist nicht mehr das Gebiet, in dem die meisten Drucke entstehen. Italien, besonders Venedig, nimmt die führende Rolle ein. Die Wertschätzung, deren sich die venezianischen Aldus-Drucke erfreuten, beschreibt Glareanus in einem Brief an Hutten. Aldus' Verdienst liegt zu einem großen Teil in der Tatsache begründet, daß es ihm gelungen ist, die Regellosigkeit der Typengestaltung der Inkunabelzeit zu überwinden. Seine Kursive, erstmalig in der Juvenal-Ausgabe von 1501 verwen-

Schriftmuster:
Aldus-Typen

54

det, fand großen Anklang im Kreise der Humanisten. Erasmus von Rotterdam, der sich 1508 in Venedig über den aldinischen Druckbetrieb informierte, hat die Arbeitsweise der Offizinen in einer eigenen Schrift beschrieben. Seit der Dante-Ausgabe von 1502 verwendet die Firma die berühmte Druckermarke mit dem Anker, der von einem Delphin umschlungen wird. Die *Officina Aldina* hatte bis 1597 Bestand. Allein ihre Existenz über das gesamte Jahrhundert hinweg rechtfertigt die Bezeichnung dieses Zeitraumes als eigene Epoche der Druckgeschichte. Seit etwa 1520 wird die Aldus-Kursive auch von den meisten anderen venezianischen Druckern verwendet. Genannt seien hier nur Nicolo Zoppino, Francesco Bindoni und Mapheo Pasini.

Der erste Drucker Roms, der mit der neuen Schrift arbeitete, war Jacopo Mazzochi aus Bergamo. Er verzichtete weitgehend auf die noch in der Aldus-Presse so beliebten Ligaturen. Weitere bedeutende Pressen befanden sich in Florenz, Bologna, Capri, Fano und Saluzzo.

In Frankreich können sich die von Italien ausgehenden fortschrittlichen Tendenzen zunächst nur schwer durchsetzen. Gotische Schriften sind bis etwa 1525 bestimmend für die Typographie. Ein vorsichtiger Neuerer war der Pariser Drucker Jodocus Badius Ascensius. Seine Druckermarke enthält die älteste Darstellung einer Druckerpresse. In seiner 1503 gegründeten Offizin haben viele bedeutende Humanisten, so auch Erasmus, drucken lassen. Berühmt sind die Titeleinfassungen in Holzschnitt, die seit 1504 aus der Presse der Druckerfamilie Estienne kamen. Diese Firma ragt mit ihren Aktivitäten weit in die nächste Epoche hinein. Noch 1664 sind Estienne-Drucke nachweisbar. Einen Großteil ihrer Bedeutung verdankt diese Druckerei sicherlich einem der bedeutendsten Buchkünstler aller Zeiten: Geofroy Tory (1480–1533). Die Stundenbücher mit den architektonischen Randeinfassungen aus feinem Rankenwerk wurden später in vielen anderen Werkstätten nachgeahmt. Franz I. verlieh Tory ein eigenes Privileg. Seit 1528 verwendet die Firma Estienne eine eigene Kursive, die wohl

Frankreich

Vgl. Abb. S. 56

Seite aus einem
Stundenbuch,
mit Holzschnitt-
illustration und
Holzschnitt-
rahmen von
Geoffroy Tory,
Estienne, Paris
1528;
München,
Bayerische
Staatsbibliothek,
N. Libr. 356 p-4

nicht auf Aldus zurückgeht. Weitere bedeutende Pariser Drucker sind Michel Vacosan, Adrinne Turnèbe, Frédéric Morel, Galliot Dupré, Denys Janot und Jacques Kerver.

In Frankreich erreichte nur noch Lyon annähernd die Bedeutung von Paris als Druckerstadt. Ähnlich wie für die Hauptstadt gilt auch hier, daß bis etwa 1525 noch die vorangegangene Epoche prägend ist. Erst mit Sebastianus Gryphius (1525–1566) lassen sich Baseler Einflüsse erkennen. Man glaubt auch, in den Drucken von Melchior und Caspar Trechsel Baseler Spuren zu sehen. 1538 erschien in ihrer Offizin eine Bilderbibel, noch im gleichen Jahr ein »Totentanz«. Lyons große Zeit als Buchhandelsstadt beginnt 1540 mit der Tätigkeit von Jean de Tournes und Guillaume de Roville. Schwerpunkt beider Firmen war das illustrierte Buch. Robert Granjon erhielt 1557 ein Privileg auf zehn Jahre für eine Schrift, die der französischen Handschrift der Zeit entsprach. Sie wurde hauptsächlich in Schulbüchern verwandt und hatte dann vor allen Dingen in den Niederlanden eine gewisse Bedeutung, weil Christoph Plantin die Typen für seine Offizin erwarb. Aufgrund der Tätigkeit Calvins und des Wirkens der Reformation nimmt Genf in der Geschichte des Buchdruckes im 16. Jahrhundert eine führende Rolle ein. Estienne und de Tournes eröffneten hier eigene Offizinen.

Eine sehr stetige Entwicklung ist in den Niederlanden erkennbar. Zunächst noch ähnlich wie Frankreich in den Traditionen der Inkunabelzeit verhaftet, entsteht in Antwerpen ab der Jahrhundertmitte mit der Offizin des Christoph Plantin die bedeutendste

Presse der damaligen Welt. Sein Erfolg beruhte auf der vorbildlichen Ausstattung der Drucke. In seiner Werkstatt waren ausschließlich französische Schriftgießer beschäftigt. Schwerpunkt seiner Tätigkeit war das illustrierte Buch. Seit 1566 bediente er sich des Kupferstiches als graphische Illustrationstechnik. Seine achtbändige Polyglottenbibel (1569–1573) hat den späteren Siegeszug des Kupferstiches stark begünstigt. Für Plantin arbeiteten Künstler wie Abraham de Bruyn, Pieter van de Borcht und die Gebrüder Wierix. Große Rückschläge erlitt der Verlag durch Kriegseinwirkungen. Plantin mußte 1576 einen Teil seiner Presse nach Leiden überführen, wo er sich vornehmlich mit wissenschaftlicher Literatur beschäftigte. Erst 1585 konnte er nach Antwerpen zurückkehren, um die arg zerrütteten wirtschaftlichen Verhältnisse zu ordnen. Nach seinem Tod (1589) führten sein Schwiegersohn Johannes Moretus und dessen Nachkommen die Presse bis ins 19. Jahrhundert fort. Seit 1875 ist das Stammhaus in Antwerpen eines der bedeutendsten Museen der Buchdruckerkunst.

Da England in hohem Maße auf den Import von Typenmaterial angewiesen war, ist auf der Insel auch nur eine geringe eigenständige Entwicklung zu verzeichnen. Bis etwa 1530 ist Nordfrankreich der Hauptlieferant, später übernahmen diese Rolle Köln und Antwerpen.

Spaniens buchgeschichtlicher Beitrag zum 16. Jahrhundert ist die riesige Polyglottenbibel, die auf Veranlassung des Kardinals Ximinez in Alcalá gedruckt worden ist. Zwischen 1514 und 1517 entstanden, ist sie nicht nur drucktechnisch ein Meisterwerk, sondern auch von bis dato unerreichtem philologischen Wert.

Spaniens Verdienst ist es auch, dem Buchdruck in der neuen Welt eine Heimat gegeben zu haben. 1539 entsteht in Mexiko die erste Druckerei auf amerikanischem Boden. Für Moskau ist 1564 die erste Presse bezeugt.

Das Mutterland der Druckkunst, Deutschland, ist bewußt an letzter Stelle behandelt, weil hier eine typographische Sonderentwicklung einsetzt, die erst in den dreißiger Jahren dieses Jahrhun-

ABCDEFGHI
abcdefghijklmn
JKLMNOPQR
opqrsßtuvwxyz
STUVWXYZ

derts ihren Endpunkt findet. Bis etwa 1520 nehmen deutsche Drucker an der gesamteuropäischen Entwicklung teil. Das Vordringen der Antiqua und etwas später der Kursive entspricht dem herrschenden humanistischen Geist. Es ist jedoch schon eine Tendenz erkennbar, die abweichend von Frankreich und Italien einen Unterschied zwischen den Sprachen macht. Die meisten lateinischen Schriften Huttens sind in Antiqua gedruckt, die deutschen in der Regel mit gotischen Typen. Aus diesen entwickelten sich in einer runderen Form die Schwabacher Schrift und in einer eckigen und verschnörkelten Ausprägung die Fraktur. Letztere diente in durchgestalteter Form bis ins 20. Jahrhundert als Buchschrift der deutschen Sprache. Ihre Vorbilder sind in der Urkundenkalligraphie des kaiserlichen Hofes zu suchen. Die von Kaiser Maximilian in Auftrag gegebene Handschrift des Ambraser Heldenbuches kennt schon die sogenannten Elefantenrüssel, die Schnörkel, mit denen die Großbuchstaben versehen sind. Für seinen »Theuerdank« wünschte er sich eine der Handschrift angenäherte Druckschrift. Der Augsburger Johann Schönsperger, der schon 1508 ein

Gebetbuch für Maximilian in einer der Urkundenschrift angenäherten Typographie gedruckt hat, konnte 1517 diesen Auftrag verwirklichen.

Die Luxusschrift für den »Theuerdank« war dann allerdings bestenfalls nur Anregung für die Gebrauchsschriften. Die älteste Fraktura ist in Nürnberg vor 1522 von Johann Neudöfer und Hironymus Andreae entworfen worden. Sie erscheint erstmalig in der deutschen Ausgabe von Dürers »Triumphwagen«. Man wird in Albrecht Dürer einen engagierten Förderer der neuen Schrift vermuten dürfen. 1524 erscheint die Frakturschrift auch bei Cranach und Döring in Wittenberg, im selben Jahr bei Köpfel in Straßburg. Am meisten zum Sieges-zug dieser Schrift hat der Frankfurter Großunternehmer Sigmund Feyer-abend beigetragen.

Deutschland spielt noch aus einem anderen Grund in der Buchgeschichte des 16. Jahrhunderts eine Sonderrolle. Die Parteienkämpfe der Reformation forderten preiswerte, schnell nachzu-druckende und zu lesende Schriften. Die Folianten der Inkunabelzeit waren für solche Zwecke denkbar ungeeig-net. Es ist also nicht verwunderlich, wenn sich hier das Quart- und etwas später auch das Oktavformat beson-ders schnell durchsetzten.

Viele der Firmen der Inkunabelzeit sind bis weit ins 16. Jahrhundert hin-ein nachweisbar. Nach Peter Schöffers Tod (1503) übernahm sein Sohn Johann die Druckerei. Die Freund-schaft mit Ulrich von Hutten führte dazu, daß alle wichtigen Schriften des

Seite aus dem »Theuerdank« mit einem Holzschnitt von Leonhard Beck, Bl. 37ʳ (40 × 28 cm), Johann Schönsper-ger, Augsburg 1517; Rom, Bibliotheca Apostolica Vaticana, Membr. I 13

Humanisten in Schöffers Offizin erschienen. Bis 1553 gibt es die Druckerei. Die Bedeutung von Mainz als Druckort erlischt in der zweiten Hälfte des Jahrhunderts.

Die Kölner Druckerei Quentells ist durch Familienmitglieder über das gesamte Jahrhundert hinweg betrieben worden. Wie schon vor 1500 liegt der Schwerpunkt der Produktion auf der Theologie. Gottfried Hittorp, der seine Presse 1512 gründen konnte, vereinigte in seiner Person den Typus des Gelehrten und des geschäftstüchtigen Buchhändlers und Verlegers. Mit seinen Produkten bezog er eindeutig humanistische und reformatorische Positionen und bildete somit einen Gegenpol zu den Quentells. Seit etwa 1523 wurde seine Stellung durch die Zensurmaßnahmen der Universität und des Rates immer schwieriger. Mit Jaspar von Gennep erscheint dann auch in Köln einer der bedeutenden Drucker der Gegenreformation.

In Straßburg bestehen die meisten Pressen aus der Anfangszeit über das Jahr 1500 hinaus. Mit Ausnahme von Grüninger drucken alle alten Offizinen Reformationsschriften. Die Stadt am Oberrhein gewinnt einen guten Ruf durch die vielen illustrierten Drucke. Künstler wie Hans Baldung Grien, Johann Wechtelin, Meister H. F. und Hans Weiditz haben für Straßburger Firmen gearbeitet. Mit Mainz vergleichbar kommt der Straßburger Buchdruck in der zweiten Jahrhunderthälfte fast zum Erliegen. Nur zwei Firmen sind in diesen Jahren nachweisbar.

Im deutschen Sprachraum brachte Basel die besten Voraussetzungen mit, um auch im 16. Jahrhundert eine bedeutende Druckerstadt zu sein. Die enge Verbindung von Humanismus und schwarzer Kunst resultierte noch aus der Inkunabelzeit. Nachdem Johann Froben nach dem Tode seiner Mitgesellschafter Johann Amerbach und Johann Petri (1511 und 1513) die bis dato gemeinsam betriebene Gesellschaft übernommen hatte, drückten sich die humanistischen Tendenzen auch in der Wahl der Typen aus. Die *Adagia* des Erasmus ist in einer sehr schönen Antiqua gesetzt. Froben wird zum wichtigsten Verleger des Erasmus. Der Brief des

Glareanus, eingangs des Kapitels erwähnt, deutet eine neue Form der Arbeitsteilung an. Während Froben den technischen Betrieb führte, sorgte sein Schwiegervater Wolfgang Lachner für den Vertrieb. Seit 1519 erscheint die aldinische Kursive, und es werden auch erste Werke in Oktav gedruckt. Wohl bedingt durch die Nähe der Frobenschen Firma zu Erasmus von Rotterdam, der die Reformation ablehnte, entstanden hier keine reformatorischen Schriften. Eine der interessantesten Figuren der Baseler Buchgeschichte ist der Dichter und Drucker Pamphilus Gengenbach (1509–1524). Als radikalem Anhänger der Reformation entstammten seiner Offizin zahlreiche Streitschriften und Dialoge, häufig mit einfachen Holzschnitten geschmückt. Unter den etwa 30 weiteren Baseler Druckern dieser Zeit verdienen vor allen Dingen Johannes Oporinus (1541–1566) und Michael Isengrin Erwähnung. Ersterer hinterließ die berühmte Anatomie des Vesalius *De humani corporis fabrica* (1543), vom letzteren stammt die erste Ausgabe des großen Kräuterbuches von Leonhard Fuchs.

Der Buchdruck in Zürich ist untrennbar mit Zwinglis reformatorischer Tätigkeit verbunden. Christoph Froschauer, seit 1516 in Zürich, ist neben Hans Lufft in Wittenberg der bedeutendste Reformationsdrucker. Zunächst stark von den Baseler Verhältnis-

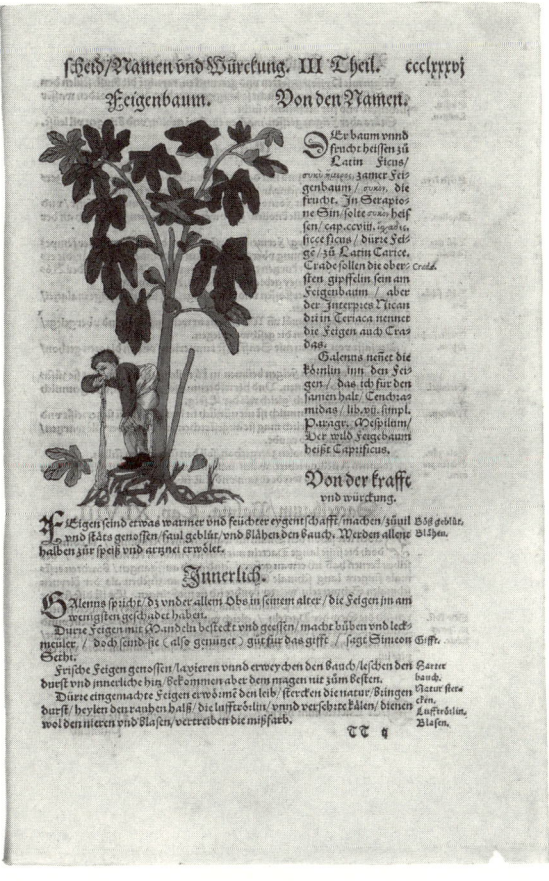

Holzschnitt aus:
Hieronymus Bock,
»Kreutterbuch«,
Bl. 386ʳ (34 × 23 cm),
J. Rihel, Straßburg
1565; Rom,
Bibliotheca Apostolica
Vaticana,
Stamp. Pal. II 494

sen beeinflußt, entwickelt er in der großen Schweizerchronik des Johannes Stumpf und in den naturwissenschaftlichen und historischen Ausgaben Conrad Gessners einen unverkennbaren eigenen Stil. Die Firma hatte bis 1585 Bestand.

Augsburg verdankt in dieser Zeit seinen Ruhm in erster Linie dem schon erwähnten Johann Schönsperger, dem Drucker Maximilians I. Fünf Exemplare des auf Pergament gedruckten Gebetbuches von 1513 sind bekannt. Das kostbarste Exemplar – heute zu einem Teil in der Bayerischen Staatsbibliothek in München und zum anderen in der Stadtbibliothek von Besançon – enthält Handzeichnungen Dürers, Cranachs, Burgkmairs und Baldungs. Unter Umständen waren diese Zeichnungen Vorlagen für Holzschnitte. Auch für das zweite große Werk, das im Auftrag des Kaisers gedruckt wurde, arbeiteten die bedeutendsten Augsburger Künstler: Leonhard Beck, Hans Burgkmair und Schäufelin. Die Typographie in der schwäbischen Wirtschaftsmetropole wurde aber nicht allein durch die Prachtwerke Schönspergers bestimmt. Hans Otmar und sein Sohn Silvan druckten gut ausgestattete religiöse Literatur für ein Laienpublikum. Viele Lutherdrucke der ersten Jahre entstammen dieser Presse. Dem Humanismus hatte sich Johannes Miller (1514–1528) verschrieben. Konrad Peutinger ließ bei ihm die »Gotengeschichte« des Jordanes drucken. Ähnlich wie Froben in Basel verwendete er seine Antiqua programmatisch: Sie war die Schrift des Humanismus. Eine frakturähnliche Type gibt es in Augsburg seit etwa 1517 in der Offizin von Grimm und Wirsung, die Aldus-Kursive findet man gelegentlich bei Heinrich Steiner (1530–1547).

Eine interessante Veränderung erlebt im 16. Jahrhundert die für die In-

BUCHGESCHICHTE

kunabelzeit so wichtige Offizin Koberger in Nürnberg. Seit etwa 1500 spielt die Produktion eine eher untergeordnete Rolle. Sie läßt auswärts drucken und beschränkt sich auf verlegerische und buchhändlerische Tätigkeit. Auch hier läßt sich schon die im Zusammenhang mit Johann Froben geschilderte Tendenz zur fortschreitenden Arbeitsteilung erkennen. Konrad Celtes hat mit seiner *sodalitas Celtica* Buchgeschichte geschrieben. Er war der erste Inhaber eines Reichsprivileges, Albrecht Dürer schuf für ihn den Holzschnitt der »thronenden Philosophie«. In Hieronymus Hölzel, der seit 1496 seine Offizin in Nürnberg betrieb, erkennen wir erstmalig einen Vertreter des sozialrevolutionären Flügels der reformatorischen Bewegung. Viele Flugschriften der aufständi-

HONESTA FOEMINA HEL-
delbergensis.

LXXVI.
Ein Weib von Heydelberg.
D Ise Figur die zeiget an/   Zu Heydelberg wol in der Stadt/
Wie die Erbarn Frawen gahn.   Wie manch ehrlich Mann gsehen hat.

schen Bauern entstammen seiner Druckerei. Wegen des Druckes und des Vertriebes der Schriften Karlstadts und Müntzers wurde er 1524 vorübergehend inhaftiert. Den anderen Flügel der revolutionären Publizistik des 16. Jahrhunderts repräsentierte Hans Hergot. Er schloß sich den Täufern an und wurde 1527 als Verfasser eines frühkommunistischen Flugblattes in Leipzig hingerichtet. Seine Witwe konnte die Nürnberger Presse noch bis 1538 betreiben. Weitere bedeutende Firmen standen unter der Leitung von Friedrich Peypus (1510–1535), Jobst Gutknecht (1514–1540) und Johannes Petrejus (1519–1550). Die innovative Bedeutung Nürn-

Holzschnitt aus: Jost Amman, Trachtenbuch, Tafel LXXXVI (32 × 21cm), Hans Weigel, Nürnberg 1577; Rom, Biblioteca Apostolica Vaticana, Stamp. Pal. II 239

bergs beschränkte sich nicht nur auf die Entwicklung der Fraktur durch die Presse von Hieronymus Andreae. Unter dem Einfluß von Virgil Solis und Jost Amman setzte sich auch seit 1550 der Kupferstich als wichtigste Technik der Illustration durch.

Die 1502 gegründete sächsische Landesuniversität Wittenberg übte ebenfalls Anziehung auf die Buchdrucker aus. Eine umfangreichere Produktion läßt sich seit 1508 durch Johannes Rhau-Grunenberg feststellen, der seit 1516 auch für Martin Luther druckte. Es ist kein Exemplar der Ablaßthesen von 1517 bekannt, aber es dürfte sicher sein, daß der Urdruck der Presse Grunenbergs entstammte. Die völlige Überlastung dieser Druckerei in den Jahren bis 1520 veranlaßte Luther dazu, den Leipziger Verleger Melchior Lotter zu bitten, eine Filiale in Wittenberg einzurichten. Unter Leitung von dessen Sohn Melchior d. J. erschien 1522 die Erstausgabe

BUCHGESCHICHTE

der Übersetzung des Neuen Testamentes. Auch die fünf Bücher Moses sind noch 1523 in dieser Presse gedruckt worden; die Fortetzung des Bibeldruckes übernahmen die Offizinen von Lukas Cranach und Christian Döring. Wichtigster Drucker in Wittenberg wurde seit 1534 Hans Lufft. Ihm gelang es, bis 1550 jedes Jahr eine neue illustrierte Ausgabe der Lutherbibel auf den Markt zu werfen.

Die Rolle, die Leipzig als Verlags- und Buchhandelsstadt spielen sollte, läßt sich für das 16. Jahrhundert noch nicht erahnen. Die enorme Produktion in Wittenberg drängte die Leipziger Betriebe in den Hintergrund. Durch Herzog Georg den Bärtigen, ein entschiedener Reformationsgegner, wurde in dieser Stadt strenge Zensur ausgeübt, die Wolfgang Stöckel durch Verlagerung seines Betriebes nach Eilenburg umgehen wollte. Andere Drucker beschränkten sich auf das Verlegen liturgischer Drucke und humanistischer Schriften.

Mit dem Niedergang des Mainzer Buchdruckes war es dem Frankfurter möglich aufzublühen. Seit 1511 produziert Beatus Murner auf Initiative seines Bruders Thomas typographisch eher bescheidene Bücher. Erster ständiger Drucker ist Christian Egenolff, aus dessen 1530 gegründeten Presse überwiegend geographische, historische, astronomische und juristische Bücher stammen. Hans Sebald Beham arbeitete für ihn. In bis dato unbekannten Dimensionen betreibt seit 1559 Sigmund Feyerabend das Verlags- und Druckereigeschäft. Für den internationalen Markt produzierte er wissenschaftliche lateinische Literatur, seine deutschsprachigen oft reich illustrierten Bücher zielten auf das Unterhaltungsbedürfnis des Publikums. Diese waren meistens in einer sauberen Fraktur gedruckt und lange Zeit prägend für den Zeitgeschmack. Jost Amman und Virgil Solis waren die wichtigsten Illustratoren. Ähnlich wie Koberger in Nürnberg war Feyerabend primär buchhändlerisch und verlegerisch tätig. Druckaufträge wurden durch kleinere Frankfurter Firmen wie Jacob, Zöpfel, Brubach und Gülferich erledigt.

Kleinere Druckorte des 16. Jahrhunderts waren Berlin, Dillingen, Heidelberg, Simmern und Tübingen.

Zusammenfassend kann man feststellen, daß sich im 16. Jahrhundert erkennbare Strukturen des modernen Buchwesens herausbilden. Arbeitsteilige Formen der Produktion ermöglichen eine rationellere Nutzung der Technik. Es deutet sich die Trennung von Buchdrucker, Verleger und Buchhändler an. Die Buchkunst etabliert sich als eigenständige Gattung. Als Medium breiter Bevölkerungsschichten greift das gedruckte Wort in politische Handlungsabläufe ein. Reformation und Bauernkriege sind ohne die schwarze Kunst schwer vorstellbar. Die rationellere Nutzung der Technik führt zu einem fortschreitenderen Verlust der Individualität des Buches. Typen werden austauschbar, erfolgreiche Typen kopiert; der Stil eines Schriftmeisters ist nur noch selten erkennbar.

Absolutismus und Aufklärung

Die Buchgeschichte des 17. Jahrhunderts kann als Paradigma für die eingeschränkten Existenzbedingungen einer geistigen Kultur angeführt werden: Die absolutistischen Regime der Barockzeit und die Gedankenpolizei der Gegenreformation waren einem wirklichen Aufschwung der Buchkunst ein unüberwindliches Hindernis. Zwar wurden auch im Frankreich Ludwigs XIV. bedeutende Bücher gedruckt, die Einbände waren von einer nie dagewesenen Prächtigkeit, der Kupferstich ließ Illustrationen von unerhörter Feinheit zu, jedoch stand die äußere Erscheinung der Bücher in einem kaum aufhebbaren Gegensatz zum Inhalt. Der Aufschwung des freien Wortes, hervorgerufen durch die Reformation, verlor durch Gegenreformation, den Dreißigjährigen Krieg und das Gottesgnadentum an Kraft, die ihm erst die Vorzeichen der Französischen Revolution und im eingeschränkten Maße der aufgeklärte Absolutismus wiedergeben konnten. In der für Europa poli-

Vgl. Tf. XI, Abb. 1

tisch und kulturell schwieriger Zeit gab es aber ein Land, in dem die positiven Anstöße des 15. und 16. Jahrhunderts überdauerten und ihre Fortsetzung fanden: die vereinigten Niederlande.

So wie das 16. Jahrhundert mit dem Namen Aldus verknüpft ist, **Niederlande** so ist das Druck- und Verlagshaus Elzevier in Leiden, Amsterdam, Utrecht und Den Haag die bedeutendste Offizin des 17. Jahrhunderts. Zwischen 1583 und 1712 konnten die Mitglieder dieser Familie über 2200 Werke publizieren. Hinzu kommen noch etliche Ausgaben wissenschaftlicher Zeitschriften im Auftrag der Leidener Univesität. Die Elzeviers waren keine gelehrten Drucker wie Aldus in Venedig oder Froben in Basel, ihre Fähigkeit lag im Erkennen von Marktlücken. Sie verkauften ihre Bücher nicht nur in den Niederlanden; ihr Absatzgebiet war Gesamteuropa. Schon zu Anfang des 17. Jahrhunderts grundeten die Elzeviers von Leiden aus Niederlassungen und Filialen in Frankfurt am Main, Paris, London, Venedig und Kopenhagen. Zunächst nur als Buchhändler und Buchbinder tätig, waren die Elzeviers ab 1617 in der Lage, eine eigene Druckerei zu betreiben. 1620 erhielt Isaak Elzevier den Posten eines Universitätsdruckers in Leiden. Die Firma stand somit auf zwei Füßen: Außenbuchhandel und Druckerei eröffneten die Möglichkeit, erste Weltbuchhandlung der Geschichte zu werden. Für fast 100 Jahre konnte die Firma ihren guten Ruf erhalten. Erst 1712 mußte sie liquidiert werden. Den Namen Elzevier trugen wie gesagt auch Unternehmen in Amsterdam, Den Haag und Utrecht. Die Utrechter und Den Haager Firmen müssen als reine Filialen des Leidener Stammhauses angesehen werden, während sich das 1638 von Justus Elzevier gegründete Amsterdamer Haus durchaus zu einer ernsten Konkurrenz der Leidener entwickelte. Die Firma hatte bis 1681 Bestand.

Mit dem Namen Elzevier sind heute vor allen Dingen Klassiker- *Vgl. Tf. XI, Abb. 2* ausgaben im Duodezformat verknüpft. Die sehr kleine Schrift erlaubte es, auch umfangreiche Werke in handlichen Bänden zu edieren. Erreicht wurde dadurch eine Popularisierung des Buches. Die preiswerten Bändchen fanden in ganz Europa reißenden

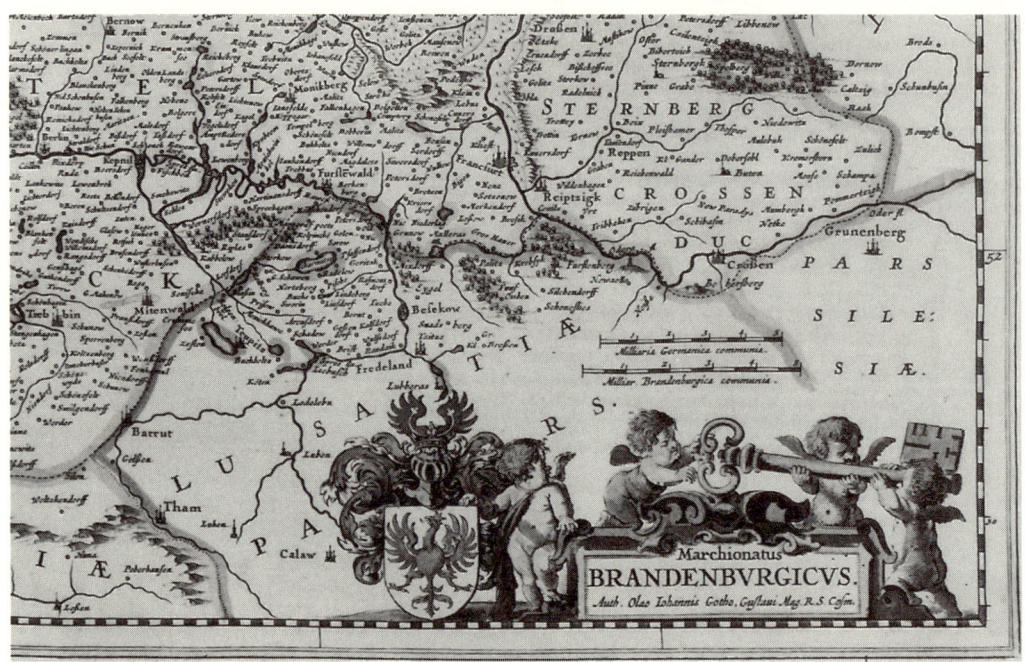

Mark Brandenburg,
Karte (Ausschnitt)
aus: »Atlas major«
(42 × 28 cm), Bd. 3,
Willem Janszoon
Blaeu, Amsterdam
1663; München,
Bayerische
Staatsbibliothek,
2 Mapp. 18

Absatz. Unter Sammlern besonders begehrt sind die sogenannten
»kleinen Republiken«, Reisehandbücher mit historischen und geographischen Beschreibungen der europäischen Staaten. Die Elzeviers haben sich nicht nur um die Popularisierung des Buches verdient gemacht. Der Wissenschaftsbetrieb des 17. Jahrhunderts ist
ohne diese Familie nahezu unvorstellbar. Trotz tiefer Verwurze-
lung im calvinistischen Glauben hatte Justus Elzevier nicht die ge-
ringsten Bedenken, auch Werke von Descartes aufzulegen. Fast
alle kritischen Geister der Zeit wurden in Leiden und Amsterdam
gedruckt und verlegt: Calvin, Bacon, Milton, Hobbes, Molière, Ga-
lilei und andere. Daniel und Nicolaus Heinsius dürften die Vefas-
ser der meisten Vorreden für die Klassikerausgaben gewesen sein.
    Neben den Elzeviers profitierten noch andere niederländische
Drucker von der scharfen Zensur in den Nachbarländern, beson-

68

ders in Frankreich. Zahlreiche fanzösische Literaten ließen ihre Werke in den Niederlanden drucken. In den Antiquariaten findet man heute mehr französische Werke aus dieser Zeit, die als Verlagsort Den Haag oder Amsterdam nennen als Paris.

Auf einem anderen Gebiet konnten sich die Niederländer über das gesamte 17. Jahrhundert hinweg eine fast monopolartige Stellung sichern: Als aufblühende Seemacht hatte das Land einen enormen Bedarf an guten Land- und Seekarten. Amsterdam wurde zum Zentrum der Geographie. Willem Janszoon Blaeu verlegte hier seine berühmten Atlanten und Globen. Der *Atlas major*, erstamalig 1662 in 11 Bänden erschienen, war für lange Zeit das prächtigste und beste Werk der Geographie überhaupt. Karten aus der Blaeuschen Offizin erzielen heute bei Auktionen Spitzenpreise.

Deutschland war ein ausgesprochen karger Boden für ein erneutes Aufblühen der Druckkunst. Die Wirren des Dreißigjährigen Krieges ließen einen wirtschaftlichen und kulturellen Aufschwung nicht zu. Ausnahmen machen allerdings die reinen Kupferstich-

Deutschland

bücher, in denen der Text keine oder nur eine untergeordnete Rolle spielt. Das 17. Jahrhundert in Deutschland ist das der Schweizer Familie Merian, die sich in Frankfurt am Main niederließ: Matthäus d. Ältere, Matthäus d. Jüngere, Kaspar und Maria Sibylle. Die topographischen Städtedarstellungen, die zwischen 1642 und 1688 von den männlichen Mitgliedern der Familie gestochen und herausgeben wurden, sind nicht nur wegen ihres ästhetischen Reizes begehrte Sammlerobjekte, dem Historiker dienen sie auch heute

Kupferstich von Maria Sibylla Merian: Granatapfel und blauer Morpheo (44 × 31 cm), J. F. Bernard, Amsterdam 1730

Kupferstichtitel (32 × 42 cm) zu: Martin Luther, Biblia (Kurfürstenbibel), Endter, Nürnberg 1685; München, Bayerische Staatsbibliothek, Res/2 B. g. luth. 121

noch als wichtige Quelle der Regionalgeschichte. Die botanische und zoologische Abbildung erreichte durch Maria Sibylle Merian eine bisher noch nicht gekannte Qualität. Ihre 1705 erschienene *Metamorphosis insectorum Surinannsium* beruht auf eigenen Studien in Niederländisch-Guayana; für das in dem ihr gehörenden Verlag 1679 erschienene Schmetterlingsbuch werden auf Auktionen Spitzenpreise gezahlt.

Eine interessante Verbindung gehen zu Beginn des 17. Jahrhunderts der Nürnberger Drucker Wolfgang Endter und der Kupferstecher Joachim von Sandrart ein. Die meisten illustrierten Lutherbibeln des Jahrhunderts kommen aus ihrer Firma. Die »Kurfürstenbibel«, so genannt weil sie auf Veranlassung des Kurfürsten Herzog Ernst I. von Sachsen-Gotha und Altenburg gedruckt wurde, war in ihrer Zeit aufgrund der prächtigen Illustrationen Sandrarts der begehrteste Bibeldruck. Zwischen 1641 und 1768 sind 14 Auflagen erschienen.

Gegen Ende des Jahrhunderts konnte durch Johann Baptist Homann das niederländische Monopol für geographische Karten ein wenig aufgeweicht werden. Seit 1692 erschienen in seinem Nürnberger Verlag die berühmten Kupferstichkarten, die auch in gebundener Form als Atlanten herausgegeben wurden.

Frankreichs Probleme sind schon im Zusammenhang mit dem niederländischen Buchdruck angesprochen worden. Die drückende Zensur verbunden mit einer sehr strengen Handhabung des Zunftsystems ließen nur Raum für eine quantitativ und qualitativ bescheidene Produktion. Der Merkantilismus als Wirtschaftsform

Frankreich

des absolutistischen Staates verschärfte die Situation noch insofern als mit Gründung der *Imprimerie Royale* in Paris die freie Konkurrenz einzelner Verlagsunternehmer fast zum Erliegen kam. Nur in entfernteren Departements war es wenigen privaten Unternehmern möglich, kleinere Betriebe zu führen. Die königliche Druckerei selbst wurde 1640 auf Betreiben Richelieus durch Ludwig XIII. gegründet. Sie war von Anfang an mit besonders guten Arbeits- und Kapitalmitteln ausgestattet. Als erster Direktor wurde Sébastien Cramoisy ernannt, der damals bedeutendste französische Drucker. Die *Imprimerie Royale* verfügte während der gesamten Dauer ihres Bestehens über die schönsten Typen ihrer Zeit. Unter Ludwig XIII. wurden die sogenannten *caractères de l'Université* verwandt, Antiqua- und Kursiv-Typen, die man heute in ihrem Ursprung Jean Jannon zuschreibt. Ludwig XIV. veranlaßte dann den Entwurf einer Schrift, die mit ihren genauen geometrischen Verhältnissen dem Geist des Absolutismus entsprach.

Auch in England konnte sich im Jahrhundert des Bürgerkrieges **England** der Buchdruck nicht zu neuen Höhen aufschwingen. Die Zensurbestimmungen waren außer in der kurzen Regierungszeit Cromwells wohl noch härter als in Frankreich. Miltons berühmte Rede *Aeropagitica* von 1644 ist ein aufschlußreiches Dokument für die traurige Situation der Pressen in England. Seit 1637 wurde jedes Verlagsprodukt der Zensur unterworfen, die Umgehung dieser Maßnahme war anders als in Frankreich durch das Importverbot englischsprachiger Bücher unmöglich, die Zahl der Buchdrucker wurde drastisch beschränkt. So handelt es sich bei den in England gedruckten Büchern in erster Linie um relativ bedeutungslose theologische Traktate und politische Pamphlete. Aus dieser Geschichte der Mittelmäßigkeit ragt nur ein Ereignis heraus: 1623 erschien die erste Folio-Ausgabe der Werke Shakespeares bei dem ansonsten unbedeutendem Drucker William Jaggard.

In Italien ist ebenfalls ein Niedergang der Buchkultur zu ver- **Italien** zeichnen. Die sorgfältig redigierten und edierten Aldus-Texte gehören der Vergangenheit an; die Bücher des 17. Jahrhunderts wimmeln geradezu von Druckfehlern. Die klare Gliederung des humanistischen Titelblattes weicht einem pomphaften architektonischen Stil, in der Manier schlechter Kopien von Berninibauwerken. Mit der Gründung der Kongregation *De propaganda fide* legte sich 1626 auch der Kirchenstaat eine eigene Druckerei zu. Sie stand ausschließlich im Dienst der Gegenreformation.

In Südamerika befanden sich die meisten Druckereien in den Händen jesuitischer Missionare oder dienten der jesuitischen Mission. Auch Nordamerika wird im Laufe des 17. Jahrhunderts von der Typographie erobert. Die literarische Produktion ist zunächst nicht bedeutend. Schwerpunkte sind die Bibel, das *Common Prayer Book*, Gesetzessammlungen und Almanache für die Landwirte. Wenn man aber die ungünstige Situation des Druckgewerbes im Mutterland der Kolonien bedenkt, so muß man den nordamerikanischen Ausstoß an Büchern als durchaus beachtlich bezeichnen.

Das 18. Jahrhundert ist das Jahrhundert der Buchillustration. Wie in vielen anderen Sparten der Kunst ist jetzt auch in der Buchkunst eine Vorherrschaft Frankreichs erkennbar. Die politischen Rahmenbedingungen haben sich zwar gegenüber dem vorangegangenen Jahrhundert kaum verbessert, aber die französische Kultur und Literatur wurde von den anderen europäischen Höfen rezipiert und imitiert. Die Buchillustration erreichte eine Stufe der Qualität, die bis heute einmalig ist; umgekehrt aber gilt auch, daß die Individualität des Künstlers sich hinter einer als absolut gültig betrachteten ästhetischen Leitlinie verbergen mußte. Erst wenige

Erotische Illustration von Jean Honoré Fragonard (1732–1806), Des Hemdes entledigt, Radierung, 1787 (24 × 18 cm); Wien, Albertina, Inv. Nr. 327/18

Jahre vor der Französischen Revolution tritt mit Daniel Chodo-wiecki in Deutschland ein Stecher auf, der der Buchillustration einen weit über die ästhetischen Forderungen der Zeit hinausgehenden Charakter gibt. 18. Jahrhundert

Die eigentliche kulturgeschichtliche Bedeutung des 18. Jahrhunderts liegt aber darin begründet, daß der wissenschaftliche Grundstein der modernen Welt in dieser Zeit gesetzt wurde. Die Naturwissenschaften erlebten ihren großen Aufschwung, parallel dazu entstand das Bedürfnis, ein breites Publikum in Form von illustrierten Werken mit diesem Aufschwung vertraut zu machen, eine Tendenz, die sich schon mit den großartigen Stichen der Maria Sibylla Merian andeutet. Durch die naturkundliche Erschließung der Neuen Welt etwa stand den Kupferstechern eine ungeheure Masse an exotischen Entdeckungen zur Verfügung. Prächtige Papageienvögel, seltene Schmetterlinge oder noch nie gesehene Orchideenblüten verlangten nach einem Kolorit, das bisher in der Buchillustration eher vernachlässigt worden war. Es ergab sich fast zwangsläufig, daß für die erste Hälfte des 18. Jahrhunderts die Kolonialmacht England führender Produzent zoologischer Illustrationen wurde, während die botanische Darstellung vor allen Dingen in Nürnberg gepflegt wurde. Vieleicht wirkte hier die große Maria Sibylla Merian traditionsbildend.

Bücherstadt in Deutschland wird Leipzig. Obgleich das 18. Jahrhundert die Blütezeit der deutschen Literatur ist, kann man für diese Zeit keinen überragenden Drucker nennen. Erstausgaben der Klassiker sind für den Sammler häufig eine Quelle großer Enttäuschung. Typographisch wenig ansprechend und oft lieblos gesetzt, lassen sie nur wenig von ihrer kulturgeschichtlichen Bedeutung erahnen. Eine Ausnahme stellt die Firma Breitkopf in Leipzig dar. Gottlob Immanuel Breitkopf schuf unter dem Einfluß der theoretischen Schriften Dürers eine von den vielen Schnörkeln gereinigte Fraktur, die heute unter dem Namen »Jean-Paul-Schrift« bekannt ist. Er versuchte sich im Notendruck mit beweglichen Lettern und machte sogar Vorschläge zum Druck von Landkarten und Abbil- Deutschland

Holzstich von
Thomas Bewick,
The Sea Eagle
(18 × 14 cm) aus:
R. Beilby, History
of British Birds,
Bd. 1, London
1797

England

dungen mit Typen. Im 18. Jahrhundert entstehen dann auch die großen Verlagshäuser, die bis weit ins 20. hinein eine führende Rolle spielen sollen: Cotta, Göschen, Unger, Trattner, Tauchnitz.

Nachdem 1695 in England die drückenden Zensurbestimmungen aufgehoben wurden, erlebte die Insel einen Aufschwung, der sie in die Lage versetzte, die alten Buchnationen schon Mitte des 18. Jahrhunderts ein- und zum Teil sogar zu überholen. Zunächst noch angewiesen auf den Import von niederländischen Typen, gelang dem Londoner Schriftgießer William Calson seit etwa 1720 die Konzeption einer englischen Nationaltype. Seine Schrift fand zunächst Verwendung in der bedeutenden Offizin von William Bowyer. Von Calson beeinflußt und gleichzeitig mit ihm konkurrierend zeigt sich die Antiqua John Baskervilles. Sein 1757 erschienener »Vergil« fand auch auf dem Kontinent große Bewunderung, so bei Breitkopf und Bodoni. Englands eigentlicher Beitrag zur Druckkunst des 18. Jahhunderts sind aber die Zeitschriften wie der *Spectator*, der *Tattler* und das *Gentleman's Magazine*, die in einer ganz speziellen Type gesetzt sind.

Italien

Italien steht ganz unter dem Einfluß Giambattista Bodonis, von vielen als der bedeutendste Drucker aller Zeiten gepriesen. Ab 1758 arbeitete er als Setzer bei der Propagandadruckerei in Rom, seit 1768 war er in Parma tätig, wo er bis zu seinem Tod 1813 die berühmteste Druckerei seiner Zeit betrieb. Erstmalig in der Geschichte der Typographie wird das Erstellen von Büchern als Selbstzweck behandelt; das Werk ist nicht mehr primär Medium der Information, sondern vielmehr ästhetisches Objekt, ein reines Kunstwerk. Keinem Verlagsprodukt der Bodonischen Offizin kommt eine wissenschaftliche Bedeutung zu. Die von ihm entwickelte Schrift verzichtet auf jedes illustrative Beiwerk.

> **Quousque tandem abutére, Catilina, patientià nostrà? quamdiu eciam furor iste tuus nos eludet? quem ad finem sese effre-**

In ihrem monumentalen Aufbau wirkt sie unpersönlich und fast kalt. Strenge Symmetrie bei der einzelnen Type spiegelt sich im Aufbau des gesamten Satzes wider. Bodoni verläßt damit die vorgezeichneten Bahnen des Barock und Rokoko und leitet die Epoche des Klassizismus ein.

Frankreich

Die führende Rolle, die im vorangegangenen Jahrhundert in Frankreich die *Imprimerie Royale* gespielt hat, übernimmt nun die Druckerfamilie Didot. Ihr Verdienst liegt neben vielen anderen technischen Neuerungen in der Einführung des Punktesystems (*vgl. S. 79*), das bald auch in den meisten anderen Ländern Europas maßgebend werden sollte. Die Didot-Antiqua prägte den Buchdruck auch noch des gesamten 19. Jahrhunderts in den romanischen Ländern und in England.

Niederlande

Die Niederlande konnten im Zeitalter der Aufklärung nicht an die Leistungen der Elzeviers im 17. Jahrhundert anknüpfen. Die Typen aus der Offizin dieser Familie wurden allerdings noch bis etwa 1750 exportiert, so daß auch in Spanien »Elzevierdrucke« erschienen. Eine wichtige Schriftgießerei der Epoche ist das Haus Enschedé. 1703 durch den Stammvater Isaac gegründet, beschränkte sich die Tätigkeit zunächst auf den Ankauf verschiede-

signa, picturas, hominum denique multorumque ani-
malium formas, arborum etiam, si modo sint decoræ,
Nihil magis, quam amplitudo commendet: idem ora-
tionibus evenit: quinetiam voluminibus autorita-AB
CDEFGHIKLMNOPQRSTUVWXYZÆJ.
ACDEHILMNOPSTUYI761.
J. M. Fleischman sculpsit. 1761.

Fleischmann - Antiqua

anus, quem Imp. Maximilianus I Coloniæ laurea poetices
insigni coronavit, & eximio annulo donavit, cum is aliquan
do in convivio a quodam importunius urgeretur, uti propi-
nati satisfaceret, ecquam vero tu me esse putas? Glareanus
ABCDEFGHIKLMNOPQRSTUVWXYZÆʒ
J.M.FLEISCHMAN SCULPSIT
1761

Fleischmann-Kursiv

ner Typen. Durch den Erwerb der Wetsteinischen Schriftgießerei kam dann allerdings der bedeutende Schriftkünstler Johann Michael Fleischmann in die Enschedésche Firma in Harlem. Er zeichnet verantwortlich für eine Reihe berühmter Typen, die Johann Enschedé nach dessen Tod in einem Sammelband mit Schriftproben Fleischmanns vereinigte. Seine Typen wurden erst zu Beginn des 19. Jahrhunderts durch die Didot-Schriften verdrängt. Wegen der nach wie vor bestehenden Zensur in Frankreich mußten in den Niederlanden viele französischsprachige Bücher gedruckt werden. Zahlreiche Erstausgaben unter anderem von Voltaire, Prévost oder Rousseau entstammen holländischen Offizinen.

Amerika

Einen gewaltigen Aufschwung nimmt die Kunst des Buchdruckes auf dem nordamerikanischem Kontinent. Schon vor der politischen Unabhängigkeit 1776 besaßen nahezu alle größeren Territorien in den englischen Kolonien eigene Pressen. Mit der Staatengründung geht im letzten Viertel des Jahrhunderts auch ein kultureller Aufschwung einher. Interessanteste Persönlichkeit – nicht nur in der Buchgeschichte – ist sicher der gelernte Drucker Benjamin Franklin. Mit 16 trat er 1722 in die Offizin seines Halbbruders James ein, den er auch bei der Herausgabe einer Zeitung unterstützte. Seit 1732 produzierte er in einer eigenen Werkstatt in Philadelphia den berühmten *Poor Richard's Almanack*, den er unter dem Pseudonym Richard Saunders vertrieb. Ausgaben seiner *Pennsylvania Gazette* sind auch in europäischen Antiquariaten gesuchte Raritäten. Obgleich die Politik ihm nach 1753 keine Zeit ließ, sein Handwerk auszuüben, blieb er doch sein Leben lang der Druckkunst verpflichtet. Als amerikanischer Gesandter in Paris schloß er

Freundschaft mit Didot, seine Korrespondenz mit Bodoni und dem spanischen Drucker Ibarra ist erhalten.

Rußland

Die Reformen Peters des Großen eröffneten endlich auch einer bedeutenderen russischen Buchproduktion Möglichkeiten. Schon in der Inkunabelzeit erschien das erste kirchenslawische Buch des Krakauer Druckers Sweitpol Fiol. Im 16. und 17. Jahrhundert gab es nur in Moskau und Kiew Druckereien, die sich auf liturgische und andere kirchliche Texte beschränkten. 1703 verfügte der Zar die Gründung einer Druckerei in St. Petersburg und die Herausgabe einer Zeitung. Notwendig für die Druckproduktion im größeren Stil war eine Reform der kyrillischen Schrift. Es entstand eine Variante, die sich an der lateinischen Antiqua orientierte.

Türkei

Auch die Türkei litt lange unter dem Gängelband der Politik. Es gab im 16. und 17. Jahrhundert zwar hebräische Offizinen, ihre Betreiber aber befanden sich permanent in Lebensgefahr. Sultan Bajazet II. verbot unter Androhung der Todesstrafe 1483 die Ausübung der Buchddruckerei. Erst 1726 unter Achmed II. wurden diese kultur- und technologiefeindlichen Gesetze aufgehoben, der Buchdruck sollte jetzt sogar von der Regierung gefördert werden. Nur noch religiöse Werke und das kanonische Recht waren von einer drucktechnischen Vervielfältigung ausgeschlossen. Im Februar 1729 erschien dann in der Offizin des ungarischen Renegaten Ibrahim Müteferrika ein arabisches Wörterbuch in türkischer Bearbeitung als erstes türkisches Buch.

Neunzehntes und zwanzigstes Jahrhundert

Während bis ins 18. Jahrhundert hinein mit den Methoden Gutenbergs gegossen, gesetzt und gedruckt wurde, beginnt im 19. wie in den meisten anderen Industriezweigen ein technologischer Aufschwung, dessen ökonomische Bedeutung allerdings erst ab etwa 1870 zum Tragen kommt. Lithographie, Stahl- und Holzstich als Illustrationstechniken, sowie ab 1838 die Galvanoplastik, waren für hohe Auflagen wesentlich besser geeignet als Kupferstich oder Holzschnitt. Die Photographie und die photochemischen Verfahren führten zu einer weiteren Auffächerung der graphischen Techniken (*vgl. S. 83 ff.*).

Technische Innovationen

1810 erhält Friedrich Gottlob Koenig das Patent für seine Zylinderpresse, die Flachdrucke im nennenswerten Umfang ermöglichte. Ihre Bedeutung für den Zeitungsdruck wurde sehr früh von dem englischen Verleger John Walter erkannt, der mittels zweier Doppelschnellpressen Koenigschen Typs am 29. 11. 1814 die erste Ausgabe der *Times* druckte. Aus der Schnellpresse entwickelte sich die Rotationsdruckmaschine, die zu einer bis dato unvorstellbaren Geschwindigkeit des Druckverfahrens führte. Der technologische Fortschritt betraf in einem mindestens ebenso hohen Maße auch die beiden anderen Vorgänge des Druckprozesses: Gießerei und Setzerei. Dem Deutschamerikaner Ottmar Mergenthaler gelang 1885 die Konstruktion einer Zeilengießmaschine, in der die Funktion des Gußes und des Satzes vereinigt waren. Bis zur Einführung des heutigen Computersatzes war die »Linotype« Kernstück eines jeden Satzbetriebes. Parallel dazu wurde ebenfalls in den USA mit Einzelbuchstabensetzmaschinen experimentiert. Beide Geräte wirken auf den ersten Blick wie überdimensionierte Schreibmaschinen, an denen der Setzer mittels Tastanschlag den Guß der geforderten Matrizen bewirkte. Der nach wie vor bedeutsame Handsatz erfuhr eine wesentliche Verbesserung, indem der Gießapparat durch die Kommplettgießmaschine und die Schnellgießmaschine ersetzt werden konnte.

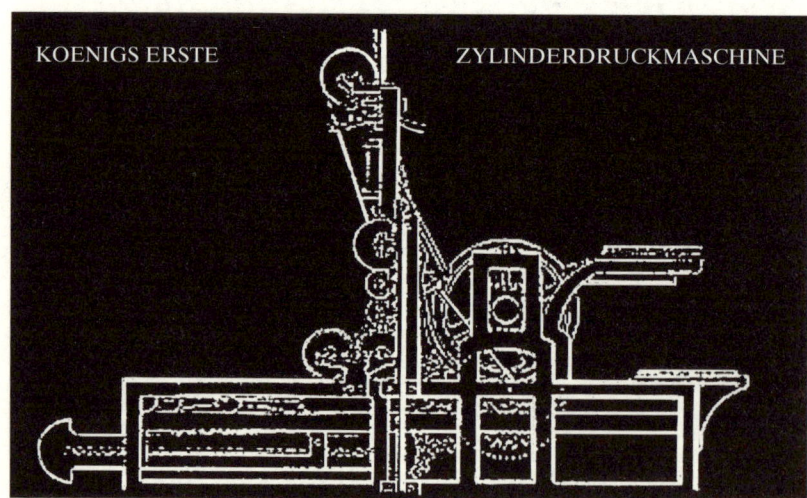

KOENIGS ERSTE ZYLINDERDRUCKMASCHINE

Skizze: Zylinderpresse

Die durch Didot und andere französische Drucker begonnene Normung der Typen und Linien findet im 19. Jahrhundert ihre Vollendung. Das typographische Punktsystem, bei dem der Meter durch 2660 typographische Punkte geteilt ist, wurde 1879 durch die Schriftgießerei H. Berthold in Verbindung mit der physikalisch-technischen Reichsanstalt festgelegt und hat bis heute Gültigkeit.

Die rasante technologische Entwicklung war der Buchkunst eher hinderlich. Das 19. Jahrhundert war mehr mit der ökonomischen als mit der ästhetischen Umsetzung der vielen Erfindungen beschäftigt. Die Geschwindigkeit der Produktion hatte Vorrang vor den Feinheiten der Typogaphie. Eine gewisse Ausnahme macht England, wo in erster Linie William Morris an die Schönheit der Drucke vergangener Jahrhunderte anknüpfen wollte. Aus seiner 1891 gegründeten *Kelmscott Press* gingen 53 größere und 16 kleinere Schriften hervor, deren Typen nach dem Vorbild von Schoffer, Zainer und Koberger gestaltet sind. Morris' Wirken war ein Protest gegen die Industrialisierung nicht nur des Buchgewerbes. Diese rückwärtsgewandte Haltung ließ seine Leistung zu einer Fußnote in der Buchgeschichte werden. **Arts- and Crafts-Bewegung**

Erst an der Wende vom 19. ins 20. Jahrhundert gelang es einigen Verlagen, die Masse an technischen Neurungen positiv umzusetzen und zu einer Buchkunst zu gelangen, der auch eine überzeitliche Bedeutung zukommt. Die zwischen 1873 und 1875 erschienenen Drucke des Diplomaten Eduard Grisebach setzten in Deutschland neue Maßstäbe. Dem Bielefelder Verlag Velhagen & Klasing gelang es, in seinen seit 1876 erschienenen Reihen »Ausgabe für Bücherfreunde« und »Ausgabe der Kabinettstücke« die Anforderungen Grisebachs für ein breites Publikum umzusetzen. Führender Betrieb für anspruchsvollere Typographie wird die Offizin Haag-Drugulin in Leipzig. **Buchkunst**

1880 ist ein Wendepunkt in der Buchgeschichte. Mit »Amor und Psyche« des Apuleius erscheint erstmalig ein Buch, dessen Gesamtausstattung in der Hand eines einzigen Künstlers liegt: Max Klinger. Der bisher mit einer gewissen Unschärfe verwandte Be- *Vgl. Abb. S. 80*

Psyche auf dem Felsen, Radierung, Aquatinta, von Max Klinger zu: »Amor und Psyche«, Bl. 10 (36,7 × 26,8 cm); Leipzig, Museum der bildenden Künste, Inv. Nr. I. 1474/9

griff »Buchkunst« gewinnt erst ab diesem Zeitpunkt seine volle Berechtigung. Um die Jahrhundertwende hatte sich dieser nun autonome Zweig künstlerischer Betätigung endgültig etabliert. Gegen 1880 gewinnt auch eine Bewegung an Bedeutung, die in der Buchgeschichte gelegentlich als die »Münchener Renaissance« bezeichnet wird. Unter Leitung des ehemaligen Benediktinermönchs und Verlegers Max Huttler entstanden in der bayerischen Hauptstadt Bücher mit einer sehr guten typographischen Ausstattung, die allerdings für den heutigen Geschmack gelegentlich etwas überladen wirken. Huttlers Ideen werden von Georg Hirth, seit 1896 Herausgeber der Zeitschrift »Jugend«, verlegerisch umgesetzt und fortgeführt. Zunächst noch im Historismus verwurzelt, konnte sich in München eine vollständig eigene Buchkultur entwickeln, deren wichtigstes Ergebnis der Jugendstil war.

Ein weiteres Zentrum des künstlerischen Buches war Berlin. Um die von Julius Bierbaum und Julius Meier-Graefe seit 1895 erscheinende Kunstzeitschrift »Pan«, bildete sich eine Gruppe von Buchkünstlern, die maßgeblich Einfluß auf die Entwicklung im frühen 20. Jahrhundert nehmen sollten. An erster Stelle muß hier Harry Graf Kessler genannt werden, der spätere Begründer der Cranach-Presse in Weimar. 1904 siedelte Eugen Diederichs mit seinem 1896 in Florenz gegündeten Verlag nach Jena über. Bücher aus dem Diederichs Verlag sind heute aufgrund der Buchausstattung von E. R. Weiß und Fritz Helmuth Ehmcke in den Antiquariaten gesuchte Objekte. Das wichtigste Ereignis im Bereich der Buchgeschichte vor dem Ersten Weltkrieg war die Gründung der Zeitschrift »Insel« durch Alfred Walther Heymel und Rudolf Alexander Schröder, die sich der Mitarbeit Otto Julius Bierbaums versicherten. Heinrich Vogeler (Worpswede) und E. R. Weiß sicherten durch die hervorragende buchkünstlerische Ausstattung den Erfolg der Zeitschrift. Seit 1899 gibt es den Insel Verlag. Aus seiner Frühgeschichte heben sich die »Großherzog-Wilhelm-Ernst-Ausgaben« heraus, für die die führenden englischen Typographen herangezogen wurden. Der Insel Verlag etablierte auch das gute, hervorragend ausgestattete Gebrauchsbuch.

Vgl. Tf. XI, Abb. 3

Das erste Drittel des 20. Jahrhunderts ist die große Zeit der Privatpressen. Die bedeutendsten sind: Janus-Presse (gegründet 1907), Ernst-Ludwig-Presse (1907), Bremer Presse, Cranach-Presse, Officina Serpentis, Rupprecht-Presse, Juniperus-Presse und Drugu-

Privatpressen

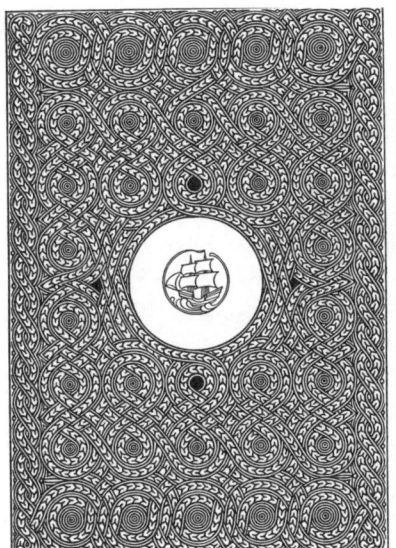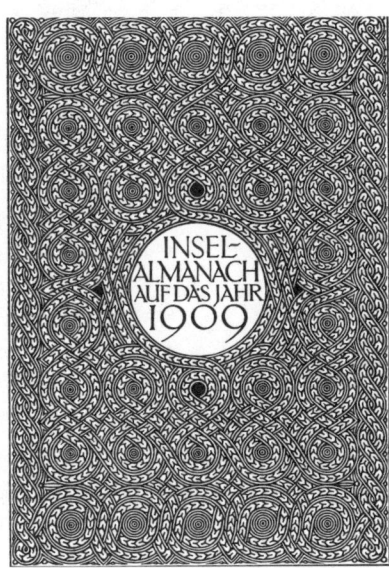

Frontispiz und Titel des »Insel Almanach auf das Jahr 1909« (je 18 × 15,5 cm) von F. H. Ehmcke

lin-Presse. Die Arbeit dieser rein buchkünstlerischen Werkstätten fand ihren Niederschlag auch in den Produkten der großen Verlage: Georg Müller ließ seine Ausgaben von Paul Renner künstlerisch betreuen. Hans von Weber gab den »Zwiebelfisch« und die »Dreiangeldrucke« heraus. E. R. Weiß arbeitete für den Verlag von Salomon Fischer. Er hat auch für den Tempel Verlag in Leipzig die Weiß-Fraktur entworfen.

Neue Sachlichkeit

Die Emanzaipation der Buchkunst als eigenständige Gattung findet ihren Niederschlag ebenso in einigen großen Ausstellungen. Die beiden bedeutendsten sind die 1927 von Hugo Steiner-Prag veranstaltete Internationale Buchkunst-Ausstellung in Leipzig und die 1932 ebenfalls in Leipzig stattfindende Ausstellung »Goethe in der Buchkunst der Welt«.

Dominierte bis zum Ersten Weltkrieg der Jugendstil, so war man nach 1918 um eine größere Sachlichkeit bemüht. Der Einfluß des Bauhauses gewinnt bis 1933 an Bedeutung. John Heartfield und der von ihm gegründete Malik Verlag entwickeln in der Buchkunst radikal realistische Formen.

John Heartfield: Illustration zu: Hermynia zur Mühlen, Märchen der Armen, Bd. 3, S. 29, Berlin 1923. Reprint: Zentralantiquariat der DDR, Leipzig 1982

Die Barbarei des Nationalsozialismus konnte mit den vielen wichtigen Ansätzen in der Buchkunst wenig anfangen. Ihre Buchprodukte versuchten sich in einem bombastischen Stil, der für deutsch gehalten wurde. Viele um die Buchkunst hochverdiente Persönlichkeiten mußten ins Exil gehen und konnten in ihrem Heimatland der Typographie keine neuen Impulse mehr geben.

Literatur: H. Loubier: Die neue deutsche Buchkunst. Stuttgart 1921; K. G. Schauer: Deutsche Buchkunst 1890–1960. 2 Bde. Hamburg 1963; Hermann Zapf: William Morris. Sein Leben in der Geschichte der Buch- und Schriftkunst. Scharbeutz 1949.

Graphische Illustrationstechniken

Der Begriff Graphik oder Orginalgraphik ist nicht eindeutig definiert. Er umfaßt als Teilgebiet der bildenden Kunst in erster Linie die wichtigsten druckgraphischen Techniken: Holzschnitt, Kupferstich, Radierung, Lithographie. Oft werden aber auch Handzeichnungen unter diesem Begriff subsumiert. Von der eher zweckfreien künstlerischen Graphik wird die sogenannte Gebrauchsgraphik unterschieden, heute meist mit dem Ausdruck Graphikdesign belegt. Eine ganz neue Rolle spielt die Computergraphik, deren technische Voraussetzungen von den klassischen graphischen Verfahren abweichen. Da die Illustrationen und Illuminationen mittelalterlicher Handschriften und Bücher mit originalen Handzeichnungen hier nicht beachtet werden sollen, wird in diesem Kapitel unter Graphik die Reproduktion von bildlichem Material mit technischen Mitteln verstanden.

Die Originalgraphik hebt sich von der Reproduktionsgraphik insofern ab, als die Druckstöcke, -platten oder andere Druckvorlagen durch den Künstler persönlich hergestellt werden und oft auch der Druck von ihm entweder ausgeführt oder überwacht wird. Im Idealfall wird der Druckstock nach Erstellung der Auflage vernichtet. Oft ist die Originalgraphik signiert und in der Auflagenhöhe bezeichnet. Bei der hier behandelten Illustrationsgraphik ist es jedoch nur begrenzt möglich, sie als original zu bezeichnen. Mit zunehmender technischer Differenzierung der drucktechnischen Arbeitsprozesse entstand eine immer größere Entfernung zwischen entwerfendem Künstler und ausführendem Drucker. So kann man zwar für die Inkunabelzeit ausschließlich von Originalgraphik sprechen, das 20. Jahrhundert hingegen reduziert die Definition auf wenige Pressendrucke oder Künstlerbilderbücher. Der dritte internationale Kongreß der Bildenden Künste hat 1960 in Wien für die moderne Graphik folgende Resolution beschlossen, die den Begriff des Orignaldruckes für die Neuzeit festlegt:

1. Es ist das ausschließliche Recht des Künstlerdruckers, die definitive Auflagezahl jedes seiner graphischen Werke in den verschiedenen Techniken wie Kupferstich, Lithographie usw. festzulegen.

2. Jeder Druck muß, um als Original betrachtet zu werden, nicht nur die Signatur des Künstlers tragen, sondern auch Angaben hinsichtlich der Gesamtauflage und der Seriennummer des einzelnen Drucks aufweisen.

3. Die obengenannten Prinzipien beziehen sich auf graphische Arbeiten, d. h. auf Drucke, für welche der Künstler die Originalplatte herstellte, den Holzblock schnitt, den Stein oder ein entsprechend anderes Material bearbeitete. Werke, die diese Bedingung nicht erfüllen, müssen als Reproduktionen angesehen werden (*zitiert nach Koschatzky, S. 37*).

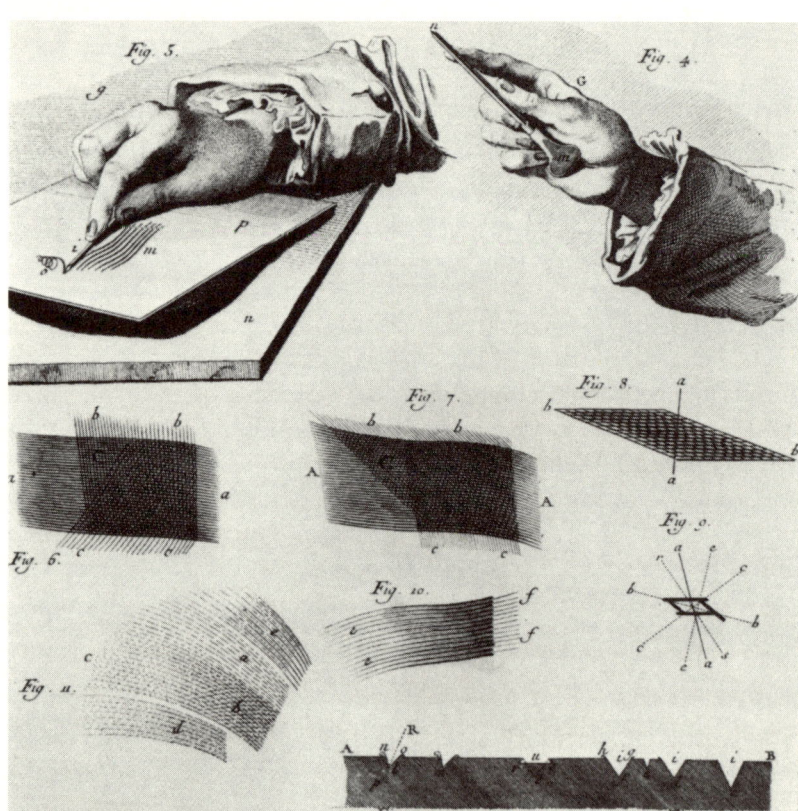

Anfertigen eines Kupferstiches, Kupferstich aus: Denis Diderot, L'Encyclopédie, Teil 1, Paris 1751, Tafel zu S. 851

84

Trotz dieser an sich eindeutigen Definition böten die Prozesse und anderweitigen Auseinandersetzungen um Originalgraphik Stoff für ein eigenes Buch. Begriffliche Verwirrung entsteht gelegentlich dadurch, daß jedes drucktechnische Verfahren – also auch der Letterndruck – als ein graphisches bezeichnet wird. Der Antiquariatsbuchhandel jedoch verwendet den Ausdruck nur für die auf reproduktionstechnischem Wege hergestellten Abbildungen. Obwohl es sich um Drucke handelt und damit theoretisch eine völlige Identität aller Abzüge gegeben sein sollte, spielt es in der Qualitätsbeurteilung eine Rolle, ob es sich um einen frühen oder späten Abzug handelt. Bei einigen Verfahren nutzen sich die Platten ab und späte Drucke liefern ein deutlich schlechteres Ergebnis als die ersten. Daneben gibt es Blätter, die noch den Arbeitszustand widerspiegeln. Bei Kupferstichen fehlt gelegentlich der Name des Stechers und des Künstlers. Man bezeichnet solche Blätter als *avant la lettre* – vor der eigentlichen Auflage entstanden. Radierungen kennen sogenannte Remarquen am Rand der Platte. Es sind Ätzproben, die beim Auflagendruck entfernt wurden. Probedrucke – *Epreuves d'Etat* – sind Zustandsdrucke vor der Fertigstellung der Druckform, die der Künstler zur Kontrolle seiner Arbeit herstellt. Gelegentlich arbeitet ein Künstler nach der ersten Auflage an der Platte weiter, indem er nachätzt, abdeckt oder sogar gänzlich neue Partien einfügt. Sehr gesucht sind Graphiken mit der Bezeichnung »E. A.«, Abkürzung für *Epreuve d'Artist*. Es handelt sich um Drucke vor der Auflage, die der Künstler für den eigenen Gebrauch herstellt. Vorzugsdrucke auf gegenüber der normalen Auflage besseren Papieren wirken sich ebenfalls wertsteigernd aus. Bei Stahlstichen und Lithographien sind Nachdrucke von der originalen Platte ohne erkennbare Qualitätseinbußen möglich, während bei den meisten anderen Verfahren die Druckvorlagen wieder aufgearbeitet werden müssen. Die fremde Hand eines Nachschneiders oder Nachstechers ist bei eingehender Prüfung meist erkennbar. Für die genaue Datierung eines späteren Abdruckes ist die Prüfung des Wasserzeichens im Papier unumgänglich.

Fachbegriffe und Druckverfahren

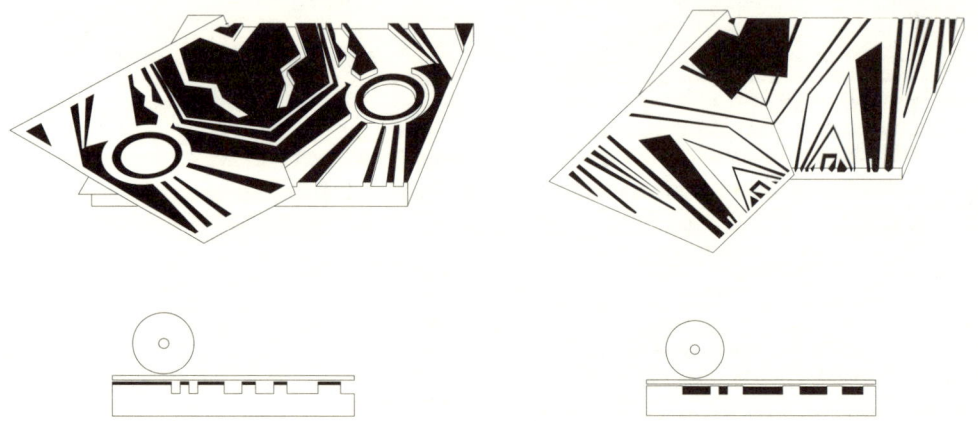

Links:
Skizze Hochdruck

Rechts:
Skizze Tiefdruck

Graphische Verfahren gibt es im Abendland etwa genauso lange wie den Buchdruck mit gegossenen Lettern (*vgl. Kapitel Buchgeschichte S. 32 ff.*). In China und Japan jedoch kennt man bereits seit dem 7. Jahrhundert Vorstufen des Holztafeldruckes.

Durch die Art, die Farbe aufzutragen, unterscheidet man fünf drucktechnische Verfahren:

1. Hochdruck: Alle hochstehenden Teile der Druckform (Patrize) fassen Farbe (Holzschnitt, Holzstich, Schrotschnitt, Linolschnitt).

2. Tiefdruck: Durch den Anpreßdruck wird die Farbe aus den Vertiefungen der Druckform auf das Papier übertragen. Aufgrund der unterschiedlichen Vertiefungen der Druckvorlagen können auch unterschiedliche Farbmengen aufgenommen werden, die für verschiedene Farbintensitäten sorgen (Kupferstich, Radierung).

3. Flachdruck: Das auf der Druckform fetthaltig gemachte Druckbild nimmt die fetthaltige Druckfarbe an und wird auf diese Weise auf den zu bedruckenden Stoff übertragen (Lithographie).

4. Prägedruck: Über eine Druckform werden eine Farbfolie und das Papier gelegt. Durch den Druck der Matrize schmiegen sich Papier und Folie in alle vertieften Teile der Druckform und werden dort eingefärbt. Beim Flächen-Prägedruck werden nur die erhabenen Teile der Platte eingefärbt, so daß die Vertiefungen farbfrei bleiben (Farblosprägung, Linien-Prägedruck).

5. Siebdruck oder Durchdruck: Die Druckform ist nur für das Druckbild durchlässig. Alle nichtdruckenden Teile sind undurchlässig (Serigraphie).

In der Industrie spielen noch Lichtdruck, Flexodruck und Xerographie eine Rolle, Verfahren, die jedoch nur ausnahmsweise eine Bedeutung für die Buchillustration haben und in diesem Zusammenhang vernachlässigt werden können. Die Reihenfolge der im folgenden vorgestellten Techniken ist dem historischen Ansatz der gesamten Darstellung entsprechend unter chronolgischen Gesichtspunkten gewählt. Weniger bedeutende graphische Verfahren sind unter verwandten mitbehandelt.

Literatur: Walter Koschatzky: Die Kunst der Graphik. Technik, Geschichte, Meisterwerke. Salzburg 1972, 12. Aufl. München 1997 (danach zitiert); Markus Stegmann/René Zey: Lexikon der graphischen Künste. Technik und Stile. Reinbek 1992; Günther W. Schwarz: Graphik. Eine Dokumentation der Techniken mit Originalen. München 1995.

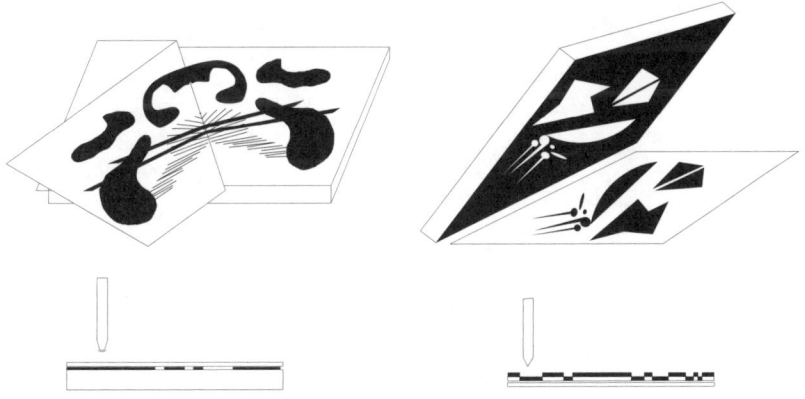

Links:
Skizze Flachdruck

Rechts:
Skizze Prägedruck

Der Holzschnitt (Hochdruck)

Das älteste graphische Verfahren ist die Illustration mittels Holzschnitt. Bis weit ins 16. Jahrhundert hinein war es die ausschließliche Methode, Bücher mit bildlichem Schmuck zu versehen. Auf einer geglätteten und mit Kreide präparierten Holzplatte, meist Birn-, Nuß-, Kirschbaum oder Erle, werden die Linien der seitenverkehrten Zeichnung in Richtung der Faser gezogen, die als Stege erhaben stehenbleiben, während die übrigen nicht zu druckenden Teile mit dem Hohleisen vertieft werden. Mit einem Ledertampon wird die Platte mit Druckerschwärze eingefärbt. Die vertieften Stellen bleiben farbfrei. Über die Platte wird das Papier gelegt und mit dem Falzbein festgerieben oder mit der Presse gleichmäßig angedrückt. Nach dem Abziehen des Papiers zeichnen sich die Stege seitenrichtig auf dem Papier ab. Da kein besonderer Kraftaufwand für den Druck erforderlich ist, entsteht auch kein Plattenrand. Die Linienstege sind leicht in das Papier eingedrückt. Die mögliche Auflage bei dieser Technik ist relativ hoch. Bis zu 1000 Abzüge lassen sich ohne Probleme herstellen. Allerdings erkennt man späte Abzüge an mehr oder minder bedeutenden Beschädigungen der Stege. Durch Austrocknen können Risse im Holz entstehen.

Mit Aquarellfarben wurden die Holzschnitte oft koloriert. Seit Beginn des 16. Jahrhunderts sind Experimente mit farbigen Druckverfahren nachweis-

Reißer und Formenschneider, Holzschnitte aus: Stände und Handwerker, Jost Amman, Frankfurt/M. 1568

Der Reiſſer.

Ich bin ein Reiſſer frü vnd ſpet/
Ich entwürff auff ein Linden Bret/
Bildnuß von Menſchen oder Thier/
Auch gewechſz mancherley monier/
Geſchrifft/auch groſz Verſal buchſtaben/
Hiſtorj/ vnd was man wil haben/
Künſtlich/daß nit iſt auſzzuſprechen/
Auch kan ich diſz in Kupffer ſtechen.

Der Form ſchneider.

Ich bin ein Formen ſchneider gut/
Als was man mir für reiſſen thut/
Mit der federn auff ein form bret
Das ſchneid ich denn mit meim geret/
Wenn mans dē druckt ſo ſind ſichſcharff
Die Bildnuß/wie ſie der entwarff/
Die ſteht/denn druckt auff dem pappyr/
Künſtlich denn auſz zuſtreichen ſchier.

Die Hexen,
Clairobscur-Schnitt
(37,9 × 26 cm) von
Hans Baldung Grien,
Straßburg 1510;
München, Staatliche
Graphische
Sammlung,
Inv. Nr. 1920: 171

*Der Bannerträger
von Luzern
Weißlinienholzschnitt
(19 × 10,7 cm) von
Urs Graf, 1521;
Wien,
Albertina,
Inv. Nr. 1949: 811*

bar. Zu diesem Zweck ist es notwendig, mehrere Platten zu schneiden, die jeweils eine Farbe drucken sollen. In der Regel waren drei Vorlagen für einen Farbholzschnitt ausreichend, es sind aber auch Beispiele bekannt, bei denen bis zu sechs Platten verwendet wurden. Eine technische Verwandtschaft besteht zu den *Clairobscur*-Holzschnitten und den *Camaieu*-Drucken. Auch für diese Verfahren werden mehrere Platten benötigt. Der Helldunkelschnitt (Clair-obscur) versucht eine Licht- und Schattenwirkung durch den Kontrast zwischen der schwarz gefärbten und einer farbigen Platte zu erreichen. Es kann noch eine weitere Druckvorlage hinzukommen mit einer dunkleren Variante desselben Farbtons. Der *Camaieu*-Druck verzichtet ganz auf die Schwarzplatte; dabei werden die abgestuften Lichteffekte durch mehrere Holzschnitte mit verschiedenen Grautönen erzielt.

Eine Variante des Holzschnittes mit erhabenen Stegen ist der seltene Weißlinienschnitt. Hier wird die Zeichnung vertieft, so daß die Fläche abdruckt und die Darstellung in Form von weißen Linien stehen bleibt. Die italienischen Illustratoren wandten dieses Verfahren schon vor 1500 an. Aus der Technik des Weißlinienschnittes leitet sich der Metallschnitt französischer Gebetbücher des frühen 16. Jahrhunderts ab.

Das Anfertigen der Holzschnitte war in der Regel ein arbeitsteiliger Prozeß. Der Künstler – Reißer genannt – entwarf die Zeichnung auf der Holzplatte. Ein Tischler besorgte das Ausschneiden der Form und die sogenannten Briefmaler kümmerten sich um das Kolorit. Vorläufer des Holzschnittes ist der Zeugdruck. Zunächst als Andachtsbilder

konzipiert, fanden Zeug-
drucke über das Block-
buch Eingang in das ge-
druckte Buch.

Das früheste Werk mit
Holzschnittillustrationen
ist Pfisters »Ackermann
aus Böhmen« von 1460.
Augsburg wurde in der
Inkunabelzeit Zentrum
des illustrierten Buches.
Im 16. Jahrhundert haben
neben Dürer fast alle
großen Künstler der Zeit
für den Holzschnitt gear-
beitet. So ist es auch nicht
verwunderlich, daß der
Holzschnitt – in Form von Einblattdrucken – in den Partei-
enkämpfen der Reformation und der Bauernkriege zum wichtigsten Medium überhaupt wurde. Nach seiner Ablösung durch den
Kupferstich in der zweiten Hälfte des 16. Jahrhunderts erlebte der
Holzschnitt gegen Ende des 19. Jahrhunderts eine Renaissance.

Neu belebt durch Munch und Gauguin, benutzten besonders
die Expressionisten die einfache, aber ausdrucksstarke Linienführung dieser Technik. Frans Masereel hat seine bedeutenden Bil-
dromane mit Holzschnitten illustriert. HAP Grishaber konnte mit
dem Farbholzschnitt neue künstlerische Dimensionen erreichen.
Ungebrochen ist die Tradition des Holzschnittes in China und Japan seit dem 8. Jahrhundert.

Expressionismus

*Literatur: P. Heitz (Hg.): Die Einblattdrucke des 15. Jahrhunderts. Bde.
1–100. Straßburg 1906–1942; M. J. Friedlaender: Der Holzschnitt.
3. Aufl. Berlin 1926; M. Bucherer: Der Originalholzschnitt. Zürich 1949;
G. Piltz: Deutsche Graphik. Berlin 1986; R. Mayer: Gedruckte Kunst.
Dresden 1984.*

Der Schrotschnitt (Hochdruck)

Die geschrotete Manier kommt gegen Mitte des 15. Jahrhunderts auf. In eine weiche Metallplatte werden Punzen in ornamentaler Anordnung geschlagen. Die Vertiefungen, die sie hinterlassen, werden nicht von Farbe bedeckt und erscheinen im Bild weiß. Um 1460 ist fast ein Viertel aller Formschnitte in dieser Technik ausgeführt, jedoch sind nach 1500 keine Schrotschnitte mehr nachweisbar. Die Herkunft der Bezeichnung wie die Lokalisierung der Entstehung sind bis heute ungeklärt.

Der Kupferstich (Tiefdruck)

Der Kupferstich entwickelte sich zeitlich fast parallel zum Holzschnitt. Er ist das älteste bekannte Tiefdruckverfahren und wurde von Goldschmieden entwickelt, um gestochene Verzierungen auf Papier festhalten zu können. Der Stecher, in der Frühzeit mit dem entwerfenden Künstler identisch, gräbt mit einem Stichel in eine Kupferplatte die Linien ein, die beim Abdruck gefärbt erscheinen sollen. Das Einsetzen des Stichels führt zu einer haarfeinen Linie, die sich während der Führung durch den Stecher verbreitert, um dann wieder in einer besonders feinen Führung zu enden (die Strichführung wird als Taille bezeichnet). Beim Einschneiden in die Platte wird auf beiden Seiten des Stichels etwas Metall herausgedrückt, es entsteht der Grat. Mit dem Schabeisen muß der Grat wieder geglättet werden, damit der Strich beim Abdruck gleichmäßig erscheint. Kleinere Unebenheiten werden mit dem Polierstahl entfernt. Neben dem Grabstichel gab es die sogenannte **Kaltnadel** »kalte Nadel«, die es ermöglichte sehr feine Linien zu ziehen. Bei diesem Verfahren wird die Nadel wie ein Bleistift oder ein Griffel geführt, um die Zeichnung auf die Platte zu ritzen. Da das Material nicht wie bei der Grabsticheltechnik ausgehoben, sondern nur verdrängt wird, entstehen zu beiden Seiten der Furche sehr feine

Grate, an denen sich im Druckprozeß Farbe ansetzt. Dadurch entstehen kupferstichuntypische leicht verschwommene Linien, die etwas körnig wirken. Durch die hohe Empfindlichkeit des Grates sind nur wenige Abzüge möglich, die diesen Effekt auch wirklich zeigen.

Das Material läßt es nicht zu, größere Flächen aus der Metallplatte herauszuarbeiten. Durch die Vielzahl von Schraffuren, die eng nebeneinander gesetzt werden, versucht man, eine flächenähnliche Wirkung zu erzielen. Die fertige Zeichnung wird mit Farbe eingewalzt und anschließend wieder abgerieben, so daß die Farbe nur in den Vertiefungen zurückbleibt. Ein weiches, saugfähiges Papier nimmt die Farbe aus den Linien auf. Kupfertafeln in Büchern sind dementsprechend meist auf anderem Papier gedruckt als das Buch selbst. Die Plattenränder zeichnen sich bedingt durch

Das Kinderbad,
Kupferstich
(10,9 × 14,2 cm)
von Israhel van
Meckenem, um
1490; Wien,
Albertina,
Inv.-Nr. 1926: 1244

KUPFERSTICH

das Tiefdruckverfahren als Prägung im Papier ab. Kupferstiche können nicht mit der normalen Druckerpresse gedruckt werden. Zwischen zwei horizontal einander gegenüberliegenden Walzen wird die Platte mittels eines Laufbretts, auf dem das Papier fixiert ist, durchgeschoben. Die künstlerischen Möglichkeiten, die der Kupferstich bot, waren dem Holzschnitt deutlich überlegen. Das Hochdruckverfahren des Holzschnittes und das etwas spröde Material konnten mit den feinen Strichen des Kupferschnittes nicht konkurrieren. Einer schnellen Ablösung des Holzschnittes durch den Kupferstich standen allerdings recht bedeutende ökonomische Nachteile im Wege. So mußte eine Kupferstichauflage auf etwa 1000 Exemplare begrenzt bleiben, weil sich das Metall durch das Säubern von übriggebliebener Druckerfarbe nach dem Einfärben sehr schnell abnutzte. Bei Kupferstichen kann man späte Abzüge von früheren unterscheiden. Die Linienführung wirkt deutlich verschwommener, keineswegs mehr »gestochen scharf«. Auch die Qualität der Platte selbst läßt nach. Ausgedruckte Platten liefern graue Abzüge, die die intendierten Helligkeitsgrade nur noch unvollkommen wiedergeben können. Heute hat man die Möglichkeit der Verstählung, das heißt, eine Kupferplatte wird in einem galvanischen Bad mit einer dünnen Stahlschicht überzogen. Dadurch sind nahezu unbegrenzte Auflagenhöhen möglich geworden.

Künstlerische Entwicklung Der Zeitaufwand, der zur Erstellung einer Druckvorlage benötigt wurde, machte es notwendig, arbeitsteilig vorzugehen. Man findet schon früh in der linken Ecke des Bildes den Namen des Zeichners, in der rechten den des Stechers. Die frühesten Kupferstiche sind noch anonym und nur ungenau zu datieren. Man spricht von einem »Meister des Todes Marias«, den stilistische Kriterien in die Zeit um 1430 verweisen. Frühe Beispiele der neuen Kunst entstammen dem oberdeutschen Raum und den Niederlanden. Um 1450 erkennen wir in dem »Meister E. S.« einen Monogrammisten, Martin Schongauer (um 1445–1491) ist der erste namentlich bekannte Stecher. An ihn knüpft neben dem »Hausbuchmeister« auch Albrecht Dürer an, der die Technik zur Voll-

Kupferstecher-werkstatt, Kupferstich (18 × 22 cm) von Jacob van der Straet, um 1550; München, Deutsches Museum

kommenheit entwickelt. Von wenigen Ausnahmen abgesehen blieb der Kupferstich bis um 1550 Einblattdruck. In Bücher gelangte er zuerst als Titelblatt, gelegentlich auch schon als Frontispiz. Die frühesten mit Kupferstichen illustrierten Bücher erscheinen in Italien, etwas später auch in den Niederlanden. Ausgewanderte niederländische Meister führen das Verfahren in Deutschland ein. Bis zur Verwendung der Radierung, des Holz- und des Stahlstiches und vor allen Dingen der Lithographie diente der Kupferstich zur Illustration naturwissenschaftlicher Bücher. Anders als beim Holzschnitt sind Kolorierungen eher selten – meist auch nicht zum Vorteil der Illustration, – weil die feine Linienführung des Kupferstiches eine durchaus eigenständige Wirksamkeit entfaltet. In der Renaissance erlebte diese Technik eine große Blüte als Medium der Kopisten. Im Barock und Rokoko liebte man es, Porträts als Kupferstich wiederzugeben. In der modernen Druckgraphik spielt der Kupferstich eine eher untergeordnete Rolle.

Schabkunst

Eine Variante des Kupferstiches ist die Schabkunst (auch *Mezzotinto* oder »Englische Manier« genannt). Ein halbkreisförmiges Stahlmesser, dessen abgeschrägte Seiten mit Rillen versehen sind

Bildnis der Mrs. Mary Robinson, Schabblatt (35,7 × 25,2 cm) von John Raphael Smith, 1781; Wien, Albertina Inv. Nr. A. E. I 25, 97, S. III 1298, 14 II

– das Wiegemesser – wird dazu verwandt, die Kupferplatte durch ein gleichmäßiges Strichnetz mit senkrechten, waagrechten und diagonalen Linien aufzurauhen. Anschließend werden mit dem Schabeisen die Darstellung aus der Platte herausgearbeitet und die Partien, die hell erscheinen sollen, mit dem Polierstahl sorgfältig geglättet. Durch verschiedene Grade der Glättung erreicht man unterschiedliche Schwarz- und Graustufen und einen kontinuierlichen Verlauf der Halbtöne. Ähnliche Effekte lassen sich auch durch das Aquatinta-Verfahren erzielen. Um die Unterschiede im Blatt zu erkennen, bedarf es einer Lupe: Das *Mezzotinto*-Korn weist die Kreuzpunkte der Wiegeschnitte auf, während das Korn der Aquatinta aus kleinen Wiegeschnitten besteht. Das Schabkunstverfahren wurde 1642 durch Ludwig von Siegen erfunden. Als »Englische Manier« wird es bezeichnet, weil es im 17. und 18. Jahrhundert in England mit Thomas Gainsborough, Joshua Reynolds und Thomas Lawrence seine Blütezeit erlebte. Moderne Schabkunstblätter gibt es von Alfred Hrdlicka und Peter Nagel.

In der älteren Forschung wird die *Niello*-Technik als Vorläufer des Kupferstiches angesehen. Silberschmiede des Mittelalters und der Renaissance füllten Vertiefungen in liturgischen Geräten mit einer aus Schwefelsilber hergestellten Masse. Diese erscheint nach dem Polieren schwarz auf dem hellen Silber. In der Drucktechnik

Niello

werden die Vertiefungen des Kupferstiches mit dieser *Niello*-Masse

ILLUSTRATIONSTECHNIKEN

Tf. I
Seite aus: Viten der
Heiligen Kilian und
Margareta, Hand-
schrift, Fulda um
970, Bl. 11ᵛ
(20,6 × 15 cm);
Hannover, Nieder-
sächsische Landes-
bibliothek,
Ms. I. 189

Tf. II
Seite aus:
Codex Manesse,
Handschrift, um
1300–1340,
Bl. 383ʳ
(35,5 × 25 cm);
Heidelberg, Uni-
versitätsbibliothek,
Pal. Ger. 848

II

Tf. III
Ausschnitt aus:
Wiener Genesis,
Handschrift,
byzantinisch,
6. Jahrhundert, Bl. 7ʳ
(26 × 15 cm); Wien,
Österreichische
Nationalbibliothek,
Ms. Vindobon. theol.
Gr. 31

TAFELTEIL

V

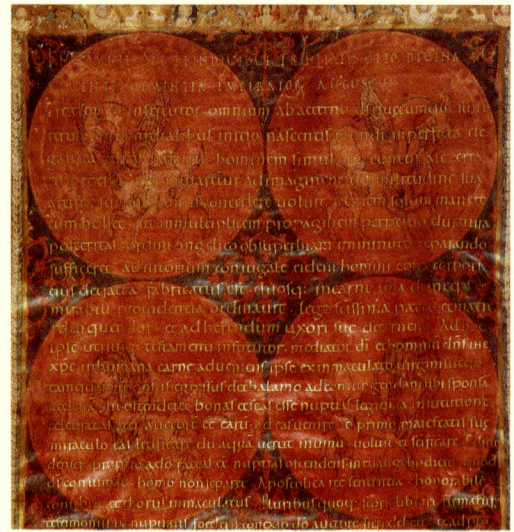

VIII

Tf. IX
*Seite aus:
Grillinger Bibel,
Der heilige
Rupert und
der Domherr
Grillinger, Salz-
burg, 1430, Bl. 3ʳ
(60 × 35,5 cm);
München,
Bayerische
Staatsbibliothek,
Ms. Clm. 15701*

XI

Tf. XII
Francesco
Bartolozzi, Miss
Farren, Farbstich
(55,5 × 35,5 cm),
1792; Wien,
Albertina,
Inv. 1930/567

XII

Tf. XIII
»Wie lange wird
es noch dauern,
daß es so aus-
sieht?«, kolorierter
Stahlstich
(25 × 21,3 cm)
von A. Geiger,
um 1840;
Münster, Privat-
sammlung

Tf. XIV
J. Heerbrand, *Compendium theologiae, Ledereinband mit Goldpressung, württembergischen Wappensupralibros und bemalten Buchschnitten, Tübingen 1578; Tübingen, Universitätsbibliothek, Gf 957 R*

Tf. XV (rechts)
Einbände für die Vatikanischen Kataloge der Palatinahandschriften, frühes 18. Jahrhundert, rotes Kalbsleder (37 × 25 cm); Rom, Bibliotheca Apostolica Vaticana, Vat. lat. 13221/13222

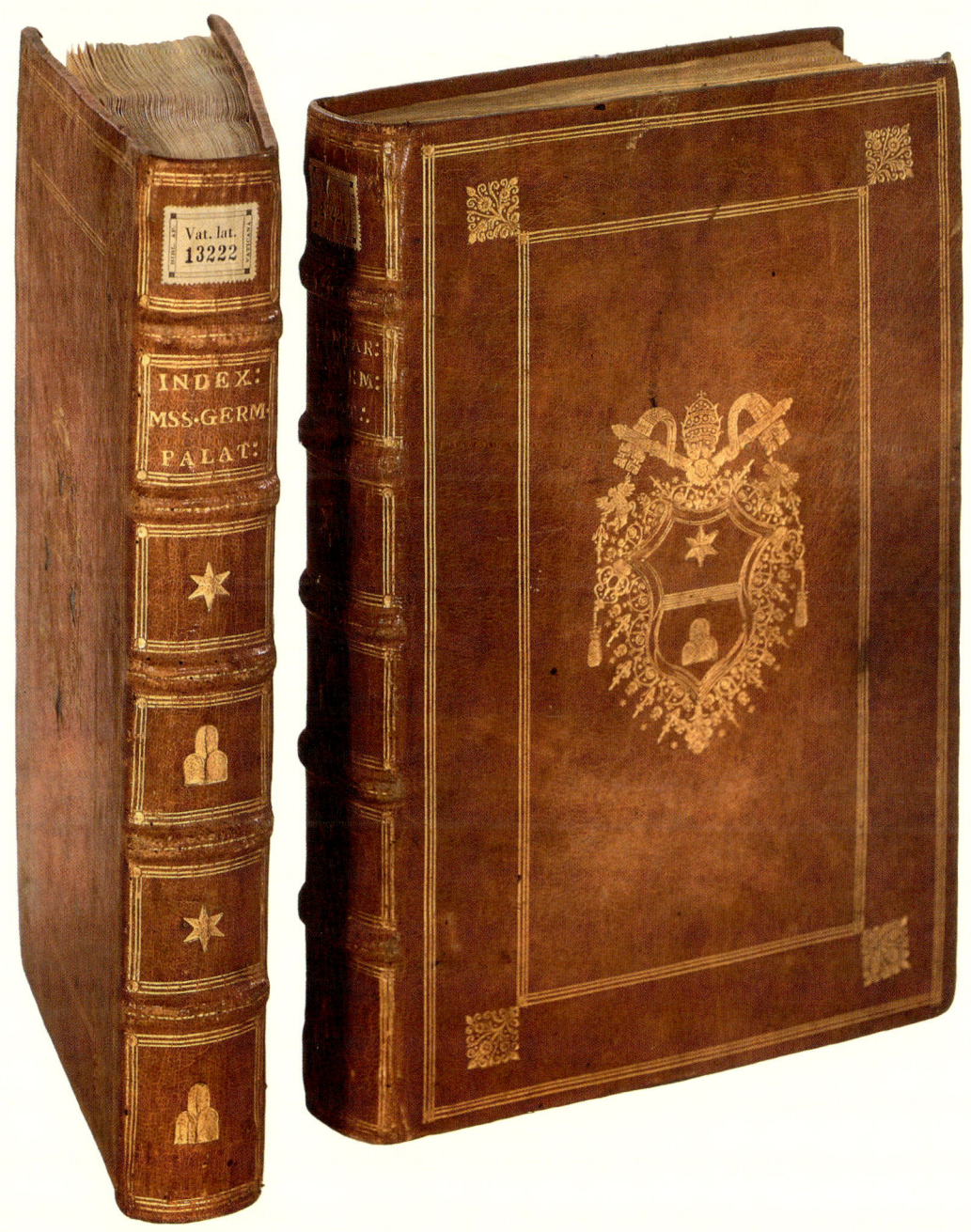

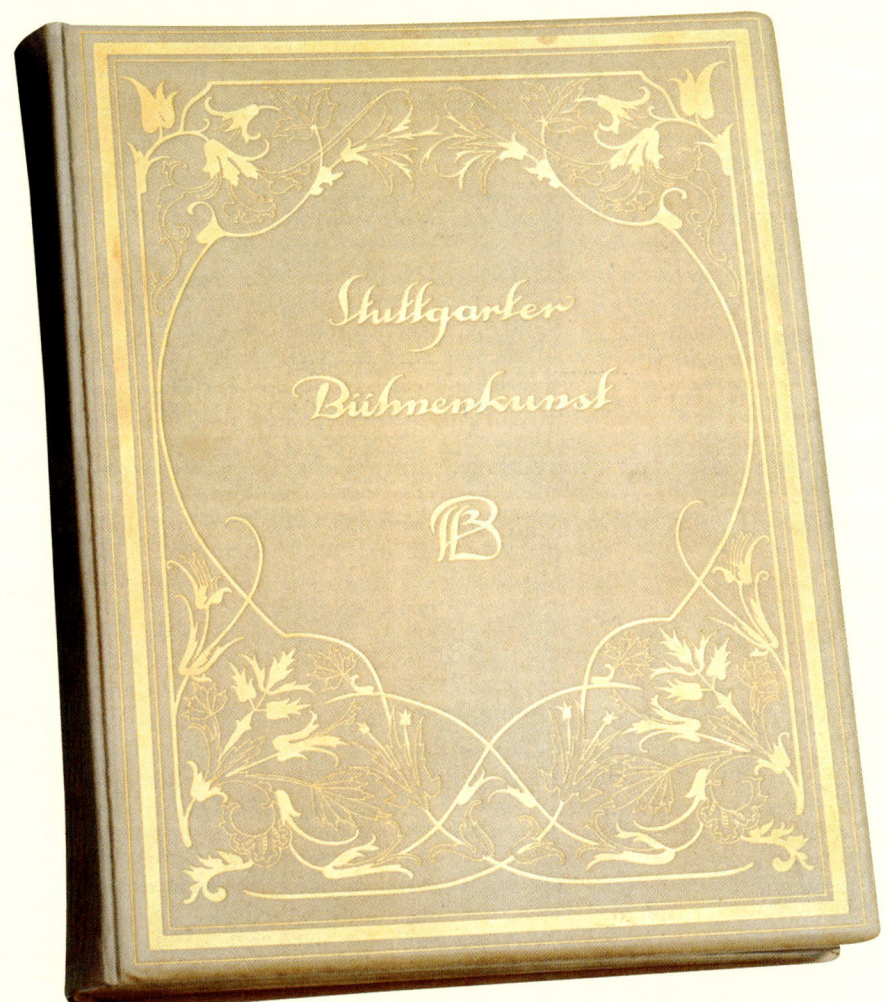

Tf. XVI
Leineneinband
mit Deckel- und
Rückenvergoldungen
von Bernhard Pankok
(31 × 23,5 cm),
zu: E. Gerhäuser,
Stuttgarter
Bühnenkunst,
W. Meyer-Ilschen,
Stuttgart 1917

gefüllt, um dann auf dem Papier Reiberabdrucke herzustellen. Noch aus dem 16. Jahrhundert sind Blätter in dieser Technik bekannt.

Punzen- und Punktstiche ähneln dem Schrotschnitt. Auch hier wird man das Vorbild in den mittelalterlichen Goldschmiedewerkstätten suchen müssen. Mit Stahlspitze und Hammer werden Punzen in eine Kupferplatte getrieben, vor allen Dingen um Hintergründe auszufüllen. Seit Beginn des 16. Jahrhunderts findet sich als weiteres Werkzeug das Roulette, ein Rädchen mit Zähnen, mit dem man die leeren Flächen noch besser und schneller füllen konnte.

Literatur: J. D. Passavant: Le peintre graveur. Bde. 1–6. Leipzig 1860–1864; K. Zoege v. Manteuffel: Der deutsche Kupferstich von seinen Anfängen bis zum Ende des 16. Jahrhunderts. München 1922; E. v. Rath: Zur Entwicklung des Kupferstichtitels (in: Buch und Schrift, Bd. 3, Leipzig 1929).

Punzenstich

Die Radierung (Tiefdruck)

Die Radierung ist eine Sonderentwicklung des Kupferstiches. Wie so viele Verfahren aus dem Bereich des Buchdruckes und der graphischen Künste resultiert auch diese Technik aus der Metallbearbeitung des Mittelalters. Die Waffenschmiede und Plattner kannten ebenfalls ein Ätzverfahren, mit dem Verzierungen auf Rüstungen und Waffen eingraviert wurden.

Die Platte wird mit einer säureresistenten harzigen Masse, in der Regel Wachs, überzogen. Es entsteht der Ätzgrund, auf dem der Künstler mit der Ätznadel zeichnet, so daß der Ätzgrund freigelegt wird. Beim Übergießen mit Säure oder in einem Säurebad – entweder Eisenchlorid oder verdünnte Salpetersäure – werden die freigelegten Stellen in die Platte eingeätzt. Die vom Ätzgrund geschützten Stellen der Fläche bleiben unberührt. Durch unterschiedlich starke Ätzung lassen sich verschiedene Farbwerte erzielen. Ist dieses Verfahren abgeschlossen, so wird die restliche Schicht der Grundierung entfernt und die Platte mit Druckerschwärze eingefärbt. Das Druckverfahren ist dann identisch mit dem des Kupferstiches. Die Radierung ist dem Kupferstich insofern überlegen, als sie eine wesentlich weichere Linienführung ermöglicht. Echte künstlerische Freiheit gewinnt der Radierer durch die stufenweise Ätzung der Druckplatte. Wie bei der einstufigen Radierung wird zunächst die Zeichnung aufgetragen. In der ersten Stufe werden nur die Striche eingeätzt, die am feinsten drucken sollen. Nach dem Abspülen werden diese Striche mit einem säureresistenten Lack überzogen und die nächst dunkleren Linien eingeätzt. Dieser Vorgang kann bis zu sechsmal wiederholt werden.

Der Vorteil der Radierung gegenüber dem Kupferstich liegt nicht allein darin begründet, daß das Verfahren wesentlich weniger arbeitsintensiv und damit ökonomischer ist. Der Radierer hat auch die Möglichkeit, völlig frei zu zeichnen. Er kann seine Nadel fast genauso bewegen wie einen Bleistift auf Papier, viel engere Schraffuren zeichnen als der Kupferstecher und damit interessantere Aspekte in der Fläche setzen.

Früchte in einer Vase, Radierung (35,6 × 25 cm) von Franz Brun, um 1650; Braunschweig, Herzog Anton Ulrich-Museum, Inv. Nr. 2802

Eine Variante der Radierung ist die Weichgrundätzung (*Vernis mous*). Eine klebrige Lackmasse wird statt des sich verfestigenden Harzes auf die Platte aufgetragen. Auf diesen weichen Grund wird ein sehr körniges Papier gelegt, auf dem der Künstler mit Bleistift oder Kreide die Vorzeichnung anfertigt. Der Druck des Stiftes überträgt

*Ziegenhirtin,
Weichgrundätzung
(22,5 × 27,6 cm)
von Max Lieber-
mann, 1891;
Münster, Privat-
sammlung*

sich auf den Ätzgrund, der mit dem Papier angehoben wird. Das Abbild der Zeichnung ist damit auf der Platte freigelegt. Im Säurebad wird ähnlich verfahren wie bei einer Radierung mit festem Grund. Die Vorteile dieses Verfahrens liegen auf der Hand: Die Weichgrundätzung ist die Druckvorlage, die den Charakter der Zeichnung am deutlichsten beibehält.

Weichgrundätzung

Ein punzenstichähnliches Verfahren bezeichnet man in der Radiertechnik als Punktiermanier. Die Platte wird mit gewöhnlichem Ätzgrund überzogen. Durch ihn sticht man mit Nadeln verschiedener Stärke. Eine Häufung dieser Punkte ergibt Schatten, aufgelockerte Punktierung vermittelt Lichtwirkung.

Punktiermanier

In der Kreidetechnik oder *Crayon*-Manier wird die auf den Ätzgrund aufgetragene Zeichnung mit einem raspelähnlichen Hämmerchen und dem Roulette bearbeitet bis eine Vielzahl an winzig kleinen Punkten entstanden ist. Im Druck ergibt sich dabei eine kreidestrichähnliche Wirkung, ein Effekt, der dadurch noch ver-

Kreidetechnik

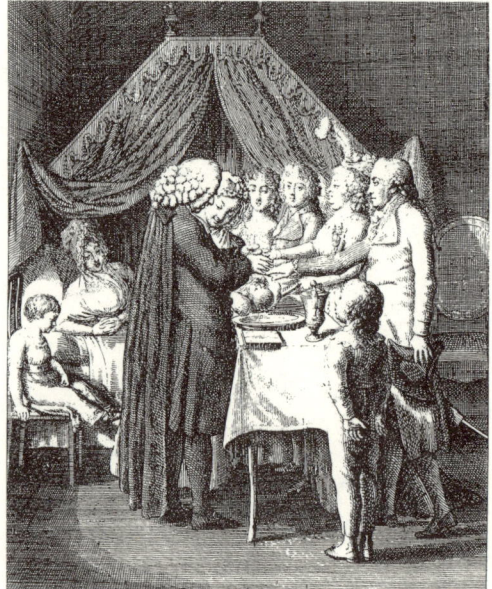

stärkt wird, daß man in Farben druckt, die der Kreide weitgehend entsprechen. Es kommt deshalb auch häufig zu Verwechslungen mit Kreidezeichnungen.

Die Radierung ist ähnlich wie der Kupferstich keine besonders geeignete Technik, um farbige Darstellungen zu drucken. Trotzdem ist in beiden Verfahren immer wieder versucht worden, eine farbige Wirkung zu erzielen. Eine Möglichkeit war die kolorierte Umrißradierung, die natürlich kein farbiges Druckverfahren darstellt. Zu Beginn des 18. Jahrhunderts gelang sowohl in der Kupferstichtechnik als auch in der Aquatinta der farbige Druck mittels mehrerer Platten. Vor allen Dingen die Kupferstichvariante stellte aber an den ausführenden Stecher so hohe Ansprüche, daß es nur sehr wenige Farbstiche gibt. In den seltensten Fällen ist dabei die angestrebte Perfektion erreicht worden. Das Problem ist, daß auch durch penibelste Markierung selten eine absolute Paßgenauigkeit erreicht wurde, da sich das Papier durch das wiederholte Anfeuchten und Trocknen immer wieder anders ausdehnte oder zusammenzog. Ein farbiges Druckverfahren, das höheren Ansprüchen genügte, konnte erst auf Basis der Lithographie entwickelt werden.

Die älteste bekannte Radierung stammt von Urs Graf aus dem Jahre

1513. Aufgrund der abweichenden Technik des Druckes fand auch die Radierung nicht sofort Anerkennung als Medium der Buchillustration. Wie der Kupferstich setzte sie sich erst seit Mitte des 17. Jahrhunderts allgemein durch und löste den Holzschnitt ab. Den größten Beitrag zum Siegeszug dieser graphischen Technik leisteten die Niederländer Hercules Seghers und Rembrandt. Die meisten Ansichten der Merianschen Topographien sind Radierungen. In Frankreich stellte der Lothringer Jacques Callot die Schrecken des Dreißigjährigen Krieges dar. Bedeutendste Radierer des 18. Jahrhunderts sind die Italiener Canaletto und Piranesi. Ihre Stadtansichten und Darstellungen archäologischer Monumente sind heute gesuchte und gut bezahlte Objekte in Antiquariaten. Von besonderem Interesse ist die Arbeitsweise des deutschen Rokoko-Illustrators Daniel Chodowiecki. Seine Radierungen für Almanache und belletristische Werke wurden in der Regel durch einen Kupferstecher bearbeitet, der der Strichführung einen klareren, mehr dem Zeitgeschmack entsprechenden Ausdruck gab. So kommt es, daß Chodowiecki in den einschlägigen Handbüchern als Kupferstecher, nicht als Radierer geführt wird.

In der ersten Hälfte des 19. Jahrhunderts spielt die Radierung eine untergeordnete Rolle. Lithographie, Stahl- und Holzstich wa-

Links oben: Weibliche Studie, Crayonstich nach Boucher von Giles Demartaeu, 1759

Links unten: Eintritt in die Welt, Radierung (11 × 7 cm) von Daniel Chodowiecki, aus: Almanach und Taschenbuch für häusliche und gesellschaftliche Freuden, Bl. 3, Oehmigke, Berlin 1798

Fragmente aus der Grabkammer gegenüber der Kirche S. Sebastiano, Radierung (39 × 47 cm) von Giovanni Battista Piranesi, aus: Le antichità romane. Bd. 2, Bl. XLVI, Rom, 1756

ren damals die Medien der Illustration. Die Zyklen Max Klingers und die Themsebilder Whistlers führten dann zu einer Renaissance der Technik, die in der Buchillustration des 20. Jahrhunderts besonders von Liebermann, Corinth, Orlik, Rops, Matisse, Braque, Chagall, Beckmann, Picasso, Behmer, Grass und Schwimmer aufgenommen wurde. Man darf durchaus behaupten, daß die Radierung neben der Lithographie heute das Druckverfahren der Kunst ist.

Literatur: M. J. Friedlaender: Die Radierung. Berlin 1921; F. Kempe: Die Radierung. Leipzig 1967; M. Terrapon: L'eau-forte. Genf 1975; L. Schober: Die Radierung und ihre Technik. Göttingen 1979; M. Krick: Die Kunst der Radierung. Wiesbaden 1985.

»Selbst aus diesem Blickwinkel sieht er sie nicht«, Aquatinta von Francisco de Goya, Los Caprichos Nr. 7, 1799; Paris, Bibliothèque Nationale

Die Aquatinta (Tiefdruck)

Dieses Verfahren wird in einigen Handbüchern auch als »Radierung mit körnigem Ätzgrund« bezeichnet. Es ermöglicht eine besonders feine Farbabstufung, die bei einer »Radierung mit glattem Ätzgrund« nicht zu erreichen ist. Die Kupferplatte wird mit einem Asphaltkorn oder Kolophoniumpulver eingestäubt. Durch das Erhitzen bäckt der Asphalt an der Platte fest. Es entsteht eine feinkörnige Schutzschicht, die die Ätzung des gesamten Metalls verhindert. Wie bei der Radierung wird die Zeichnung schwach eingeätzt. In die Zwischenräume kann die Säure eindringen. Die Dauer des Bades bestimmt die Vertiefung und damit die Intensität des Farbtones. Die im Bild hell erscheinenden Stellen werden vor der Ätzung mit einem säurefesten Lack abgedeckt. Durch mehrfaches Ätzen oder Abdecken erzielt man verschiedene Tiefen. Zum Druck verwendet man durchscheinende Farben, um die unterschiedlichen Lichteffekte deutlich zu machen. Wird ein dunkles Asphaltkorn verwendet, so wird die Zeichnung nach der Körnung auf die Platte gebracht. Bei festen Umrißlinien hat man meistens schon vorher eine Skizze auf der Druckvorlage angefertigt.

Die eigentlichen künstlerischen Möglichkeiten der Aquatinta entfalten sich aber erst ohne eine lineare Zeichnung, in der flächenhaft abgestuften Tönung der einzelnen Partien. Als Erfinder dieser Technik um 1760 gilt J. B. Le Prince. Mit seinem Zyklus »Los Caprichos« von 1793 war Francisco de Goya einer der ersten Anwender. Moderne Originalgraphik in Aquatinta gibt es von Klinger und Picasso. Häufig wird die Aquatinta mit anderen Verfahren kombiniert.

Künstlerische Möglichkeiten

Die Lithographie (Flachdruck)

Die Lithographie ist nach wie vor das verbreitetste Flachdruckverfahren. Sein Erfinder Alois Senefelder hat schon bei der Namensgebung auf die Besonderheit dieser Technik hingewiesen, indem er den Ausdruck »Chemische Druckerey« prägte. Bei diesem Verfahren macht man es sich zunutze, daß Solnhofer oder Kelheimer Kalkschiefer die Eigenschaft haben, sowohl Fett als auch Wasser aufzunehmen. Die Oberfläche eines jeden Steines (Dicke etwa 5–15 Zentimeter) wird zunächst mit Bimsstein oder Sand eben geschliffen. Nach dem Trocknen wird eine fetthaltige Zeichnung mittels Feder, Pinsel oder Kreide spiegelbildlich auf den Stein gebracht. Es setzt ein chemischer Prozeß ein, in dem sich die fetthaltigen Substanzen der Zeichnung mit dem kohlensauren Kalk des Steines verbinden und fettanziehend, damit wasserabstoßend, werden. Man verstärkt den Effekt durch Bestreichung der Platten-

oberfläche mit einer Lösung aus schwacher Salpetersäure, Wasser und Gummiarabikum, einem wasserlöslichen Bindemittel. Diese haftet auf den von der Zeichnung freigelassenen Stellen. Aufgrund ihrer Quellfähigkeit ist sie ein idealer Feuchtigkeitsträger. Wenn die fette Druckerfarbe mit einer Walze aufgetragen wird, dann nehmen die fetthaltigen Stellen der Vorzeichnung die Farbe auf, während die gummierten und angefeuchteten Partien die Farbe abstoßen.

Lithographische Reisepresse, Nachbau; Solnhofen, Museum am Maxberg

Reiberpresse

Als Druckerpresse wird bei der Lithographie die sogenannte Reiberpresse verwendet. Im oberen Teil eines gußeisernen Rahmens ist eine Art Holzmesser mit lederüberzogener Scheide – der Reiber – angebracht. Darunter befindet sich ein beweglicher Schlitten. Dieser wird mittels einer Kurbel unter dem Reiber hindurchbewegt, wodurch der notwendige Druck auf die Platte übertragen wird. Viele Verfahren des lithographischen Druckes im engeren Sinne sind noch von Senefelder selbst entwickelt worden. Zunächst war es gar nicht seine Absicht, eine Technik der graphischen Illustration zu entwickeln. Ein verlegerisches Mißgeschick – ein von ihm verfaßtes und für die Leipziger Ostermesse 1796 angekündigtes Theaterstück erschien nicht rechtzeitig – weckte in ihm das Bedürfnis, von den Druckereien unabhängig zu werden und eine eigene Presse zu betreiben. Wie er in seinem Lehrbuch von 1818 schreibt, verwarf er die tradierte Form des Buchdruckes mit beweglichen Lettern. Ihm schwebte ein blockbuchähnliches

Verfahren vor, bei dem die Lettern vertieft in Stahl gestochen werden sollten, dem Notendruck vergleichbar. Weitere Experimente ließen ein chemisches Verfahren entstehen. Senefelder erlernte es, eine Druckschrift in Spiegelschrift auf eine mit Ätzgrund überzogene Kupferplatte zu schreiben. Um die Möglichkeit der Korrektur zu haben, versuchte er, den Ätzgrund mit einer sehr schnell trocknenden Flüssigkeit abzudecken, die einerseits das Geschriebene nicht angriff, andererseits aber Änderungen zuließ. Die Flüssigkeit nannte er »Wachsdinte«.

Allerdings offenbarte sich auch bei diesem Verfahren der wesentliche Nachteil jeder Kupferstichtechnik. Die Platte nutzte sich sehr schnell ab, so daß ein derartiges Druckverfahren jedem Druck mit beweglichen Lettern ökonomisch unterlegen war. Der nächste Schritt war, daß er auf einem Stück mit »Wachsdinte« bestrichener Kelheimer-Platte Schreibversuche machte. Die Zerbrechlichkeit dieser Vorlage hinderte ihn allerdings daran, mit dem Stein auch zu drucken. Er entschloß sich zur Anschaffung dickerer Steine. Zunächst dachte er an ein Hochdruckverfahren, indem er beschriebene Steine mit Scheidewasser behandelte, und hoffte, daß die Schrift erhaben stehen bleiben würde. Die Höhendifferenz war jedoch zu gering für einen sauberen Abdruck. Ein weiteres Mißgeschick erst führte zum endgültigen Durchbruch: Er hatte den Auftrag, ein Gebetbuch in Kursivschrift abzuschreiben, eine Schrift, die er laut eigener Aussage am wenigsten beherrschte. Schon früher hatte er mit Bleistift auf Papier geschriebenen Text auf den Stein gelegt und beides, nachdem er das Papier genäßt hatte, durch die Presse gezogen. Das ergab einen deutlichen Abdruck. Er suchte nach einer Tinte, die sich in gleicher Weise verwenden ließ. Bei diesen Experimenten verwandte er erstmalig Gummiarabikum. Er erkannte dabei, daß sich das Eisenvitriol der Schreibtinte nicht mit dem Gummi vertrug. Diese Erkenntnis von der Unvereinbarkeit zweier chemischer Substanzen führte dazu, mit dem Gegensatz von Fett und Wasser zu experimentieren.

Senefelders Entdeckung

1799 konnte Senefelder den in seinen wesentlichen Arbeits-
schritten auch heute noch verwendeten Steindruck als bayerisches
Privileg anmelden. Ein großes Problem stellte die Presse dar. Bis zu
diesem Zeitpunkt gab es nur die für die Lithographie ungeeigneten
Buchdruckpressen und Kupferdruckwalzenpressen. Die Versuche
auf letzteren führten zu nur sehr unzulänglichen Ergebnissen. In
seinem Lehrbuch berichtet Senefelder von Gewaltaktionen: Er ließ
etwa einen drei Zentner schweren Stein in die Höhe ziehen und
auf die Platte herabfallen. Selbstverständlich zerbrach die Platte
dabei und Senefelder geriet selbst in Lebensgefahr. So verlegte er
sich zunächst auf Abreibungen ohne Presse mit einem polierten
Holz. Da aber nur der Meister selbst mit diesem Verfahren zurecht
kam, war es nicht möglich, große Auflagen zu erzielen. Seit 1797
verwendete er dann die Stangen- oder Galgenpresse. Die wesentlichen Elemente der oben beschriebenen Reiberpresse sind auch
hier schon vorhanden. Der Druck wird allerdings nicht mittels
eines Handrades sondern über eine Stange ausgeübt.

Verschiedene Techniken

Senefelders Absicht, Texte zu drucken, hat zunächst das Verfahren der Federlithographie entstehen lassen. Die Zeichnung
wird mit einer Stahlfeder und einer lithographischen Spezialtinte
aufgetragen. Bei der Steingravur, eine Mischtechnik aus Tief- und
Flachdruck, muß der Stein zunächst mit einer fettabstoßenden Mi-
schung aus Gummiarabikum und Kleesalz plan geschliffen werden. Mit einer Nadel wird die Zeichnung eingraviert und mit
Leinöl eingedickt. Die Gummiarabikumschicht wird anschließend
ausgewaschen und der Stein eingefärbt. Die gravierten Linien nehmen die Farbe auf, während die angefeuchteten Flächen die Farbe
abstoßen. Die scharf gestochenen Linien ähneln denen des Kupferstiches. Mit der Steingravur verwandt ist die Technik der Stein-
radierung. Statt der Gummiarabikummischung wird Ätzgrund auf
den Stein aufgetragen. Nach dem Trocknen wird, ohne den Untergrund zu verletzen, mit einer stumpfen Radiernadel die Zeichnung eingraviert. Im Essigsäurebad muß dann tiefgeätzt werden.
Nach dem Auswaschen mit Terpentin wird die Farbe aufgetragen,

wobei der Stein insgesamt feucht gehalten werden muß. Auch die Kreidelithographie ist seit Senefelder bekannt. Sie wird manchmal als Kornlithographie bezeichnet, weil zuvor die Oberfläche des Steines mit Sand aufgerauht – gekörnt – werden muß, damit die Kreide besser haften bleibt.

Die lithographische Schabtechnik verlangt, daß der Stein vollständig mit Asphaltlack oder Terpentinöl bestrichen wird, ohne daß das feine Korn an der Oberfläche zugegossen wird. Die Zeichnung wird nach dem Trocknen des Steins vorsichtig aus dem Ätzgrund herausgeholt. Im Aussprengverfahren wird mit Pinsel oder Feder auf dem blanken Stein eine Zeichnung mit verdünntem Gummiarabikum oder Zuckerwasser aufgebracht. Nach dem Trocknen streicht man über die gesamte Plattenfläche eine Schicht von Tusche. Diese Deckung kann allerdings nicht dort haften, wo

Schabtechnik

Der Genius der Lithographie, Lithographie (24,5 x 21,2 cm) von Nicolas Henri Jacob, 1819; Nürnberg, Germanisches Nationalmuseum

bereits die Zeichnung ist. Im Wasserbad löst sich also die Zeichnung auf und bleibt als helle Stelle frei. Sie wird für Farbe unempfindlich gemacht – geätzt – und kann für den lithographischen Druck weiterbehandelt werden. Dem Verfahren entsprechend bleibt der Abdruck negativ.

Ebenfalls auf Senefelder geht das Umdruckverfahren oder die Autographie zurück. Die Hauptschwierigkeit beim Drucken vom Stein besteht für den Künstler darin, daß er seine Vorlage spiegelbildlich auf die Platte bringen muß. Durch das Umdruckverfahren wird dieses Problem umgangen. Die Zeichnung erfolgt auf einem gewöhnlichen Papier, dessen Vorderseite mit Klei-

Am Fenster, Illustration (38,5 × 30 cm) von Edouard Manet zu: E. A. Poe, The Raven (Le Corbeau), Paris 1875

ster präpariert ist. Die fertige Zeichnung wird auf den Stein gelegt, in Wasser aufgeweicht, angepreßt und anschließend ausgewaschen. Sie bleibt spiegelverkehrt als Abklatsch auf dem Stein zurück und kann wie jede andere Lithographie weiterbehandelt werden. Inwieweit dieses Verfahren noch als Originalgraphik bezeichnet werden kann, sei dahingestellt (*vgl. Koschatzky/Sotriffer, S. 181 f.*).

Ähnlich wie Gutenbergs bahnbrechende Erfindung verkörpert Senefelders Idee eine Epochengrenze. Setzten alle graphischen

Verfahren bis zu diesem Zeitpunkt handwerkliche Produktions-
methoden voraus, so war es durch die Lithographie erstmalig möglich geworden, Bilder und Illustrationen im industriellen Umfang
zu produzieren. Im hergebrachten Druckgewerbe gab es starke
Kräfte, die mit allen Mitteln die Einführung des Steindruckes
verhindern wollten, weil sie um ihre Existenz fürchteten. Mit den
stilistischen Qualitäten anderer graphischer Techniken konnte die
Lithographie durchaus konkurrieren; die Steine ließen eine nahezu
unbegrenzte Auflagenhöhe zu.

1837 wurde dem Senefelder-Schüler Godefroy Engelmann in **Farblithographie**
Paris das Patent für die Erfindung der Chromolithographie erteilt.
1839 veröffentlichte auch er das entsprechende Lehrbuch. Es ist
hierbei notwendig, mit verschiedenen Steinen für jeweils eine
Farbe zu arbeiten. Durch geschicktes Übereinanderdrucken ist es
möglich, Mischtöne zu erzeugen. Werke aus den Gemäldegalerien
konnten damit in herrlichster Farbgestaltung in hohen Auflagen
publiziert werden. Die Reproduktionslithographie, der sich spezielle graphische Großbetriebe widmeten, umfaßte die Vervielfältigung von Landkarten, Landschaftsansichten in Reisewerken sowie
Andachtsbildern. Neben dieser eher als Massenware anzuspre-
chenden Produkten setzte sich aber auch schon früh eine eigenständige künstlerische Gestaltung der Lithographie durch. 1802 *Vgl. Klappe hinten*
bereits zeichneten Münchener Künstler auf Stein, in Berlin sind
seit 1803 Lithographien von Schadow, Schinkel und Blechen bekannt. Bis 1821 erschienene Blätter werden als »Inkunabeln der Lithographie«bezeichnet.

Das lithographische Verfahren kann auch mit Zink- oder **Andere**
Aluminiumplatten zur Anwendung gebracht werden. Um diese **Werkstoffe**
Druckvorlagen wasserabstoßend und fettanziehend zu machen,
ist eine sorgfältige Körnung und Ätzung notwendig. Neben der
größeren Verfügbarkeit haben vor allen Dingen Aluminiumplatten
den Vorteil einer besseren Handhabbarkeit. Seit etwa 1821 gibt es
die ersten Zinkdrucke. Allerdings stand dieses Verfahren bis weit
ins 20. Jahrhundert hinein in dem Ruf, nur Drucke minderer Qua-

Disant ces mots, il mit la pomme au giron de Chloé, et elle, comme il s'approcha, le baisa si soevement qu'il n'eut point de regret d'être monté si haut pour un baiser qui valoit mieux à son gré que les pommes d'or.

215

Daphnis und Chloe, Lithographie (29,2 × 24,1 cm) von Pierre Bonnard, 1902; New York, Metropolitan Museum of Art

lität zuzulassen. Deshalb sind lithographierte Zinkplatten eher für Massendrucksachen und Plakate benutzt worden. Eine Ausnahme machen die USA, vieleicht weil der Transport von Solnhofener Steinplatten ein enormer Kostenfaktor war.

Die Lithographie lieferte einen großen Teil der technischen Voraussetzungen für den heutigen Offset-Druck. Bei diesem Verfahren wird nicht mehr direkt von der Platte gedruckt sondern von einer Übertragungsrolle aus Gummi. Die Bildvorlage wird als gerastertes seitenrichtiges Negativ auf eine Offsetplatte, ein Metallblech mit galvanisch aufgetragener Kupfer- oder Chromschicht, kopiert. Die auf eine Walze montierte Platte überträgt die Bildvorlage auf eine Gummirolle, die den eigentlichen Druckvorgang leistet. Durch das rotierende System sind sehr hohe Auflagen möglich.

Literatur: L. Dussler: Die Incunabeln der deutschen Lithographie (1796–1821). Berlin 1925 (Neudr. 1955); W. Weber: Saxa loquuntur. Steine reden: Geschichte der Lithographie. 2 Bde. Heidelberg 1961–1964; R. Mayer: Die Lithographie. 2. Aufl. Dresden 1970; Walter Koschatzky/Kristian Sotriffer: Die Kunst vom Stein. Künstlerlithographien von ihren Anfängen bis zur Gegenwart. Ausst. Kat. Albertina Wien 1985; H. J. Imiela: Geschichte der Druckverfahren. Teil IV: Stein- und Offsetdruck. Stuttgart 1993.

ILLUSTRATIONSTECHNIKEN

Der Holzstich (Hochdruck)

Der Holzstich (Xylographie) ist eine Weiterentwicklung des Holz-
schnittverfahrens. Er unterscheidet sich von diesem vor allen
Dingen durch die Verwendung eines besonders harten Holzes – in
der Regel Buchsbaum –, das quer zur Faser geschnitten wird.
Die Zeichnung wird mit einem Stichel in die Platte eingraviert.
Der Druckvorgang ist identisch mit dem des Holzschnittes.
Es können auch farbige Stiche hergestellt werden, daneben gibt
es die Handkolorierung. Aufgrund der hohen Festigkeit des Holzes
sind eine sehr prägnante Linienführung und eine äußerst feine
Tonabstufung möglich, die der Darstellung einen malerischen
Effekt verleihen. Die Auflage ist praktisch unbegrenzt. Der englische Graveur Thomas Bewick entwickelte das Verfahren kurz vor
1800.

Vgl. Abb. S. 74

Zunächst ein eher künstlerisches Medium, erlangte der Holzstich als Illustrationsform der aufkommenden Zeitschriften ab
etwa 1860 den Charakter einer Reproduktionstechnik für Massen-
auflagen. Blätter wie die »Gartenlaube« oder »Ueber Land und
Meer« sind ohne Holzstiche undenkbar. Deshalb entwickelte sich
auch bei diesem Verfahren ähnlich wie bei den Kupferstichen
schon früh ein arbeitsteiliges Verfahren, bei dem die Zeichnung
eines Künstlers durch einen Stecher (Xylograph) in Holz eingear-
beitet wurde.

**Zeitschriften-
illustration**

Der Holzstich erreichte nur im geringen Maß Bedeutung als
eigenständiges Ausdrucksmittel der Kunst. Die wichtigsten Leistungen sind im Bereich der Buchillustration vollbracht worden.
Namen wie Gustave Doré, Adolph Menzel und Ludwig Richter
sind untrennbar mit dem Holzstich verbunden. Seine Verwendung
nimmt ab, als gegen Ende des 19. Jahrhunderts photomechanische
Verfahrensweisen Einzug in das Buchgewerbe halten. Eine
bescheidene Rolle spielt diese einst so bedeutende Technik
heute noch in der Gebrauchsgraphik, etwa als Druckvorlage bei
Exlibris.

**Künstlerische
Bedeutung**

Die Rache der Versailler, Holzstichillustration (19 × 23cm) in: H. P. Lissagaray, Geschichte der Kommune von 1871; Dietz, Stuttgart 1894, nach S. 360

Literatur: H. A. Müler: Woodcuts and Woodengravings. How I make them. New York 1939; I. Reiner: Holzschnitt – Holzstich. St Gallen 1949; E. M. Hanebutt-Benz: Studien zum deutschen Holzstich im 19. Jahrhundert. Frankfurt a. M. 1984.

Der Stahlstich (Tiefdruck)

Der Stahlstich (Siderographie) ist neben der Lithographie und dem Holzstich ein weiteres wichtiges Verfahren, um sehr hohe Auflagen zu erzielen. Der wachsende Handel mit Wertpapieren und das Aufkommen von Papiergeld verlangten gegen Ende des 18. Jahrhunderts Drucktechniken, die Originale sehr gut gegen Fälschungen abgrenzten. Es wurden bei Banknoten Linienführungen angestrebt, die bei jedem echten Schein völlige Übereinstimmung aufweisen sollten. Der Kupferstich war dazu nicht in der Lage, weil seine Strichführung nach relativ wenigen Drucken einen ausgesprochen flachen Charakter aufwies. Jeder Nachstich mußte gegenüber der Originalplatte geringfügige Abweichungen aufweisen, die Fälschern große Möglichkeiten eröffneten. Die Bemühungen des Amerikaners Jacob Perkins, ein graphisches Verfahren zu entwickeln, das ein Maximum an Sicherheit bot, gehen auf das Jahr 1792 zurück. 1799 soll er für sein Stahlstichverfahren ein Patent erhalten haben, das allerdings nicht aufzufinden ist. Gesichert ist das Patent von 1810. Durch Entzug von Kohlenstoff wird eine Stahlplatte bearbeitungsfähig gemacht. Das dichte Gefüge des Stahls ermöglicht eine besonders feine Linienführung, deren Imitation für Stecher mit unlauterer Absicht sehr schwer ist.

Seit 1823 nutzte der Engländer Charles Heath den Stahlstich zur **Reproduktion** Reproduktion von Bildern. Deshalb erscheint er gelegentlich – primär in rein kunsthistorisch orientierten Werken – auch als Erfinder dieser Technik. In den ersten Jahren seiner Verwendung in der bildenden Kunst diente der Stahlstich zur Illustration zeitgenössischer Autoren. Als Pioniere gelten George Cruikshank und Hablot Browne mit ihren bedeutenden Bildbeigaben zu Dickens' Werken. Karl Frommel in Karlsruhe schuf Städte- und Landschaftsansichten in sehr guter Qualität. Der große Erfolg von »Meyer's Universum« und »Meyers Konversationslexikon« des Bibliographischen Institutes in Hildburghausen beruhte im wesentlichen auf der Verwendung von Stahlstichen. Die Bedingungen der Produktion entsprachen denen des Kupfer- und Holzstiches. Das bearbeitungsaufwendige Material – wegen der extremen Härte – zwang dazu, die Tätigkeit zwischen Künstler und ausführendem *Vgl. Tf. XIII* Stecher aufzuteilen. Gelegentlich wurden Stahlstiche auch koloriert. Bis heute werden Stahlstiche von den Platten des 19. Jahrhunderts nachgedruckt. Im Geldnoten- und Briefmarkendruck sind Stahlstichplatten nach wie vor unverzichtbar.

Literatur: A. Marsch: Meyer's Universum. Ein Beitrag zur Geschichte des Sahlstichs und des Verlagswesens im 19. Jahrhundert. 2. Aufl. Lüneburg 1973 (Nordost-Archiv, Bd. 3).

Die Zinkätzung (Hochdruck)

Diese Technik verbindet die Methode der Radierung mit dem Hochdruckverfahren. Mit Asphaltlack wird auf eine Zinkplatte die Zeichnung aufgetragen. In Salpetersäure getaucht, werden nicht die gezeichneten Linien weggeätzt, sondern die unbezeichneten Stellen. Die Darstellung bleibt so als Relief stehen und nimmt beim Überwalzen Farbe an. Es war wahrscheinlich William Blake, der als erster diese Technik anwandte. Man darf die Zinkätzung nicht mit der Zinkographie oder Zinkotypie verwechseln, die für chemographische Kopierverfahren stehen.

Die Heliogravüre, Photogravüre (Tiefdruck)

Die Heliogravüre ist eine Technik, bei der die Zeichnung auf photomechanischem Weg auf die Druckplatte übertragen wird. Die frühesten Versuche, Druckvorlagen mit einem lichttechnischen Verfahren zu erzeugen, stammen von Joseph Nicéphore Niépce. Er beschäftigte sich seit etwa 1813 mit der Senefelderschen Lithographie mit dem Ziel, Kupferstiche zu vervielfältigen. Mit einem Firnis überzogene Lithosteine wurden radiert und geätzt. Aufgrund der körnigen Struktur des Steines fielen die Striche sehr grob aus. Er setzte deshalb seine Versuche mit polierten Zinkplatten fort. Diese Experimente liefen parallel zu den Arbeiten an der *camera obscura*, bei denen er die Lichtempfindlichkeit bestimmter Harze kennenlernte. Seine Vorarbeiten dienten Karl Klietsch anfangs der siebziger Jahre zur Entwicklung der Heliogravüre: Von einer Bildplatte wird ein Halbton-Diapositiv hergestellt, das in einem zweiten Arbeitsgang auf lichtempfindliches mit Gelatine überzogenes Pigmentpapier kopiert wird. Auf eine wie im Aquatinta-Verfahren mit Asphaltstaub präparierte Kupferplatte preßt man das leicht angefeuchtete Pigmentpapier und löst in einem Warmwasserbad das Papier von der Gelatineschicht. Da sich je nach Stärke des Lichteinfalls die Dicke der Gelatineschicht verändert, folgt das Gelatinerelief exakt den Halbtonwerten des aufkopierten Bildes und läßt die Säure beim Ätzvorgang unterschiedlich tief in die Metallplatte eindringen. Diese Technik erlaubt eine Wiedergabetreue wie sie sonst nur die Photographie erreichen kann.

Die Serigraphie (Siebdruck)

Bei der am Ende des 19. Jahrhunderts entwickelten Siebdrucktechnik konnte man auf 2000 Jahre alte ostasiatische Vorformen zurückgreifen. Das Verfahren ist bis heute deshalb so interessant, weil es sowohl Großauflagen zuläßt, sich durch eine technisch sehr einfache Handhabung aber auch für originalgraphische Kleinstauflagen anbietet. Jeder Siebdruck arbeitet mit einer Schablone, die auf ein Sieb gelegt wird. Bei Besprühen mit Farbe kann diese nur durch die freigelassenen Stellen dringen und auf dem unter der Schablone liegenden Papier das Abbild darstellen. Die einfachste Variante ist die Leimschablone: Das Sieb wird an den nicht zu druckenden Teilen mit einer Emulsion bestrichen. Eine andere Möglichkeit ist die Abdeckung des Siebes mit einem zugeschnittenen Papier, einer Schnittmaske. Bei einer Auswaschschablone macht man sich die Prinzipien der Lithographie zu Nutze. Mit Fettkreide oder Tusche wird direkt auf das Sieb gezeichnet und die Oberfläche anschließend mit Leim bestrichen. Terpentin löst das Fett der Zeichnung und es kann herausgewaschen werden. Durch diese freigewordenen Stellen wird die Farbe gepreßt. Auch mit photograhischen Verfahren ist es möglich, eine Schablone zu erzeugen: Das gesamte Sieb wird in der Dunkelkammer mit einer lichtempfindlichen Emulsion bestrichen. Die Zeichnung auf einer transparenten Folie wird auf das Sieb gelegt und die Emulsion wie ein Film belichtet. Wo die empfindliche Schicht vom Licht getroffen wird, härtet sie aus, die dunklen Stellen bleiben wasserlöslich. Sie werden ausgewaschen und damit farbdurchlässig.

Einbände

N eben der eigentlichen Buchgeschichte, die sich mit typographischen Fragen befaßt, hat seit Anfang des 20. Jahrhunderts die Einbandforschung an Bedeutung gewonnen. Zunächst rein bibliophiles Betätigungsfeld und Objekt kunsthistorischer Untersuchungen, hat sich eine eigene Wissenschaft um den Einband etabliert, die mittlerweile einen eigenständigen Rang in der Kulturforschung einnimmt.

Der Bucheinband entwickelte sich parallel zum Codex (*vgl. S. 14 ff.*) seit dem zweiten nachchristlichen Jahrhundert. Die ältesten erhaltenen Ledereinbände stammen aus dem 6. Jahrhundert.

Die frühesten bekannten Bindearbeiten sind noch einlagig, was zu einer deutlichen Beschränkung des Buchumfanges führen mußte. Mehr als 50 Doppelblätter waren kaum in einer Lage unterzubringen. Das früheste Beispiel einer Schichtung in Lagen erkennen wir mit dem *Codex Sinaiticus* aus dem Britischen Museum. Diese bedeutende Handschrift mit Texten des Mani aus dem letzten Drittel des 4. Jahrhunderts ist in Lagen zu sechs Doppelblättern zusammengefaßt, die auch schon eine Bogenzählung aufweisen, um den Binder vor Irrtümern zu bewahren. Der gebundene Codex war eine Folge der Ablösung des Papyrus durch das Pergament. Die Möglichkeit, den Schreibstoff beidseitig zu nutzen, bot die Heftung in Lagen zu einem Buchblock an. Um diesen Block zu schützen und ihm eine feste Form zu verleihen, legte man ihn zwischen zwei starke Deckel aus Holz. Schon früh entwickelte sich das Bedürfnis, ein kostbares Buch auch durch kostbare Deckel

Stadtgöttin Roma, Konsulardiptychon, Elfenbein (27,4 × 11,5 cm), 2. Hälfte 15. Jahrhundert; Wien, Kunsthistorisches Museum, Inv. Nr. X 37

*Einbanddeckel des
Lorscher Evangeliars
(38,5 × 27 cm),
Elfenbein,
Aachen um 810;
Rom, Museo Sacro*

(Vorformen des Prachteinbandes) zu zieren. Der Kirchenvater Hieronymus beklagt sich im 4. Jahrhundert nicht nur über die luxuriösen Illuminationen der Handschriften, auch die Verzierungen der Buchdeckel mit Gold, Silber, Elfenbeinschnitzereien und Edelsteinen sind ihm ein Dorn im Auge. In diesem Kampf blieb ihm der Erfolg versagt: Prachteinbände markieren die Buchgeschichte bis ans Ende des Mittelalters. Daneben gibt es natürlich zu allen Zeiten auch den Gebrauchseinband, der niedriger angesetzten ästhetischen Forderungen Genüge tat. Im Zeitalter des industriellen Einbandes, ab etwa 1850, entstehen auf diesem Sektor trotzdem Kunstwerke von hohem Sammlerwert.

Elfenbeineinbände

Die auffälligsten Einbände der Frühzeit sind die aus Elfenbein. Ihre Vorformen sind noch in der griechischen und römischen Antike zu suchen. Zwei oder mehr wachsüberzogene Elfenbeintäfelchen wurden mit Schnüren zusammengehalten und unter dem Begriff *pugillaria* als Notizbuch verwendet. Zwei solcher Tafeln bildeten ein *diptychon*, die zum Teil als kunstvoll verzierte Konsulardiptychen in den Besitz der Kirche gelangten. Zwischen diese Elfenbeintafeln legte man beschriebene Pergamentblätter, um sie vor Staub und Stößen zu schützen. Der älteste bekannte Einband dieser Art stammt aus dem Besitz der Langobardenprinzessin Theodelinda anfangs des 7. Jahrhunderts. Es gibt aber durchaus Hinweise, daß diese Praxis auch schon im 3. und 4. Jahrhundert angewandt wurde. Obgleich die Motive der Konsulardiptychen heidnisch waren, versuchte man, sie durch Umbenennung der dargestellten Personen in Bischöfe oder Heilige für den kirchlichen Bereich zu retten. Elfenbeineinbände christlicher Tradition entstehen in der Karolingerzeit. Die bedeutendste Werkstatt befand sich in Metz. Der Domschatz in Halberstadt verfügt über einen Einband (Sign. 45), bei dem noch im 14. Jahrhundert ein Konsulardiptychon verwandt wurde.

Prachteinbände

Das ganze Mittelalter hindurch wurden auch Gold- und Silberschmiedearbeiten als Buchdeckel angefertigt. Natürlich wurden in erster Linie Bücher für den gottesdienstlichen Gebrauch mit be-

Vgl. Abb. S. 116

Vgl. Abb. S. 117

EINBÄNDE

sonders schönen Arbeiten verziert. Die frühesten Beispiele sind Produkte einer Zusammenarbeit von Goldschmieden und Elfenbeinschnitzern. Das Echternacher Evangeliar (Nürnberg, Germanisches Nationalmuseum, KG 1138) aus dem 10. Jahrhundert etwa zeigt eine recht grobe Elfenbeinschnitzerei neben einer überaus feinen Reliefarbeit in Goldblech, die lange handwerkliche Tradition und Erfahrung verrät. Das Evangeliar Heinrichs II. aus dem Bamberger Dom (Staatsbibliothek München, Clm. 4452), um 1014, weist gleichfalls eine Elfenbeinplatte auf, wohl noch aus karolingischer Zeit, in einem reich ziselierten Goldrahmen.

Vgl. Abb. S. 119

Das berühmteste Beispiel für eine reine Goldschmiedearbeit des Frühmittelalters ist der *Codex aureus* aus dem Kloster St. Emmeran in Regensburg. Die Ränder und Stege des getriebenen Goldbleches sind mit fast 200 Edelsteinen versehen. Neben Elfenbein und Edelmetallen finden sich auch häufig Emailplatten als Dekoration. Aus Goldbändern wurden kleine Zellen auf Goldgrund geformt, in die flüssiges Glas eingeschmolzen wurde. Ursprünglich in Byzanz entwickelt, gelangte diese Technik über Venedig in den abendländischen Raum.

Ledereinbände

Mit steigender Handschriftenproduktion gegen Ende des hohen Mittelalters nahm die Bedeutung des Prachteinbandes deutlich ab. Die zunehmende Zahl an Gebrauchshandschriften verlangte vor allen Dingen nach preiswerten und widerstandsfähigen Einbänden. Der Metalleinband spielte nur noch bei besonders wertvollen oder als Geschenk gedachten Büchern eine Rolle. Seit der Mitte des 13. Jahrhunderts tritt bei wissenschaftlichen und praktischen Texten der gotische Ledereinband auf. Ein massiver Holzdeckel mit festem Lederbezug schützt den Papier- oder Pergamentblock vor Staub und Feuchtigkeit. Metallbuckel sollten den Einband vor Bestoß oder Abrieb bewahren. Auch Ledereinbände wurden durch Einzelstempel oder gravierte Rollen verziert. Die Buchforschung konnte nachweisen, daß mit den verschiedenen Stempeln ein reger Handel betrieben worden ist. Seit Mitte des 14. Jahrhunderts werden Deckel in Pressen mit größeren Platten bedruckt. Anspruchsvoller waren meist die Verzierungen der Lederschnitteinbände. Mit einem Messer wurden in das aufgeweichte Leder die Darstellungen regelrecht geschnitzt.

Ketten- und Beutelbücher

Da auch schon mittelalterliche Bibliotheken nicht das rechte Vertrauen in ihre Benutzer hatten, waren die Bücher häufig angekettet. Kettenreste lassen sich heute noch vielfach erkennen. Pilger trugen ihr Gebetbuch häufig als Beutelbuch bei sich. Leider ist uns diese Buchform besser aus der zeitgenössischen Ikonographie als aus den erhaltenen Originalen bekannt.

Originaleinbände

Die Verbreitung des Buches durch die Druckkunst mußte auch Auswirkungen auf den Einband haben. Seit Ende des 15. Jahrhunderts suchte man nach preiswerteren Verfahren und ergonomischeren Materialien. Die bis dahin gebräuchlichen Holzdeckel wurden durch Pappe abgelöst. Die frühesten Versuche, Buch und Einband schon bei der Produktion aufeinander abzustimmen, gehen auf den venezianischen Drucker Aldus zurück *(vgl. S. 54)*. Er war – hierin seinem Nürnberger Kollegen Koberger vergleichbar – seiner Zeit um 350 Jahre voraus, insofern er die Bücher schon vor dem Verkauf binden ließ. Auch die Offizin Elzevier in Leiden *(vgl. S. 67)* kennt den Originaleinband. Mit orientalischem Dekor verzierte Maroquin-Einbände auf Pappdeckeln sind kennzeichnend für ihre Produktion. Diese Form der Handvergoldung gelangte über Venedig nach Augsburg und Nürnberg.

Größte Verdienste um den schönen Einband hat sich auch der ungarische König Matthias Corvinus (1443–1490) erworben. Die *Corvinen* waren zum Teil in farbigen Samt, zum Teil in rotes oder braunes Kalbsleder eingebunden. Es sind frühe Beispiele für Bücher mit geprägten Supralibros, Einbände mit dem Besitzerwappen auf dem Deckel. In der Renaissance setzte sich der geprägte Pergament-Einband durch, dessen Stempelanordnung einen ausgesprochen architektonischen Charakter hatte. Als Mittelstück diente häufig ein Porträt oder eine allegorische Darstellung. Man war abweichend von mittlalterlichen Gewohnheiten bemüht, mit vielen Einzelstempeln ein in sich abgeschlossenes

Vgl. Tf. XIV

Ledereinband (20 × 12 cm) des Meisters der Leo-Constitutionen zu: Justinian, Gesetzesnovellen, Estienne, Genf 1560; Rom, Bibliotheca Apostolica Vaticana, Stamp. Barb. AA II 15

Flächendekor zu erzielen. Neben den reich geprägten Prachteinbänden gab es die sogenannten Hornbände, die auf jedes Dekor verzichteten.

Frankreich und Italien waren im 16. und 17. Jahrhundert die führenden Nationen der Buchbindekunst. Durch den Einfluß des französischen Gesandten und Bibliophilen Jean Grolier (1479–1565) gelangte aldinischer Einfluß nach Frankreich und prägte die Buchbinderei dort für lange Zeit. Das in seinem Auftrag geschaffene Bandwerkmuster wurde in ganz Frankreich nachgeahmt. Während in Deutschland noch die strengen architektonischen Verzierungen der Renaissance stilbildend waren, gelangte man in den romanischen Ländern zu einer wesentlich freieren Gestaltung der Buchdeckel. Gleichzeitig bemühte man sich um eine rationelle Prägung, ohne an künstlerischer Qualität einzubüßen. Beispiel dafür sind die Lyoneser Bändchen, die im sogenannten Fanfare-Stil eingebunden sind. Er wird um 1620 durch den Pointillé-Stil abgelöst, in dem auch die Buchbinderfamilie Magnus in Amsterdam Elzevier-Bände eingebunden hat. Zu Beginn des 18. Jahrhunderts entwickelte sich der Dentelle-Stil, bei dem sich längs des Deckelrandes sehr feingliedrige zum Inneren weisende Zacken zeigen. Antikisierend gab sich der Klassizismus, indem er römische und etruskische Stilelemente aufgriff. *Vgl. Tf. XV*

Leineneinbände

Das beginnende Industriezeitalter bringt ab etwa 1820 den Leineneinband hervor. Die Maschine fand verstärkt Eingang in den bis dato buchbinderischen Handwerksbetrieb. Vor allen Dingen in Leipzig entstanden die großen »Dampfbuchbindereien« (so genannt wegen der Antriebsmaschinen). Der maschinell hergestellte Einband ließ den Verlegereinband entstehen. Von wenigen Ausnahmen abgesehen war es bis zur Mitte des 19. Jahrhunderts nämlich üblich, daß sich der Kunde beim Verleger nur die bedruckten Bögen des Buches kaufte, diese dann mit seinen individuellen Vorstellungen vom Einband zum Buchbinder brachte. Der Verleger trug nun jedoch die Gesamtauflage zur Großbuchbinderei, die sie mit einem einheitlichen Einband versah. Die auf hohen Absatz konzentrierten Erwartungen der Produzenten konnten kaum zu künstlerischen Höchstleistungen anregen. Einbände der zweiten Hälfte des 19. Jahrhunderts wirken überladen und meist geschmacklos.

Einbandkunst

Um 1900 setzt die Gegenbewegung ein. Sowohl der maschinell gefertigte Verlegereinband als auch der künstlerische Handeinband erschienen in neuen Formen und Ausstattungen. Ähnlich wie in der Typographie *(vgl. S. 79)* gingen auch hier entscheidende Anstöße von der Buchkunstbewegung William Morris' aus: Buchbinder, Typograph und Dichter sollten an einem Strang ziehen und so zu einem gemeinschaftlichen Kunstwerk gelangen. Mit dem Aufkommen des Jugendstils trat zu diesem Dreigespann noch der Verleger hinzu, der den Schwerpunkt seiner Tätigkeit nicht mehr nur kommerziell sah, sondern auch in der Schaffung des schönen Buches. Albert Langen und Eugen Diederichs waren bedeutende Förderer junger Einbandkünstler und Buchgestalter. *Vgl. Tf. XVI*

Wie in der Typographie konnten auch in der Einbandgestaltung nach dem Ersten Weltkrieg bedeutende Fortschritte erzielt werden. Die klaren Strukturen des Bauhauses oder die Montagen eines John Heartfield dominierten auch in der Massenproduktion.

Kaum aufzuholende Rückschläge brachten die Jahre zwischen 1933 und 1945. Die geschmacklose Bombastik der Machthaber setzte sich auch im Buchgewerbe durch. Das schöne Buch blieb auf wenige Pressendrucke beschränkt. Nur in der Schweiz – zu nennen wäre hier in erster Linie die Züricher Niederlassung der Büchergilde Gutenberg – konnten die positiven Ansätze der zwanziger Jahre fortgeführt und auch an das Nachkriegsdeutschland zurückgegeben werden.

Literatur: Hellmuth Helwig: Einführung in die Einbandkunde. Stuttgart 1970; Frauke Steenbock: Der kirchliche Prachteinband im frühen Mittelalter. Von den Anfängen bis zur Gotik. Berlin 1965.

Die Welt der Antiquariate

Vom Schnäppchen auf dem Flohmarkt einmal abgesehen ist der übliche Weg, ein altes oder bibliophiles Buch zu erwerben, der Kauf in einem Antiquariat. In diesem Bereich des Buchhandels gibt es drei Formen des Vertriebes.

An erster Stelle steht sicher das Ladengeschäft. Für viele Bücherliebhaber ist das die lustvollste Form des Einkaufes. Stundenlanges Stöbern in alten Schmökern, um dann nach einem langen Antiquariatstag das ein oder andere Schätzchen nach Hause zu tragen, ist für mich nach wie vor eine der schönsten Freizeitgestaltungen überhaupt. Persönlich schätze ich die etwas unordentlicheren Geschäfte mehr als Läden, in denen die Bücher im Regal wie Soldaten bei der Parade ausgerichtet sind. Ich habe bei ersteren immer das Gefühl eines Schatzsuchers, der kurz vor der Erfüllung seines größten Traumes steht. Ich erkenne aber durchaus die Vorteile eines Ladens, in dem der Betreiber in der Lage ist, einen konkreten Wunsch mit einem Griff ins Regal zu erfüllen. Viele Geschäfte führen Vormerkdateien und bearbeiten Suchlisten. Wenn Sie einen Wunsch haben, können Sie sich damit an eine oder mehrere Antiquariatsfirmen wenden, die Ihnen dann bei Eingang des Titels ein entsprechendes (unverbindliches und freibleibendes) Angebot machen werden. Die meisten Geschäfte haben bestimmte thematische Schwerpunkte. Eine Firma, die auf Ihr Sammelgebiet spezialisiert ist, finden Sie in dem jährlich erscheinenden »Sammleradreßbuch« (*Bd. 12, 1997/98. M. Kuhle, Braunschweig 1997*) und in: »Der Sammler auf Reisen« (*Kuhle 1997*).

Für systematische Sammler empfehlen sich die beiden anderen Varianten des Antiquariatsbuchhandels: Sowohl Versandantiquariate als auch Auktionshäuser versuchen, dem Kunden ihre Bücher

Ladenantiquariate

Versandantiquariate und Auktionshäuser

125

über Kataloge nahezubringen. Sie unterscheiden sich insofern von-einander, als im Versandgeschäft mit Festpreisen gearbeitet wird, während bei Auktionen die Nachfrage den Preis bestimmt. Sie können dort an der Bestimmung des Handelswertes eines Objektes selbst teilnehmen.

Auktionen Der Ablauf des Auktionsgeschäftes ist grob skizziert folgender: Die Ware stammt in der Regel von Privatpersonen. Das Auktionshaus versteigert sie im Auftrag des Einlieferers. Es hat ihn in der Regel vorher beraten und mit ihm die Limite abgesprochen. Das Buch wird penibelst im Katalog beschrieben und das Limit, der geringste Preis, der geboten werden muß, genannt. Als potentieller Erwerber haben Sie zwei Möglichkeiten in das Auktionsgeschehen einzugreifen: Wenn Sie persönlich anwesend sind, können sie so lange mitbieten, bis Sie entweder den Zuschlag erhalten oder aussteigen, um einem anderen Bieter das Buch zu überlassen. Die Auktionshäuser nehmen aber auch schriftliche Gebote an. Sie schreiben oder faxen einer Firma ihr Höchstgebot. Wenn kein Überbieter da ist, wird der Versteigerer Ihnen den günstigsten Zuschlag erteilen. Deutlicher wird das an einem Beispiel: Ein Buch ist mit DM 100,– limitiert. Sie bieten schriftlich DM 300,–, ein weiterer Bieter DM 150,–. Wenn in Schritten von DM 10,– gesteigert wird, kann der Auktionator mit DM 160,– beginnen. Sollte kein weiterer Saalbieter in Erscheinung treten, bekommen Sie das Buch für diesen Preis. Natürlich kann es Ihnen auch passieren, daß Sie im Saal in die Nähe Ihres Höchstgebotes gesteigert oder gar überboten werden. Die meisten Auktionshäuser akzeptieren aber auch Untergebote. Sie können durchaus den Versuch machen, das erwähnte 100-DM-Buch für DM 80,– zu bekommen, wenn kein zweiter Bieter auszumachen ist. Ob Ihnen der Zuschlag erteilt wird, hängt von der Vereinbarung des Auktionators mit dem Einlieferer ab. Bei Ihrem Gebot sollten Sie immer bedenken, daß zu dem Zuschlag noch das Aufgeld und die zur Zeit gültige Mehrwertsteuer für Bücher von 7 Prozent hinzukommen. Das Aufgeld – neben dem Abgeld, das der Einlieferer zahlen muß – ist der Verdienst des Auktionshauses. Es bewegt sich zur Zeit bei den einzelnen Häusern zwischen 15 und 20 Prozent. Um bei unserem Beispiel zu bleiben, bedeutet das für das von Ihnen für DM 160,– ersteigerte Buch bei 15 Prozent ein Aufgeld von DM 24,–. Auf die Summe von 184,– kommen noch DM 12,88 Mehrwertsteuer, so daß der Endpreis DM 196,88 beträgt.

Insertionen

Die Buchauktionshäuser zeigen ihre Termine auf den Kunst-marktseiten der *Frankfurter Allgemeinen Zeitung*, der *Süddeutschen Zeitung*, der *Neuen Zürcher Zeitung*, des *Handelsblattes* und der *Zeit* an. Die großen Firmen veranstalten ihre Auktionen meistens im Frühjahr (April/Mai) und im Herbst (Oktober/November). Falls Sie an Auktionen interessiert sind, achten Sie in dieser Zeit besonders auf den Anzeigenteil dieser Zeitungen. Die meisten Versandan-tiquariate benutzen ebenfalls die genannten Blätter, um auf ihre neuesten Kataloge und Lagerlisten hinzuweisen. Daneben gibt es das Blatt des Bundesverbandes der deutschen Antiquare »Aus dem Antiquariat«, in dem ebenfalls die neuesten Kataloge vermeldet sind. Während die Art der Preisbildung bei den Auktionen für Sie ohne Mühe nachvollziehbar ist, gilt das nur eingeschränkt für La-den- und Versandantiquariate. Der folgende Abschnitt soll etwas Licht in diesen Dschungel fallen lassen.

Preisgestaltung

Es sieht zwar nicht immer so aus, aber es gibt kaum einen trans-parenteren Markt als den für antiquarische Bücher. Kein Händler kann es sich leisten, seine Preise willkürlich festzulegen. Die Spannbreite, in der er sich mit seinen Forderungen bewegt, richtet sich nach dem »Taschenbuch der Auktionspreise alter Bücher« (*Radtke, Aachen, seit 1975*) oder nach dem »Jahrbuch der Auktions-preise« (*Hauswedell, Stuttgart, auch auf CD-ROM*), in denen jedes Buch, das im Laufe eines Jahres in Deutschland, Österreich oder der Schweiz versteigert worden ist, in groben Zügen erfaßt und beschrieben ist. Jedes Jahr erscheint eine umfangreiche Neuausgabe. Mittlerweile gibt es auch ein Gesamtregister für die Jahre 1975–1994.

Recherche
Es ist sehr unwahrscheinlich, daß gerade der Titel, für den der Antiquar einen Preis machen will, noch nie auf einer Auktion gewesen ist. Meistens findet er dieses Buch oder wenigstens ein vergleichbares, das ihm Anhaltspunkte für seine Auszeichnung liefert. Das »Taschenbuch der Auktionspreise« und das »Jahrbuch der Auktionspreise« verzeichnen neben der bibliographischen Kurztitelangabe und des Auktionsergebnisses auch noch das Kürzel der versteigernden Firma, die Auktionsnummer und die Nummer im Auktionskatalog. In den meisten Fällen verfügt der Händler über die Kataloge, so daß er sich ein Bild von dem Zustand des Buches machen kann. Es ist selten, daß ein altes Buch nur einmal versteigert worden ist. In der Regel liegt dem Antiquar auch eine Liste mit Vergleichsobjekten vor. Er wird alle Angaben, die er in den Katalogen vorfindet, bei seiner Preisgestaltung berücksichtigen. Zunächst wird er versuchen, die Auktionsergebnisse für sich transparent zu machen. Es ist selbstverständlich, daß eine Preisangabe aus den fünfziger Jahren nicht ohne Umrechnungen auf das Jahr 1998 zu übertragen ist. Andererseits gab es Anfang der achtziger Jahre einen Preisboom, von dem viele Kollegen heute noch träumen. Diese zeitbedingten Werte müssen auf ein gültiges Niveau gebracht werden.

Auktionsergebnisse
Jeder, der sich etwas mit alten Büchern beschäftigt, kennt die Unwägbarkeiten einer Versteigerung. In allen Auktionshäusern geht immer wieder ein Raunen durch das Publikum, wenn irgendein Artikel einen Preis gebracht hat, mit dem niemand aus der Fachwelt gerechnet hat. Zwei manische Sammler genügen, um das Auktionsergebnis in ungeahnte Höhen zu treiben. Ich habe selbst als Angestellter eines Auktionshauses erlebt, wie alles, was mit einer bestimmten Stadt im Ruhrgebiet zusammenhing, von zwei miteinander verfeindeten Sammlern beboten wurde, nur um das jeweilige Objekt dem Gegner nicht zu gönnen. So erreichten

ANTIQUARIATE

Broschüren der dortigen Stadtsparkasse aus den fünfziger Jahren vierstellige Summen, während gleichartige Broschüren der Stadtsparkasse der Nachbarstadt nur Altpapierwert hatten. Es gibt auch den umgekehrten Fall: Nach einem langen Auktionstag läßt die Aufmerksamkeit des Publikums nach, so daß wertvollste Bücher für Spottpreise an den einzigen noch wachen Bieter gehen. In Kenntnis dieser Tatsachen verfügt jeder Antiquar über ein gesundes Mißtrauen gegenüber Auktionsergebnissen. Zumindest wird er sich nicht an den einmal erreichten Spitzenwerten orientieren. Dennoch, die Auktionspreise sind ein wertvolles Hilfsmittel, um einen marktorientierten Preis zu ermitteln. Die Vielzahl der versteigerten Objekte macht es in der Regel möglich, einen Durchschnittswert zu ermitteln, der sowohl vom Publikum akzeptiert wird als auch das Überleben des Händlers garantiert.

Ein weiteres wichtiges Hilfsmittel der vernünftigen Preisgestaltung ist die Kalkulation der Konkurrenz. Da wertvollere Bücher in der Regel über Katalog verkauft werden, sind die Kataloge von Firmen, die in dem Themenbereich des auszuzeichnenden Titels als Spezialisten gelten, wertvolle Fundgruben. Die meisten Antiquariate tauschen ihre Listen miteinander aus, so daß die Marktbeobachtung vom Schreibtisch aus problemlos möglich ist. Hier ist allerdings zu berücksichtigen, daß ein Spezialist, der in einem bestimmten Bereich eine sehr große Palette anbieten kann, unter Umständen höhere Preise hat, als sie etwa in einem allgemeinen Antiquariat verlangt werden können. Derartige Firmen verfügen in der Regel über einen festen Kundenstamm, der wegen des gleichbleibenden Angebotes auch bereit ist, etwas mehr für seine Wünsche auszugeben.

Spezialkataloge

Bei der Kalkulation mittels Katalog – seien es Auktions- oder Antiquariatskataloge – darf nie vergessen werden, daß es zwei identische antiquarische Bücher nicht gibt. Anders als bei verlagsfrischen Exemplaren hat jedes Werk seine eigene Geschichte, die sich meistens am Zustand ablesen läßt. Ein Buch, das in einer öffentlichen Bibliothek von vielen Lesern benutzt wurde, sieht anders aus als das gleiche Werk, das in einer Privatbibliothek nur regelmäßig abgestaubt wurde. Mir und den meisten anderen Bücherliebhabern sind Anstreichungen oder gar Kommentare in Büchern ein Greul; leider denken sehr viele Menschen darüber anders, wie ich in der Antiquariatspraxis täglich erfahren muß.

Kollationierung Bei der Kollationierung, dem prüfenden und vergleichenden Durchsehen, kann festgestellt werden, wie vollständig ein Buch ist. Sehr viele Objekte gewinnen ihren Wert erst durch die Illustrationen, die in ihnen enthalten sind. Wenn ehemals enthaltene Kupferstichtafeln oder Originallithographien allerdings anderweitig als Wandschmuck dienen, kann selbstverständlich kein Höchstpreis verlangt werden. Auch Einbände wirken sich auf die Preisgestaltung aus. Seit dem 19. Jahrhundert gibt es den Originaleinband, das heißt der Verlag liefert das Buch im gebundenem Zustand aus. Bei der Preisbildung wird sich der Händler zunächst an diesem Originaleinband orientieren. Häufig ist er der Grund, warum ein Sammler bereit ist, einen höheren Preis zu zahlen, etwa wenn die Titelillustration von einem berühmten Künstler stammt. Bibliothekseinbände wirken sich in der Regel wertmindernd aus, weil sie oft industrieller Massenfertigung sehr nahe kommen. Es gibt allerdings Ausnahmen: Große Adels- oder Klosterbibliotheken hatten häufig den Ehrgeiz, aus ihren Regalwänden eine Augenweide zu machen. So waren ganze Reihen auf das kostbarste eingebunden. Jedem Antiquar bereitet es eine besondere Lust, einmal eine derartige Reihe in seinem Lager zu beherbergen. Gelegentlich leisteten sich Bücherliebhaber vergangener Jahrhunderte kostbare Privateinbände, die auch heute noch teuer zu bezahlen sind.

Provenienz Das Thema Einband berührt das der Provenienz. Vielen Sammlern ist es ein Bedürfnis, ein Objekt zu besitzen, das einmal einer berühmten Persönlichkeit gehört hat. Der Stempel oder das Exlibris eines Menschen, den jedes einschlägige Lexikon verzeichnet, kann den Wert eines Buches steigern. Hier können sich auch handschriftliche Anstreichungen und Anmerkungen vorteilhaft auswirken. Gelegentlich haben derartige »Schmierereien« eine nicht zu unterschätzende forschungsgeschichtliche Bedeutung. Signierte und gewidmete Exemplare geben dem Buch einen weiteren individuellen Charakter, der sich preissteigernd auswirkt.

Manche Bücher sind schon bei der Drucklegung als antiquarische Wertobjekte angelegt. Sie erscheinen in limitierter Auflage und sind häufig vom Verfasser, Illustrator oder Herausgeber handschriftlich signiert. Pauschal kann man sagen, daß der Preis eines Buches umso höher ist, je weniger davon aufgelegt wurden. Gelegentlich wird allerdings mit solchen (sogenannten) limitierten Büchern seitens der Verlage Schindluder getrieben. Manchmal wird eine Auflage als limitiert bezeichnet, ohne daß die tatsächliche Höhe genannt wird. Eine Nummer wird eingedruckt, und weder der Kunde noch der Antiquar haben die Möglichkeit der Überprüfung, ob sie tatsächlich ein singuläres Objekt erworben haben. Eine in den letzten Jahren immer weiter um sich greifende Unsitte ist die Numerierung von Auflagen durch eine Kombination aus Zahlen und Buchstaben. Ein Exemplar wird beispielsweise als Nr. 854 von 1000 Exemplaren der Serie C bezeichnet. Der gutgläubige Erwerber erfährt aus dem Impressum nicht, wieviele Serien überhaupt aufgelegt worden sind, zumal die Buchstabenkombination in der Regel sehr klein und sehr versteckt gedruckt ist. Diese geschäftlich fragwürdige Praxis hat ihr Vorbild in der Bibliophilie der romanischen Länder, die allerdings auf einem ganz anderen Hintergrund beruht. In Frankreich und Italien besteht das Bedürfnis, bei den limitierten Auflagen eine noch größere Einzigartigkeit zu erreichen als sie ohnehin schon durch die Limitierung gegeben ist. So ist zum Beispiel ein Teil der Auflage auf Bütten gedruckt und römisch numeriert, ein anderer Teil auf Velin-Papier mit arabischer Auflagebezeichnung, Großbuchstaben kennzeichnen den Maroquineinband und anderes mehr. Diese Pressendrucke lassen aber im Gegensatz zu ihren Epigonen die Gesamtauflage recht deutlich aus dem Impressum hervorgehen.

Erstausgaben sind im allgemeinen wertvoller als spätere Auflagen. Allerdings gibt es auf diesem Sektor phänomenale Preisunter-

Limitierte Auflagen

Erstausgaben

schiede. Besonders teuer sind Bücher von Autoren, die sich zu Zeiten ihrer ersten Publikation keines Rufes erfreuten, heute aber besonders geschätzt werden. Ihre Werke erschienen meistens in sehr kleinen Auflagen und wurden in den privaten Bibliotheken oft nicht besonders gepflegt. Sie sind somit sehr selten. So erzielen zum Beispiel Erstausgaben von Franz Kafka oder Robert Musil auch im miserabelen Zustand Spitzenpreise. Es gibt andere Autoren, deren Neuerscheinungen regelrechte Aufläufe bei den Buchhändlern hervorgerufen haben, die in unsrer Zeit jedoch fast in Vergessenheit geraten sind. Ganz ehrlich, kennen Sie Paul Heyse oder haben Sie das Bedürfnis, ihn kennenzulernen? – Der Mann war immerhin Nobelpreisträger.

Erstausgaben gewinnen oft auch dadurch an Wert, weil sie textliche Varianten bieten, die ein Autor bei einer späteren Auflage nicht mehr vertreten wollte. Das berühmte Originalzitat aus Goethes »Götz von Berlichingen« findet sich ausgeschrieben nur in der Urfassung von 1771. Eine Variante der Erstausgabe ist die »Erstausgabe in dieser Form«. Hier kann der »Götz« ebenfalls als Beispiel angeführt werden: Goethe hat sein Schauspiel nach 1771 noch zwei Mal überarbeitet (1773 und 1804). Aufgrund der bedeutenden Änderungen haben beide Versionen den Charakter von Erstausgaben.

Problematischer sind Erstausgaben wissenschaftlicher Werke. Hier liegt es an der Person des Autors, ob das frühe Erscheinungsdatum sich preislich auswirkt. Die entscheidende Rolle für die Einschätzung eines Werkes spielt die Frage, ob durch das Buch eine das Weltbild der Menschheit verändernde Sicht eingetreten ist. Für die großen Namen aus Philosophie und Naturwissenschaft wie Kant, Darwin, Newton oder Einstein ist diese Frage leicht zu beantworten. Eine Erstausgabe der »Kritik der reinen Vernunft« oder der »Entstehung der Arten« wird immer ihren Spitzenpreis erzielen. Etwas anders verhält es sich mit Untersuchungen von Detailfragen, die sicher ihre wissenschaftsgeschichtliche Bedeutung haben, die aber nur für ein sehr kleines Publikum interessant sind.

Hier kann aufgrund des höheren Informationswertes eine spätere, überarbeitete Ausgabe größere Bedeutung und damit auch einen höheren Wert haben.

Originalgraphik ist immer ein preistreibendes Element. Eingeschränkt gilt aber auch hier dasselbe, was über die Erstausgaben bestimmter Autoren gesagt werden mußte. Es gibt Künstler, die sich größerer Beliebtheit als andere erfreuen. Man muß deshalb preislich noch weiter differenzieren als bei den Erstausgaben. Zu diesem Thema bietet das Kapitel »Graphische Illustrationstechniken« weitere Informationen.

Originale Illustrationen

Ständigen Konfliktstoff zwischen dem Antiquar und seinen Kunden bietet das Thema des Verhältnisses von Ankaufs- zu Verkaufspreisen. Es ist nicht meine Absicht, eine gelegentlich überzogene Geldgier mancher Kollegen zu verteidigen, aber es ist wahr – auch wenn es nicht den Anschein hat: die meisten Firmen kalkulieren am Rande ihrer wirtschaftlichen Möglichkeiten. Die meisten Antiquare vereinigen in ihrer Person eine schwer zu vereinbarende Doppelrolle: Sie müssen Bibliophile und Geschäftsleute sein. Ich kenne keinen Kollegen, den nicht eine besondere Liebe mit dem Buch verbindet. Manche haben sogar ein ähnliches Verhältnis zu ihrer Ware wie ein alkoholabhängiger Kneipier zu seinem Schnaps. Es kostet oft große Mühe, derartige Händler zum Verkauf eines Buches zu bewegen. Die Preise, die dann in den Büchern stehen, haben nur Schutzfunktion. Sie dienen dazu, potentielle Käufer abzuschrecken. Ökonomische Katastrophen sind damit vorprogrammiert.

Ankauf/ Verkauf

Um so etwas zu verhindern, ist es notwendig, daß der wirtschaftlich denkende Antiquar ein vernünftiges Verhältnis von Ankaufs- und Verkaufspreisen entwickelt. Bei sogenannter Durchschnittsware, Bücher mit einem Verkaufswert unter DM 1000,–, darf er höchstens ein Drittel des Verkaufspreises bezahlen. Diese zunächst hoch wirkende Spanne erklärt sich aus zwei Faktoren: Zum einen kostet ein antiquarisches Buch anders als ein verlagsfrisches den Händler sehr viel Arbeitszeit. Es muß kollationiert, beschrieben und bibliographisch erfaßt werden. Zum anderen gibt es wohl kaum eine weitere Sparte des Einzelhandels, in der das eingesetzte Kapital über einen derartig langen Zeitraum gebunden ist. Zwischen Ankauf und Verkauf vergehen oft Jahre, in denen der Titel in einem Lager vergraben liegt in der Hoffnung, daß eines Tages doch der Kunde vorbeikommt, der genau das Buch haben will. Man kann in einem Ladengeschäft dabei auf den Zufall hoffen oder das Werk gezielt anbieten. Das ist in der Regel nur über einen Katalog möglich. Zu diesem Zwecke benötigt man eine gewisse Anzahl von Titeln zu einem Thema, die über einen längeren Zeitraum gesammelt werden müssen. Wenn man davon ausgeht, daß aus Katalogen mit guter Ware höchstens 80 Prozent verkauft werden, wenn man Druck-, Versand- und Arbeitskosten für diesen Katalog abzieht, wenn man überlegt, daß laufende Kosten wie Miete, Steuern, Versicherungen bezahlt werden müssen, dann erscheint die Spanne doch eher niedrig angesetzt. Einzelhändler aus der Konfektionsbranche entwickeln immer wieder ungläubiges Staunen, wenn wir von unseren Kalkulationsgrundlagen berichten.

Einlieferung   Wenn Sie ein Buch verkaufen wollen, können Sie bei Einlieferung auf einer Auktion unter Umständen einen besseren Preis erzielen. Allerdings nehmen die meisten Auktionshäuser nur Ware an, von der zu erwarten ist, daß ein gewisser Mindestzuschlag erzielt wird – in der Regel über DM 100,–. Ähnlich wie beim Kauf auf einer Auktion darf auch beim Verkauf nicht vergessen werden, daß der Zuschlag noch nicht identisch ist mit dem Betrag, den der Einlieferer ausbezahlt bekommt. Alle Auktionshäuser ziehen von dem erzielten Ergebnis 15 bis 20 Prozent Abgeld ab. Bei der Aushandlung des Limits mit dem Auktionator können Sie sich auch nicht an den einmal erreichten Höchstzuschlägen orientieren. Ein hohes Limit hält die meisten Bieter ab. Der Rückgang ist vorprogrammiert.

Damit ist eigentlich auch alles über das Thema »Altes Buch als Kapitalanlage« gesagt. Fast täglich erlebe ich die enttäuschten Gesichter unserer Kunden, die ein vor Jahren teuer erworbenes Buch wieder abstoßen wollen. Wenn ich ihnen unseren Ankaufspreis verrate, werde ich nicht selten als Ganove und Betrüger beschimpft. Ich versuche immer zu erklären, warum wir eine derartige Ankaufspolitik betreiben müssen – leider nicht immer mit Erfolg. Deshalb habe ich eine ganz große Bitte an Sie: Werden Sie nur Antiquariatskunde, wenn sie Freude an alten Büchern haben. Über Geldanlagemöglichkeiten sprechen Sie mit ihrer Bank.

Katalogisierung

Ein Objekt, das eine gewisse Preisgrenze übersteigt, bedarf der sorgfältigen Beschreibung durch den Antiquar. Der Händler garantiert dem Kunden damit gewisse Eigenschaften des Buches. Er wird auch immer bereit sein, das verkaufte Objekt innerhalb eines angemessenen zeitlichen Rahmens wieder zurückzunehmen, wenn ihm bei der Beschreibung relevante Fehler unterlaufen sind. Für den Kunden hat es fast nur Vorteile, wenn er bei einer Firma kauft, die ihre Bücher einer gewissenhaften Prüfung unterzieht und das Ergebnis dieser Prüfung in schriftlicher Form darlegt. Zunächst einmal berechtigt eine gute Beschreibung zu der Annahme, daß der Antiquar über Fachkompetenz verfügt. Der Kunde kann dann auch bei weitergehenden Fragen vom Händler eine sachlich richtige Antwort erwarten. Weiterhin kann er sich ein Bild von dem Zustand des Buches machen. Entfernte Seiten, auffallender Schmutz, schlechter Zustand des Einbandes lassen keine Enttäuschung aufkommen, wenn man sich vorher über die Erhaltung des Objektes informieren konnte. Die bibliographischen Angaben des Antiquars geben dem Käufer die Möglichkeit, eigene Recherchen anzustellen, ob etwa das Buch tatsächlich in sein persönliches Sammelgebiet gehört. Ein weiterer Vorteil liegt in der Tatsache, daß der Sammler auch den Bestand der Antiquariate an weit entfernten Orten überblicken und bei Bedarf Kunde sein kann. Der einzige Nachteil bei dem Verfahren dürfte unter Umständen der etwas höhere Preis sein. Erstellen, Drucken und Versenden eines Kataloges bedeuten viel Arbeit und Kosten, die bezahlt werden müssen.

Folgende Angaben sollte ein Katalog enthalten: Verfasser, Titel (nach Titelblatt), Band (von wievielen Bänden), Verleger oder Drucker, Erscheinungsort, Erscheinungsjahr, Format, Zahl der Seiten und Blätter, Anzahl und graphische Technik der Illustrationen, Art des Einbandes, Preis.

Beispiel:
Buonanni (Bonanni), Philipp
Verzeichnis der geistlichen und weltlichen Ritterorden in netten Abbildungen und einer kurtzen Erzehlung Ihro Päbstl. Heiligkeit Clementi XI. in Lateinischer u. Italiischer Sprache übergeben. Nunmehr nach dem Römischen Exemplar in das Teutsche übersetzt. (T. 1 (von 3)). C. Weigel, Nürnberg, 1728. Gr.-8°. 6 Bl., 141 S., 3 Bl. Titelkupfer und 141 Kupfertafeln von Christoph Weigel. HLdr. d. Zt. DM 580,–

Dieser Teil der Beschreibung enthält die objektiven Fakten über ein Buch. Alles, was der Beschreiber aus anderen Quellen als Titel oder Impressum erfahren hat, sollte er kennzeichnen. In unserem Beispiel ist durch die Klammern, in denen die Teilbandangabe steht, deutlich gemacht, daß es sich um eine Information handelt, die aus einer Bibliographie stammt. Die abweichende Schreibung des Namens in der Titelzeile ist ebenfalls nicht im Titel verzeichnet. Sie erleichtert dem Katalogbenutzer die Suche nach einem Vergleichsexemplar, das unter Umständen unter diesem Namen in Bibliographien oder anderen Katalogen geführt wird. Auch Anonyme und Pseudonyme werden meistens so in der Titelzeile aufgelöst [Panter, Peter (d. i. Kurt Tucholsky)]. In den Haupttext gehört bei limitierten Exemplaren auch noch die Höhe der Auflage und eventuell die Nummer des vorliegenden Exemplars (Nr. 332/1000 Ex.). Ähnlich sieht auch eine Katalogaufnahme in einer öffentlichen Bibliothek aus.

Um dem Kunden die Kaufentscheidung zu erleichtern, ist es allerdings häufig notwendig, einige Anmerkungen zum Zustand und zur historischen oder kulturgeschichtlichen Bedeutung des Buches zu machen. Einige Kollegen handeln diesen Teil der Aufnahme schon im Haupttext ab, ich halte Kataloge, die Zustandsbeschreibung und Bibliographie von der eigentlichen Aufnahme trennen für übersichtlicher. Es bietet sich allerdings an, auf unvollständige Exemplare schon im Haupttext hinzuweisen: Bei der Seitenzählung kann man etwa schreiben 310 (von 350) S. oder 12 (von 16) Kupferstichtafeln. Der Beitext sollte folgende Punkte erwähnen: Zustand des Einbandes (Ebd.), Sauberkeit, Stockfleckigkeit, Einrisse. Die wichtigsten Bibliographien sollten genannt sein. Ein Verweis auf frühere Ausgaben kann wichtig sein. Hilfreich ist oft auch die Nennung eines Nachschlagewerkes, in dem der Name des Autors verzeichnet ist. In unserem Beispiel könnte der Beitext folgendermaßen aussehen:

Ebd. berieben und bestoßen, Rücken angeplatzt; Papier etwas gebräunt, Tafeln leicht fleckig. – Darstellungen von 141 Rittern im jeweiligen Ordenshabit. – Deutsche E. A. 1711; Vgl. Sommervogel Bd. 2, Sp. 381 (Aufl. 1724 mit gleicher Paginierung), G. V. Bd. 18, S. 289 (Ausg. 1724). Zum Verfasser vgl. Jöcher I, Sp. 1217 f.

Im Detail sollte man natürlich jedem Antiquar weitgehende Freiheiten zur Gestaltung seines Kataloges lassen. Unterschiedliche Firmenkonzepte, andere Angebote und ein anderer Kundenkreis fordern auch eine spezielle Darstellung der Ware. Man muß schon Verständnis dafür aufbringen, wenn ein Buch, das DM 20,– kosten soll, nur flüchtig in einer Zeile beschrieben wird; bei einer Inkunabel im Wert von DM 10 000,– wäre eine derartige Titelaufnahme allerdings unentschuldbar.

Der Beitext, in dem dem Katalogbearbeiter viel größere Freiheiten zugestanden werden, ist für einige Firmen ein großes Problem. Jeder Verkäufer möchte gerne Werbung für sein Produkt machen.

Im Beitext bietet sich den Antiquariaten die Chance, die Einmaligkeit ihres Angebotes herauszustreichen. Leider verführt diese Möglichkeit so manchen Katalogbearbeiter zu nichtssagenden, gelegentlich sogar unsinnigen Aussagen über den Wert eines Buches (der Verfasser dieser Zeilen schließt sich in die Vorwürfe ein; es gibt Titelaufnahmen von ihm, die ihm noch heute die Schamesröte ins Gesicht schießen lassen). Floskeln wie »Interessantes Buch zum Thema«, »Wichtiges Grundlagenwerk«, »Schöne Abbildungen« oder »Gesuchtes Buch« haben in einem Antiquariatskatalog nichts verloren. Verzeihen Sie dennoch Ihrem Antiquar gelegentliche Ausfälle dieser Art. Es ist nicht leicht, die Balance zwischen sachlicher Beschreibung und überschäumender Begeisterung zu halten.

Ein anderes Problem stellt sich mir in der Beschreibungspraxis jeden Tag erneut: Ich gehe davon aus, daß der Antiquariatskunde ein besonders informierter Käufer ist. Er hat nach meiner Erfahrung ausreichend Vorinformationen über das Produkt, das er zu erwerben gedenkt. Auf vielen Gebieten ist der Kunde wesentlich schlauer als ich. Es stellt sich also die Frage, ob ich ihn nicht beleidige, wenn ich allgemeinzugängliche Handbücher und Lexika zitiere, um das Buch in seinen kulturgeschichtlichen Kontext einzuordnen. Andererseits wenden sich gerade Firmen, die viel über Katalog verkaufen, häufig an ein Publikum, das keinen Zugang zu großen öffentlichen Bibliotheken hat, und das nicht in der Lage ist, die bibliographischen Handreichungen des Antiquars mit Leben zu erfüllen. So verfügt eine kleinere Stadtbibliothek in den seltensten Fällen über das in unserem Beispiel zitierte Jöchersche Gelehrtenlexikon. In diesem Fall könnte der Erwerber des Buches vielleicht dankbar sein, wenn ihm der Katalogbearbeiter wenigstens einen Wink gibt. Da die Bedeutung des Buches, das als Beispiel dient, in den 141 Kupfertafeln liegt, der Text hingegen nur geringen historischen Wert hat, glaube ich, auf weitere Erklärungen zum Verfasser verzichten zu können. Ich bin mir aber bewußt, daß ich schon mit einer derartigen Vorgehensweise, Bücher bewerte.

Vom Selbstverständnis meines Berufes her ist das nicht meine Aufgabe. Eine Ausnahme könnte da nur die NS-Literatur machen. Ich halte es für das gute Recht des Antiquars, sich von derartigen Machwerken zu distanzieren. Aber auch hier gilt: die Distanzierung sollte nicht allzu episch ausfallen.

Es ist einfacher für den Katalogbenutzer, wenn der Katalogbearbeiter nicht allzu sehr mit seiner Kenntnis der Bibliographien protzt. Es nützt nicht viel, wenn zehn oder mehr Werke angegeben werden, die in irgendeiner Form Bezug auf das Buch nehmen. Es ist nämlich nicht selten der Fall, daß eine Bibliographie oder ein lexikalisches Nachschlagewerk alle anderen zitiert oder wenigstens anführt, das heißt das Wissen von neun Werken wird in einem einzigen komprimiert erfaßt. Der Antiquar sollte eine Auswahl treffen und dabei Bibliographien bevorzugen, die das Buch ähnlich beschreiben, wie es ein Antiquariatskatalog machen sollte, oder zu Spezialfragen Stellung nehmen. Eine Bibliographie, die nur Titel, Erscheinungort und -jahr nennt, hat nur dann Sinn, wenn diese Angaben nicht aus dem Impressum hervorgehen. In diesem Fall können auch Jahresbibliographien zitiert werden. Der »Wilpert-Gühring« liefert zwar nur knappste Titelaufnahmen, er ist aber die zuständige Instanz, wenn es um die Frage geht, ob es sich um eine Erstausgabe handelt. Noch bescheidener sind die Titelaufnahmen im »Holzmann-Bohatta«. Man kommt aber an der Zitation des Werkes kaum vorbei, wenn ein Anonym oder Pseudonym aufgedeckt werden soll. In Einzelfällen wird durch die Bibliographie auch der Inhalt des Werkes erfaßt. Bücher, die im »Dahlmann-Waitz« aufgeführt sind, gelten als wissenschaftliche historische Werke, im »Stammhammer« sind die frühen Socialistica verzeichnet, im »Ziegenfuß« die relevanten philosophischen Ausgaben. Für viele Literaten gibt es Spezialbibliographien. Kaum eine Firma aber legt Rechenschaft über die verwendeten Bibliographien ab. Diesem Desiderat vieler Kunden will vorliegendes Buch entsprechen, indem es die in den Antiquariatskatalogen verwendeten, oft kryptischen Literaturangaben auflöst.

Bibliographien und Nachschlagewerke

Vgl. S. 141 ff.

Ob Ihnen als Antiquariatskunde geholfen ist, wenn der Zustand eines Buches mit römischen Zahlen qualifiziert wird, wage ich zu bezweifeln. Ein Einbandsammler wird immer andere Vorstellungen von einem Buch haben, das mit der Bezeichnung »Zustand I« in die Spitzenklasse gerückt wird, als jemand, der nur an einem lesbaren Text interessiert ist. Scheuen Sie sich nicht, ihren Antiquar nach seinen Bewertungskriterien zu fragen. Natürlich beinhalten auch qualifizierende Epitheta starke subjektive Kriterien. Ob ein Einband nur berieben und bestoßen oder stark berieben und bestoßen ist, liegt letztlich im Ermessen des Katalogbearbeiters. Auch hier kann ein kurzes Telephongespräch klärend wirken. Versuchen Sie dabei, Ihre Forderungen an ein schönes Buch so genau wie möglich zu schildern. Es ist der sicherste Weg, Ihre Kriterien mit denen des Antiquars zu harmonisieren.

Bibliographien und Nachschlagewerke

Für den Benutzer von Antiquariats- oder Auktionskatalogen stellen die bibliographischen Angaben in den Beitexten ein oft unüberwindliches Problem dar. Die Kürzel der Bibliographien werden nur in den seltensten Fällen aufgelöst. Hinzu kommt noch, daß es keine einheitliche Regelung der Antiquariate bezüglich der Verwendung dieser Kürzel gibt. Gelegentlich kommt es auch vor, daß in wissenschaftlichen Texten Bibliographien oder Nachschlagewerke anders als in Antiquariatskatalogen benannt werden. So heißt zum Beispiel die bedeutende katholische Enzyklopädie *Lexikon für Theologie und Kirche* in den Katalogen nach ihrem ersten Herausgeber *Buchberger*, in der wissenschaftlichen Literatur dagegen wird die Abkürzung *LThK* verwandt. Deshalb sollen im folgenden die wichtigsten Kürzel der bibliographischen Angaben entschlüsselt werden. Der Versuch, Vollständigkeit zu erreichen, ist leider von vornherein zum Scheitern verurteilt. Die vielen Personalbibliographien und Werke mit begrenztem regionalen Charakter sind unmöglich vollständig zu erfassen. Auch hier gilt: Scheuen Sie sich nicht, ihren Antiquar zu befragen.

Die Kürzel sind alphabetisch aufgeführt. Das anschließende Personen- und Themenregister soll die Möglichkeit geben, eigene Recherchen anzustellen. Es ist bei Kürzeln, die in unterschiedlichen Varianten in den Katalogen gefunden worden sind, jeweils dasjenige gewählt worden, das am ehesten Aussagen über den Inhalt der Bibliographie oder des Nachschlagewerks machen kann. So tauchen zum Beispiel die verschiedenen Werke von Arthur Rümann über die illustrierten Bücher des 18. und 19. Jahrhunderts in den meisten Katalogen nur unter dem Namen des Verfassers auf, ohne daß es für den Benutzer auf Anhieb erkennbar ist, um welche Bibliographie es sich handelt. Nur mit Hilfe der näheren Klassifiaktion des Titels sind dann Rückschlüsse auf den richtigen »Rümann« möglich.

Travel in aquatint and lithography 1770–1860. From the Library of J. R. Abbey. 2 Bde. London 1952. Reprint London 1972 — **Abbey**

Acta Cartographica. 32 Bde. Amsterdam 1967 ff. — **Acta Cart.**

Catalogue of Books Printed on the Continent of Europe, 1501–1600 in Cambridge Libraries. Comp. by H. H. Adams. 2 Bde. Cambridge 1967 – Bis zum Abschluß des VD 16 (s. d.) wichtigste Bibliographie für das 16. Jahrhundert. Ohne die auf dem Kontinent gedruckten englischsprachigen Bücher — **Adams**

ADB	*Allgemeine deutsche Biographie.* 56 Bde. Leipzig 1875–1912. Reprint Berlin 1967. Hauptwerk der deutschen Biographie mit der zeitlichen Berichtgrenze 1899. Artikel von sehr unterschiedlicher Qualität. Neubearbeitung siehe unter NDB
Adickes	*Erich Adickes:* German Kantian bibliography. 1895–1896. Reprint Würzburg 1970
Agassiz	*L. Agassiz:* Bibliographia Zoologiae et Geologiae. 4 Bde. London 1848–54
Alden, N. Y. Historical Society	*Timothy Alden:* Catalogue of the books in the library of the New York historical society. 2. Aufl. New York 1859
Amelung	*Peter Amelung:* Der Frühdruck im deutschen Südwesten 1473–1500. Ausst. Kat. Württ. Landesbibl. Stuttgart. Bd. 1: Ulm. Stuttgart 1979
Amtmann	*Bernard Amtmann:* Contributions to a short-title catalogue of Canadiana. 4 Bde. Montreal 1971–73. Ca. 45000 Titel mit Angaben von Auktionspreisen
Andresen	*Andreas Andresen:* Der deutsche Peintre-graveur, oder die deutschen Maler als Kupferstecher ... von dem letzten Drittel des 16. Jahrhunderts bis zum Schluß des 18. 5 Bde. Leipzig 1864–1878. Reprint Hildesheim 1973
Anker	*Jean Anker:* Bird Books and Bird Art. Kopenhagen 1938. Reprint Den Haag 1973 und New York 1990
Anselmo	*Antonio J. Anselmo:* Bibliografia das obras impressas em Portugal no século XVI. Lissabon 1926
Apponyi	*Sandor Apponyi:* Hungarica. 4 Bde. München 1903–1927. Reprint Liechtenstein 1969. Ungarn betreffende im Ausland gedruckte Bücher und Flugschriften
Arens	*Eduard Arens/Karl Schulte-Kemminghausen:* Droste Bibliographie. Münster 1932. Fortsetzung in: Jahrbuch der Droste Gesellschaft 2, 1950; 5, 1972
Arents	*J. E. Brooks:* Tobacco. Its History illustrated by the Books and Manuscripts and Engravings in the Library of George Arents. 7 Bde. New York 1937 ff.
Armorial Belge	*Vic. de Jonghe u. a.:* Armorial Belge du Bibliophile. 3 Bde. Brüssel 1930
Arntzen/ Rainwater	*Etta Arntzen/Robert Rainwater:* Guide to the Literature of Art History. Chicago 1980. 4142 Titel zur Kunstgeschichte
Artist and the Book	*The Artist and the Book.* 1860–1960. Ausst. Kat. Boston Museum of Fine Arts 1961
Atkinson	*Geofrey Atkinson:* La littérature géographique française de la renaissance. 1927. Suppl. 1936
Aude	*A. F. Aude:* Bibliographie des Ana. Paris 1910
Axford	*L. Brady Axford:* English Language Cookbooks. 1600–1673. Detroit 1976
Baader	*Clemens Alois Baader:* Lexikon verstorbener baierischer Schriftsteller des 18. u. 19. Jahrhunderts. 4 Bde. Augsburg 1824–1825
de Backer	*A. u. A. de Backer:* Bibliothèque des écrivains de la Compagnie de Jésus. 7 Bde. Lüttich 1853–1861
Baer	*L. Baer:* Die illustrierten Historienbücher des 15. Jahrhunderts. Straßburg 1903
Baldus	*H. Baldus:* Bibliografia critica da etnologia Brasileira. 3 Bde. Sao Paulo 1954–1984. Reprint Bde. 1 u. 2 Nendeln 1968–1970
Ballagi	*Géza Ballagi:* A politikai irodalom magyarszagom 1825-ig. Budapest 1888
Bandini	*Angelo Maria Bandini:* Catalogus codicum italorum Bibliothecae medicae laurentianae, gaddianae et sanctae crucis. Florenz 1778

142

Henryk Baranowski: Bibliografia Kopernikowska 1509–1955. 1958. Reprint **Baranowski**
New York 1970

Antoine Alexandre Barbier: Dictionaire des ouvrages anonymes. 3. verm. Aufl. **Barbier**
4 Bde. u. Suppl. Paris 1872–1889. Reprint Paris 1964 und Hildesheim 1963. Bildet T. 4–7 von Querard (s. d.) meist jedoch mit selbstständiger Bandzählung.
Die beiden ersten Auflagen (1806–1809/1822–27) lösen auch Pseudonyme auf

Diego Barbosa Machado: Bibliotheca Lusitana histórica, crítica et cronológica. **Barbosa**
4 Bde. Lissabon 1741–1759. Reprint Coimbra 1965–67 **Machado**

A. Barreto: Bibliografia Sul-Riograndense. 2 Bde. Rio de Janeiro 1973–76 **Barreto**

Hans Barth: Bibliographie der Schweizer Geschichte, enthaltend die selbst- **Barth**
ständig erschienenen Druckwerke zur Geschichte der Schweiz bis Ende 1912
(Bde. 2 u. 3 bis 1913). 3 Bde. Basel 1914–15. Reprint Liechtenstein 1969. Auch
bedeutsam für die eidgenössische Regionalgeschichte

J. R. Bartlett: A Catalogue of Books and Pamphlets relating to the Civil War in **Bartlett**
the United States. Boston 1866

Frederick W. Bateson: The Cambridge bibliography of English literature. 5 Bde. **Bateson**
Cambridge 1940–1957 (auch CBEL zitiert)

Frederick W. Bateson/Harrison T. Meserole: A guide to English and American **Bateson/**
Literature. 3. Aufl. London 1976 **Meserole**

Henri L. Baudrier: Bibliographie Lyonnaise. 12 Bde. Lyon 1895–1921. Reprint **Baudrier**
Paris 1964

Hans M. Baumgartner/G. Wilhelm Jacobs: J. G. Fichte-Bibliographie. Stuttgart **Baumgartner/**
1968 **Jacobs**

Stojan A. Bayitch: Latin America and the Caribbean. A bibliographical guide to **Bayitch**
works in English. Coral Gables 1967. Sozial- und wirtschaftswissenschatlich
orientiert

Elly Cockx-Indestege/Geniève Glorieux: Belgica typographica 1541–1600. 4 Bde. **Belgica**
Nieuwkoop 1968–1994. **Typographica**

Georges Bengesco: Voltaire. Bibliographie de ses œuvres. 4 Bde. Genf **Bengesco**
1882–1889

Emanuel Bénézit: Dictionaire critique et documentaire des peintres, sculpteurs, **Bénézit**
dessinateurs et graveurs. 10 Bde. 3. Aufl. Paris 1976

16. Jhdt. – *Josef Benzing:* Die Buchdrucker des 16. u. 17. Jahrhunderts im deut- **Benzing**
schen Sprachgebiet. 2. verb. u. erg. Aufl. Wiesbaden 1982. Schließt Luxem-
burg, Böhmen und Mähren ein. Enthält auch Angaben über Leben und Werk
einzelner Drucker

Hagenau – *Josef Benzing:* Bibliographie Haguenovienne. Bibliographie des **Benzing**
ouvrages imprimés à Haguenau au XVIe siècle. Baden-Baden 1973

Luther – *Josef Benzing:* Lutherbibliographie. 3 Bde. Baden-Baden 1965–1966 **Benzing**
und Suppl. 1994

Reuchlin – *Josef Benzing:* Bibliographie der Schriften Johannes Reuchlins im **Benzing**
15. und 16. Jahrhundert. Bad Bocklett 1955

Straßburg – *Josef Benzing/J. Muller:* Bibliographie strasbourgoise. Bibliogra- **Benzing**
phie des ouvrags imprimés à Strasbourg au 16. siècle. 3 Bde. Baden-Baden
1981–1986.

Béraldi	*Henri Béraldi:* La reliure du XIXe siècle. 4 Bde. Paris 1895/97
von Berchem	*Egon von Berchem:* Heraldische Bibliographie. T.1: Leipzig 1937
Berend/Krogoll	*Eduard Berend:* Jean-Paul-Bibliographie. Neu bearb. Aufl. von Johannes Krogoll. Stuttgart 1963
Berger	*P.Berger:* Bibliografia do Rio de Janeiro de vajantes e autores estrangeiros 1531–1900. 2. Aufl. Rio de Janeiro 1980
Berger, Herder	*Dieter Berger:* Herder-Schrifttum 1916–1953. In: Im Geiste Herders. S. 268–305. Kitzingen 1953
Berghmann	*Gustaf Berghmann:* Catalogue raisonné des Impressions Elzevieriennes de la Bibl. Royal de Stockholm. Stockholm/Paris 1911
Bergholz	*Harry Bergholz:* Josef Weinheber. Bibliographie. Bad Bocklet 1953
Bergmann	*Alfred Bergmann:* Grabbe-Bibliographie. Amsterdam 1973
Berkowitz	*David Sandler Berkowitz:* A descriptive catalogue of the incunabula of the Brandeis university library. Waltham 1963
Bernd	*Christian Samuel Theodor Bernd:* Allgemeine Schriftenkunde der gesammten Wappenwissenschaft. 5 Bde. Bonn 1830–1841
Bertsche	*Karl Bertsche:* Die Werke Abraham a Santa Claras in ihren Frühdrucken. 2. verb. Aufl. von M. Krieg. Wien 1961
Bezzel	*Irmgard Bezzel:* Erasmusdrucke des 16. Jahrhunderts in bayerischen Bibliotheken. Stuttgart 1979
BGP	*Bibliografia geral portuguesa.* Sec. XV. 2 Bde. Lissabon 1940–44
Bibleslg. Stuttgart	*Die Bibelsammlung der württembergischen Landesbibliothek Stuttgart.* Bisher 5 Bde. Stuttgart 1984–1993
Bierens de Haan	*David Bierens de Haan:* Bibliograhie néerlandaise historique-scientifique des ouvrages important dont les auteurs sont nés 16e, 17e et 18e siècles sur les sciences mathématiques et physiques. Rom 1883. Reprint Nieuw koop 1960
Bigmore/ Wyman	*F. C. Bigmore/C. W. H. Wyman:* A Bibliography of Printing. London 1880. Reprint London 1974
Bilder-Lex.	*Institut für Sexualforschung Wien (Hg.):* Bilder-Lexikon. Neue Aufl. Hamburg 1961–63
Bindseil	*Heinrich Ernst Bindseil:* Bibliotheca melanchthonica. Halle 1868
Biogr. Nouv.	*A. V. Arnault u. a.:* Biographie nouvelle des contemporains. 20 Bde. Paris 1820–25. Biographien bedeutender Franzosen seit der Revolution
Biogr. univ.	*Biographie universelle,* ancienne et moderne. 52 Bde. Paris 1811–28
Bitting	*K. B. Bitting:* Gastronomic Bibliography. San Francisco 1939. Reprint 1981
Blake	*John Ballard Blake/Charles Ross (Hg.):* Medical reference works, 1679–1966. A selected bibliography. Chicago 1967. 3 Suppl.-Bde. Chicago 1970–1975
Blake, Brasilien	*Augusto V. A. S. Blake:* Diccionario Bibliographico Brazileiro. 7 Bde. Rio de Janeiro 1883–1902. Reprint Nendeln 1969/1970
BMB	*L. H. Correira de Azevedo:* Bibliografia Musical Brasileira. 1820–1950. Rio de Janeiro 1952
BMC	*Catalogue of Books Printed in the Fifteenth Century,* now in the British Museum. 12 Bde. London 1908–71. Reprint Bde.1–8 1963. Erweiterte Ausgabe von Proctor (s. d.)

144

France British Museum. Short-title Catalogue of Books Printed in France and of French Books Printed in other Countries from 1470–1600. London 1924 — **BMC, STC**

Germany ... of Books printed in German-speaking Countries from 1455 to 1600. London 1962 — **BMC, STC**

Italy ... of Books printed in Italy and of Italian Books printed in other Countries from 1465 to 1600. London 1958 — **BMC, STC**

Netherlands ... of Books printed in Netherlands and Belgium 1470 to 1600. London 1965 — **BMC, STC**

Biographie nationale (de Belgique). 28 Bde. Brüssel 1866–1944 und 16 Suppl. 1957–1987. Nur Verstorbene aufgenommen — **BNB**

Johannes Bobeth: Die Zeitschriften der Romantik. Leipzig 1911 — **Bobeth**

Elfried Bock: Adolph Menzel. Verzeichnis seines graphischen Werkes. Berlin 1923 — **Bock, Menzel**

Bruno Böhm: Bibliographie zur Geschichte des Prinzen Eugen von Savoyen und seiner Zeit. Wien 1943 — **Böhm**

Giuseppe Boffito: Biblioteca aeronautica italiana illustrata. Florenz 1929 — **Boffito**

Brev. – Hanns Bohatta: Bibliographie der Breviere 1501–1850. Leipzig 1937 — **Bohatta**

Litur. – Hanns Bohatta: Liturgische Bibliographie des XV. Jahrhunderts. Wien 1911 — **Bohatta**

Stundenbücher – Hanns Bohatta: Bibliographie der Livres d'Heures des XV. und XVI. Jahrhunderts. 2. verm. Aufl. Wien 1924 — **Bohatta,**

H. C. Bolton: A select bibliography of chemistry 1492–1902. 3 Bde. Washington 1893. Reprint 1973 — **Bolton**

E. Bonaffé: Dictionaire des amateurs français au XVII siècle. Paris 1884 — **Bonaffé**

Salvatore Bongi: Annali di Gabriel Giolto de' Ferrari di Monferato, stampatore in Venezia. 2 Bde. u. Suppl. Rom/Padua 1890–1935 — **Bongi**

N. Boni/M. Russ/H. Laurence: A bibliographical checklist to the published writings of Albert Einstein. Paterson 1960 — **Boni/Russ/Laurence**

1958 – Rubens Borba de Morães: Bibliographia Brasiliana. 2 Bde. Amsterdam 1958 — **Borba de Morães**

1969 – Rubens Borba de Morães: Bibliografia Brasileira do periodo colonial. Sao Paulo 1969 — **Borba de Morães**

Conrad Borchling/Bruno Claussen: Niederdeutsche Bibliographie. Gesamtverzeichnis der niederdeutschen Drucke bis zum Jahre 1800. 3 Bde. Neumünster 1931–1950. Nach dem Vorbild des GW (s. d.) angelegt — **Borchling/Claussen**

Hugo Borst: Bücher, die die große und kleine Welt bewegen. Versuch einer Kulturgeschichte in Erstausgaben. Stuttgart 1969 — **Borst**

Wilhelm Bölsche: Die naturwissenschaftlichen Grundlagen der Poesie. Mit einer Bibliographie der Schriften Wilhelm Bölsches hg. von J. Braakenburg. Tübingen 1976 — **Braakenburg**

S. Koppel: Brasilien-Bibliothek der Robert Bosch GmbH. 3 Bde. Stuttgart 1986–1991 — **Brasilien-Bibl. Bosch**

Lothar Brieger: Ein Jahrhundert deutscher Erstausgaben. Die wichtigsten Erst- und Originalausgaben von etwa 1750 bis 1880. Stuttgart 1925 — **Brieger**

Briquet	*Charles-Moise Briquet:* Les filigranes. Dictionaire historiques des marques du papier dès leur apparition vers 1282 jusqu'en 1600. 4 Bde. 1907. Reprint Amsterdam 1968
Briseño	*R.Briseño:* Estadistica bibliografica de la litteratura Chilena 1812–1876. 3 Bde. Santiago 1862. Reprint 1965/66
Brivois	*Jules Brivois:* Bibliographie des ouvrages illustrés du XIXe siècle principalement des livres à gravures sur bois. Paris 1883. Reprint Hildesheim 1974. Die Originalausgabe erschien in nur 900 Ex.
Brockett	*P.Brockett:* Bibliography of Aeronautics. Washington 1910. Reprint Detroit 1966
Brooks	*H. C. Brooks:* Compendiosa bibliografia di Edizione Bodoniane. Florenz 1927
Brüggemann	*Kinder-und Jugendliteratur 1498–1950.* Kommentierter Katalog der Sammlung Theodor Brüggemann. Osnabrück 1986
Brun	*Carl Brun (redigiert von):* Schweizerisches Künstlerlexikon. 3 Bde. u. Suppl. Frauenfeld 1905–1917
Brunet	*Jacques Charles Brunet:* Manuel du libraire et de l'amateur de livres. 5. Aufl. 6 Bde. Paris 1860–80. Mehrfach nachgedruckt. Enthält ca. 60 000 Titel des 16.–18. Jahrhunderts. Mit einem Anonymenregister
Brussel	*Isidore R. Brussel:* Anglo-American first editions. 2 Bde. London 1935/36. Bd. 1: Erstausgaben englischer Autoren in Amerika 1826–1900. Bd. 2: amerikanische Autoren in England
Bruun	***1877** – Christian V. Bruun:* Bibliotheca Danica. 5 Bde. Kopenhagen 1877–1948. Reprint Kopenhagen 1961–63. Dem Nachdruck fehlen die schleswig-holsteinischen Drucke
Bruun	***1913** – Henry Bruun:* Dansk Historisk Bibliografi 1913–1942. 6 Bde. Kopenhagen 1966–77
Buchberger	Siehe unter LThK
Bucher	*Otto Bucher:* Bibliographie der deutschen Drucke des 16. Jahrhunderts. Bd. 1: Dillingen. Bad Bocklett 1960
Buddecke	*Werner Buddecke:* Die Jacob Böhme-Ausgaben. 2 Bde. Göttingen 1937–1957
Bürgin	*Hans Bürgin:* Das Werk Thomas Manns. Eine Bibliographie. Frankfurt/M. 1959
Buisson	*F. Buisson:* Répertoire des ouvrages pédagogiques du XVIe siècle. Paris 1886. Reprint Nieuwkoop 1968
Burg	*André Marcel Burg:* Catalogue des livres des XVe et XVIe siècles imprimés à Haguenau, de la bibliothèque municipales de Haguenau. In: Etudes Haguenoviennes 2, 1956/1957, S. 21–143
Burmeister	*Karl Heinz Burmeister:* Sebastian Münster. Eine Bibliographie. Wiesbaden 1964
Caillet	*Albert L. Caillet:* Manuel bibliographiques des sciences psychiques ou occultes. 3 Bde. Paris 1912. Reprint Nieuwkoop 1964. Umfassendste Bibliographie zur älteren Literatur des Okkultismus. Enthält auch Inhaltsbeschreibungen
Callisen	*A. C. P. Callisen:* Medicinisches Schriftsteller-Lexicon. 33 Bde. Kopenhagen/Altona 1830–1845. Reprint Nieuwkoop 1962–1965. Medizinische Personalbibliographie für das späte 18. und frühe 19. Jahrhundert. Bd. 22–25: Anonyme Schriften, Zeitschriften, Gesellschaftsschriften und Sammelwerke. Auch als Mikrofiche-Ed. Erlangen 1994

Paolo Camerini: Annali dei Giunti. 2 Bde. Venedig 1962–1963   **Camerini**

Auguste Carayon: Bibliographie historique de la Compagnie de Jésus, ou cata-   **Carayon**
logue des ouvrages relatifs à l'histoire des Jésuites. 1864

1924 – *Leopold Carteret:* Le Trésor du Bibliophile romantique et moderne.   **Carteret**
1801–75. 4 Bde. Paris 1924–1928

1946 – *Leopold Carteret:* Livres illustrés modernes 1875–1945. 5 Bde. Paris   **Carteret**
1946–1948

John Carter/Percy Muir: Printing and the Mind of Man. London 1967. 2. ed.   **Carter/Muir**
München 1983 (Deutsch: Bücher, die die Welt verändern. München 1976)

Max Caspar/Ludwig Rothenfelder: Bibliographia Kepleriana. Ein Führer durch   **Caspar**
das gedruckte Schrifttum von Johannes Kepler. München 1936

E. Castle: L'escrime et les escrimeurs depuis le moyen age jusqu'au XVIIIe   **Castle**
siècle. Paris 1888

Siehe unter Bateson   **CBEL**

Paul Chaix/Alain Dufour/Gustave Mœckli: Les livres imprimés à Geneve de 1550   **Chaix/Dufour**
à 1600. Genf 1959

Joseph Chavanne/Alois Karpf/Franz von Le Monnier: Die Literatur über die Po-   **Chavanne**
larregionen der Erde. Wien 1878

Johann Ludwig Choulant: Geschichte und Bibliographie der anatomischen Ab-   **Choulant**
bildung nach ihren Beziehungen auf anatomische Wissenschaft und bildende
Kunst. Leipzig 1852

George Watson Cole: Elihu Dwight Church. Catalogue of Books Relating to the   **Church**
Discovery and Early History of North and South America, Forming a Part of   **Catalogue**
his Library. 5 Bde. New York 1907

Catalogo ragionato dei libri d'arte e d'antichità posseduti dal conte (Leopoldo)   **Cicognara**
Cicognara. 2 Bde. Pisa 1821

16. Jhdt. – *Alexandre Cioranescu:* Bibliographie de la littérature française du   **Cioranescu**
sezième siècle. Paris 1959 Nahezu vollständiges Standardwerk

17. Jhdt. – *Alexandre Cioranescu:* Bibliographie de la littérature française du   **Cioranescu**
dix-septième siècle. 3 Bde. Paris 1965–1966

18. Jhdt. – *Alexandre Ciornescu:* Bibliographie de la littérature française du dix-   **Cioranescu**
huitième siècle. 3 Bde. Paris 1969

Elvira E. Clain-Stefanelli: Numismatic Bibliography. München 1985   **Clain-Stefanelli**

Anatole Claudin: Histoire de l'imprimeries en France au XVe et au XVIe siècle.   **Claudin**
4 Bde. Paris 1900–1914

Joseph Paul v. Cobres: Deliciae cobresianae. Büchersammlung zur Naturge-   **Cobres**
schichte. 2 Bde. Augsburg 1782

Maurice James D. Cockle: A Bibliogaphy of Military Books up to 1642. London   **Cockle**
1900. Reprint 1957 und 1978

Henry Cohen: Guide de l'amateur de livres à gravures du XVIIIe siècle. 6 éd.   **Cohen/Ricci**
par Seymour de Ricci. 2 Bde. Paris 1912

René Colas: Bibliographie générale du costumes et de la mode. 2 Bde. Paris   **Colas**
1933. Reprint New York 1969. Verzeichnet überwiegend kostümkundliche
Werke des 19. Jahrhunderts.

Cole	Siehe unter Church Catalogue
Collijn	*16. Jhdt. – Isak Collijn:* Sveriges bibliografi intill år 1600. 3 Bde. Upsala 1927–1938
Collijn	*17. Jhdt. – Isak Collijn:* Sveriges bibliografi 1600-talet. 2 Bde. Upsala 1942–1946
Cooke/Holland	*A. Cooke/C. Holland:* The Exploration of Northern Canada. Toronto 1978
Cordier	*Henri Cordier:* Bibliotheca sinica. 2. éd. 4 Bde. Paris 1904–1924. Umfangreichste Bibliographie der westlichen China-Literatur mit Exkursen über Tibet, Korea und die Mongolei
Cordier	***Bibl. jap.** – Henri Cordier:* Bibliotheca japonica. Dictionaire bibliographique des ouvrages relatifs à l'empire Japonais. 1912
Cowan	*R. E. u. R. G. Cowan:* A Bibliography of the History of California 1510–1930. 2 Bde. San Francisco 1933
Cox	*Edward G. Cox:* A Reference Guide to the Literature of Travel. 3 Bde. Seattle 1935–1949. Reprint New York 1969
Crowe	*William Crowe:* Elenchus scriptorum in sacram scripturam ... Praemissa sunt S. Biblia ... London 1672
DAB	*Dictionary of American Biography.* 20 Bde. und 6 Suppl. Bde.; New York 1928–1960. Mehrere Nachdrucke
Dahlmann/ Waitz	*Friedrich Dahlmann/Georg Waitz:* Quellenkunde zur deutschen Geschichte. 8. Aufl. Leipzig 1912. Grundwerk zur historischen Quellenkunde und Bibliographie Deutschlands und Mitteleuropas
Darlow/Moule	*T. H. Darlow/F. H. Moule:* Historical Catalogue of the Printed Editions of Holy Scripture. 2 Bde. London 1903. Reprint 1963
Darmon	*J. E. Darmon:* Dictionaire des estampes et livres illustrés sur les ballons et machins volants des début jusque vers 1880. Montpellier 1929
Darmstädter	*Ludwig Darmstädter:* Handbuch zur Geschichte der Naturwissenschaften und Technik. 2. verm. Aufl. Berlin 1908
Darmstaedter	*Ernst Darmstaedter:* Berg-, Probier und Kunstbüchlein. Mit einer Bibliographie. München 1926
DBA	*Deutsches Biographisches Archiv.* Bernhard Fabian (Hg.): Microfiche Edition. Eine Kumulation aus 254 der wichtigsten biographischen Nachschlagewerke für den deutschen Bereich bis zum Ausgang des 19. Jahrhunderts. München 1982 ff.
DBL	*Dansk biografisk Leksikon.* Povl Engelstoft (Hg.): 27 Bde. Kopenhagen 1933–1944. Enthält auch Bio- und Bibliographien von Schleswig-Holsteinern bis zum Jahr 1864
Degeorge	*Léon Degeorge:* La maison Plantin à Anvers. 2. Aufl. Brüssel 1878. 3. Aufl. 1886
Dibner	*Bern Dibner:* Heralds of science represented by ... epochal books and pamphlets selected from the Burndy library. Norwalk 1955
Diepenbroick-Grüter	*Hans Dietrich v. Diepenbroick-Grüter:* Allgemeiner Porträt-Katalog mit Nachträgen u. Porträtsammlungs-Katalogen. Hamburg 1931. Reprint Hildesheim 1967
Diepgen	*Paul Diepgen:* Geschichte der Medizin. 2 Bde. Berlin 1949–1957
Diesch	*Carl Diesch:* Bibliographie der germanistischen Zeitschriften. Leipzig 1927

The Compact Edition of the Dictionary of National Biography. 2 Bde. London 1975. **DNB**
Stark verkleinerte nur mit der Lupe lesbare Ausgabe des Dictionary of National Biography. 63 Bde. London 1885 ff.

Klaus Doderer (Hg.): Lexikon der Kinder- und Jugendliteratur. 4 Bde. 2. Aufl. **Doderer**
Weinheim/Basel 1977–1982

Friedrich Jacob Dochnahl: Bibliotheca hortensis. Vollständige Garten-Bibliothek, **Dochnahl**
oder alphabetisches Verzeichnis aller Bücher, welche ... von 1750 bis 1860 in
Deutschland erschienen. Nürnberg 1861

Werner Doede: Bibliographie der Schreibmeisterbücher von Neudörffer bis **Doede**
1800. Hamburg 1958

Jan Izaak van Doorninck: Bibliotek van nederlandsche anonymen en pseud- **van Doorninck**
onymen. s'Gravenhage. 1867–1870

Bibliotheca Esoterica. En vente à la Libr. Dorbon-Aîné. Brueil-en-Vexin 1975 **Dorbon-Aîné**

Catalog der Kochbücher-Sammlung von Theodor Drexel. Frankfurt/M. 1885. **Drexel**
3 Nachträge 1885–1887

Dictionary of Scientific Biography. Charles C. Gillispie (Hg.): 16 Bde. in 8. New **DSB**
York 1981

Alexander Dückers: George Grosz. Das druckgraphische Werk. Frankfurt/M. **Dückers**
1979

Gerhard Dünnhaupt: Bibliographisches Handbuch der Barockliteratur. 3 Bde. **Dünnhaupt**
Stuttgart 1980–1981

Richard J. Durling: A catalogue of sixteenth century printed books in the na- **Durling**
tional library of medicine. Bethseda 1967

Bibliotheca alchemica et chemica. An annotated catalogue of printed books on al- **Duveen**
chemy, chemistry and cognate subjects in the library of Dennis Ian Duveen.
1949

Nellie B. Eales: The Cole library of early medicine and zoology. Oxford **Eales**
1969–1975

The annotated Eberstadt Catalogs of Americana. 4 Bde. New York 1965 **Eberstadt**

Friedrich A. Ebert: Allgemeines bibliographisches Lexikon. 2 Bde. Leipzig **Ebert**
1821–1830. Reprint Hildesheim 1965

John Philip Edmond: Catalogue of a collection of fifteen hundred tracts by Mar- **Edmond,**
tin Luther and his contemporaries, 1511–1598. Aberdeen 1903 **Luther**

Holger Ehrencron-Müller: Anonym- og pseudonym-lexikon for Danmark og Is- **Ehrencron-**
land til 1920 og Norge til 1814. Kopenhagen 1940 **Müller**

Karl v. Eichendorff: Ein Jahrhundert Eichendorff-Literatur. Regensburg 1925 **Eichendorff, K.**

Eduard Eisenmeier: Adalbert Stifter Bibliographie. 3 Bde. Linz 1964–1971 **Eisenmeier**

Robert Eitner: Biographisch-Bibliographisches Quellen-Lexikon der Musiker **Eitner**
und Musikgelehrten. 10 Bde. Leipzig 1900–1904. 2. verb. Aufl. 11 Bde.
Graz 1959–1960. Erfaßt Komponisten und Musikschriftsteller bis zum Jahr
1780

Friedrich Embacher: Lexikon der Reisen und Entdeckungen. Leipzig 1882. **Embacher**
Reprint Amsterdam 1961

Enciclopedia italiana di scienze, lettere ed arti. 39 Bde. Mailand 1929–1960 **Encicl. Ital.**

Encycl. Brit.	*Encyclopedia Britannica.* 14. Aufl. 25 Bde. Chicago, London, Toronto 1929. Mehrere Nachdrucke
Engel	*Karl Engel:* Bibliotheca Faustiana. Die Literatur der Faustsage von 1510 bis Mitte 1873. Oldenburg 1875. 2. Aufl. (bis Mitte 1884) 1885
Engelmann	*Wilhelm Engelmann (Hg.):* Bibliotheca geographica. Verzeichnis der seit Mitte des 18. Jhdts. bis zum Ende des Jahres 1856 in Deutschland erschienenen Werke über Geographie und Reisen mit Einschluß der Landkarten, Pläne und Ansichten. 2 Bde. 1857. Reprint Amsterdam 1965
Erichson	*Alfred Erichson:* Bibliotheca Calviniana. Catalogus chronologicus operum Calvini. Catalogus systematicus operum quae sunt de Calvino. Berlin 1900. Reprint Nieuwkoop 1960
Erman/Horn	Wilhelm Erman/E. Horn: Bibliographie der deutschen Universitäten. 3 Bde. Leipzig 1904–1905. Reprint Hildesheim 1965
Ersch	Siehe unter Geisler
Essling	*Prince d'Essling:* Etudes sur l'art de la gravure sur bois à Venise. Les livres à figurs vénitiens de la fin du XVe siècle du commencement du XVIe. 3 Tle. in 6 Bdn. Florenz/Paris 1907–1914
Estermann	*Alfred Estermann:* Die deutschen Literatur-Zeitschriften 1815–1850. 10 Bde. Nendeln 1978–1981. Und: Die deutschen Literatur-Zeitschriften 1850–1880. 5 Bde. München 1988/89
Estreicher	*Karl Estreicher:* Bibliografia polska. Krakau 1870 ff.
v. Euw/Plotzek	*Anton van Euw/J. M. Plotzek:* Die Handschriften der Sammlung Ludwig. 4 Bde. Köln 1979–1985
Faber du Faur	*C. v. Faber du Faur:* German Baroque Literature. 2 Bde. New Haven 1958–1969
Fairfax Murray	**France** – *H. Wm. Davies:* Catalogue of a Collection of Early French Books in the Library of C. Fairfax Murray. 2 Bde. London 1961
Fairfax Murray	**Germany** – *H. Wm. Davies:* Catalogue of a Collection of Early German Books in the Library of C. Fairfax Murray. 2 Bde. London 1962
FdF	Siehe unter Faber du Faur
Ferchl	*Fritz Ferchl-Mittenwald:* Chemisch-Pharmazeutisches Bio- und Bibliographikon. 2 Bde. Mittenwald 1937–1938
Ferguson	*John Ferguson:* Bibliotheca Chemica. 2 Bde. Glasgow 1906. Reprint London 1954
Ferguson	**Australia** – *John A. Ferguson:* Bibliography of Australia. 1784–1900. 7 Bde. Sidney 1941–69. Reprint 1975–1977
Fesch	*Paul Fesch:* Bibliographie de la Franc-Maçonnerie. Brüssel 1976
Fetis	*François Joseph Fetis:* Biographie universelle des musiciens et bibliographie générale de la musique. 10 Bde. Paris 1860–1880
Fiedler	*Horst Fiedler:* Georg-Forster-Bibliographie, 1767–1970. Berlin 1971
Fiske	*Willard Fiske:* Books printed in Iceland 1780–1844. A supplement to the British museum catalogue. Florenz 1886
Foulché-Delbosc	*Raymond Foulché-Delbosc (Hg.):* Bibliographie hispanique. 13 Bde. New York 1905–1917
Fowler	*The Fowler Architectural Collection of the John Hopkkins University.* Catalogue. Baltimore/M. 1961

Pisanus Fraxi (d. i. H. S. Ashbee): Bibliography of Prohibited Books. 3 Bde. New York 1962 — **Fraxi**

Richard Broke Freeman: British natural history books, 1495–1900. A handlist. Folkestone 1980 — **Freeman**

Darwin – *Richard Broke Freeman:* The works of Charles Darwin. 2. Aufl. Folkstone 1977 — **Freeman**

Aaron Freimann: Katalog der Judaica und Hebraica. Bd. 1 (m. n. e.) Stadtbibliothek Frankfurt/M. 1932. Reprint Graz 1968 — **Freimann**

Édouard Frère: De l'imprimerie et de la librairie a Rouen, dans les XVe et XVI siècles. Rouen 1843 — **Frère**

Hans Fromm: Bibliographie deutscher Übersetzungen aus dem Französischen 1700–1948. 6 Bde. Baden-Baden 1950–1953. Vor 1700 erschienene Schriften sind in Auswahl berücksichtigt — **Fromm**

J. Fürst: Bibliotheca Judaica. 3 Bde. Leipzig 1849–1863. Reprint 1960 — **Fürst**

Hans Fürstenberg: Das französische Buch im 18. Jahrhundert und in der Empirezeit. Weimar 1929 — **Fürstenberg**

Das Buch als Kunstwerk. Französische illustrierte Bücher des 18. Jahrhunderts aus der Bibliothek Fürstenberg. Ausst. Kat. Ludwigsburg 1965 — **Kat. Fürstenberg**

Giuseppe Fumagalli: La bibliografia. Guide bibliografiche. Rom 1923 — **Fumagalli**

G. Furlong: Historia y Bibliografia de Primeras Imprentas Rioplatenses, 1700–1850. 4 Bde. Buenos Aires 1953–1957 — **Furlong**

Bartolomé José Gallardo: Ensayo de una Biblioteca Espanola de libros raros et curiosos. 4 Bde. Madrid 1863–1889 — **Gallardo**

Bartolomeo Gamba: Serie dei Testi di Lingua Italiana. Venedig 1839. Reprint Turin 1965 — **Gamba**

Joaquin García Icazbalteca: Bibliografia mexicana del siglo XVI. Mexiko 1886. 2. Aufl. Mexiko 1954. Suppl. 1940 — **García Icazbalteca**

Anatole L. Garraux: Bibliographie Brésilienne. Cat. des ouvrages français et latins relatifs au Brésil, 1500–1898. Paris 1898. 2. Aufl. Rio de Janeiro 1962. Nachweis der Literatur der Kolonialepoche — **Garraux**

Leslie T. Morton: Garrison and Morton's Medical Bibliography. London 1943. 3. Aufl. London 1970. Verzeichnis historisch bedeutsamer medizinischer Werke — **Garrison/Morton**

Jules Gay/J. Lemonyer: Bibliographie des ouvrages relatifs à l'amour, aux femmes... 4 Bde. 4. Aufl. Paris 1894–1899 — **Gay/Lemonyer**

C. Geigy: Handbook of facsimiles of famous personages. Basel 1925 — **Geigy**

Christian Anton Geisler: Bibliographisches Handbuch der philologischen Literatur der Deutschen von der Mitte des 18. Jhdts. Leipzig 1845. 3. Aufl. von Johann Samuel Ersch: Handbuch der deutschen Literatur... Amsterdam 1812 — **Geisler**

Ferdinand Geldner: Die deutschen Inkunabeldrucker. 2 Bde. Stuttgart 1968–1970. Bd. 1 umfaßt den deutschen Sprachraum, Bd. 2 den fremdsprachigen (Venedig) — **Geldner**

Carl Georg: Verzeichnis der Literatur über Speise und Trank. Hannover 1888 — **Georg**

Reginald Walter Gibson: St. Thomas More: A prelimary bibliography of his works and Moreana to the year 1750. New Haven 1961 — **Gibson**

GKW	*Siehe unter GW*
Göbel	*W. Göbel:* Der Kurt Wolff Verlag, 1913–1930. Frankfurt/M. 1977
Goedeke	*Karl Goedeke:* Grundriß zur Geschichte der deutschen Dichtung aus den Quellen. 15 Bde. u. Index. 1884–1960. Reprint 1979. Das grundlegende Nachschlagewerk zur deutschen Literatur bis 1830. Seltsam muten die Epochenbezeichnungen an (Weltkriege = Napoleonische Kriege; Weltfrieden = Wiener Kongreß)
Göllner	*Carl Göllner:* Die europäischen Türkendrucke des 16. Jahrhunderts. Bukarest 1961 ff.
Goff	*Frederick R. Goff:* Incunabula in American Libraries. New York 1964
Goldschmid	***Bibl. d. path.-anatom. Abb.*** *– Edgar Goldschmid:* Entwicklung und Bibliographie der pathologisch-anatomischen Abbildung. Leipzig 1925
Goldschmidt	*E. Ph. Goldschmidt:* Gothic and Renaissance Bookbinding. 2 Bde. 2. Aufl. Nieuwkoop 1967
Goldsmith	***France*** *– Valentine F. Goldsmith:* A Short Title Catalogue of French Books, 1601–1700, in the Library of the British Museum. Lieferung 1–7. Folkestone 1969–1973
Goldsmith	***Spain*** *– Valentine F. Goldsmith:* A Short Title Catalogue of Spanish and Portuguese Books, 1601–1700, in the Library of the British Museum. Folkestone 1974
Gollob	*Hedwig Gollob:* Systematisches beschreibendes Verzeichnis der mit Wiener Holzschnitten illustrierten Wiener Drucke vom Jahre 1482–1550. Straßburg 1925
Graesse	*Jean George Théodore Graesse (d. i. Johann Georg Theodor):* Trésor de livres rares et précieux. 7 Bde. und Suppl. Mailand 1950
Graff Coll.	*C. Storm:* A Catalogue of the Everett D. Graff Collection of Western Americana. Chikago 1968
Grand-Carteret	***Almanache*** *– John Grand-Carteret:* Les Almanachs Français. Paris 1896. Reprint Genf 1968
Grand-Carteret	***Papier*** *– John Grand-Carteret:* Vieux Papiers – Vieilles Images. Carton d'un collectioneur. Paris 1896
Gr. Enc.	*La grande Encyclopédie.* Inventaire raisoné des sciences, des lettres et des arts. 31 Bde. Paris 1885–1902
Gr. Enc. Port.	*Grande Enciclopédia portuguesa e brasileira.* 40 Bde. Lissabon/Rio de Janeiro 1935–1960. Seit 1981 erscheinen Nachtragsalphabete
Griffin	***Philippinen*** *– A. P. C. Griffin:* A List of Books on the Philippine Islands. Washington 1903
Griffin	***Samoa*** *– A. P. C. Griffin:* A List of Books on Samoa and Guam. 2 Bde. Washington 1904
Grimm	***DW*** *– Jacob u. Wilhelm Grimm:* Deutsches Wörterbuch. Quellenverzeichnis. Berlin 1971. Reprint München 1984 (DW Bd. 33). Das Quellenverzeichnis zum Deutschen Wörterbuch enthält die relevanten Ausgaben nahezu sämtlicher literarischer Texte bis etwa 1910
Grimshaw	*Anne Grimshaw:* The Horse. A Bibliography of British Books, 1851–1976. London 1982

Francisco Guerra: American Medical Bibliography 1639–1783. New York 1962   **Guerra**

J. Guigard: Nouvel Armorial du Bibliophile. 2 Bde. Paris 1890   **Guigard**

Les livres de l'enfance du XVe au XIXe siècle. Librairie Gumuchian & Cie. Text- und Tafel-Bd. Paris 1930   **Gumuchian**

Gesamtkatalog der Wiegendrucke. 8 Bde. Leipzig 1925–1940. 2. Aufl. Stuttgart/New York 1968–1978 ff.   **GW**

Stempel – *Konrad Haebler:* Rollen- und Plattenstempel des XVI. Jahrhunderts. 2 Bde. Leipzig 1928–1929. Reprint 1968   **Haebler**

Iberica – *Konrad Haebler:* Bibliografía iberica del siglo XV. Den Haag/Leipzig 1903   **Haebler**

A. Haemmerle: Buntpapier. München 1961   **Haemmerle**

Heinrich Haeser: Bibliotheca epidemigraphia. Jena 1843   **Haeser**

K. Häuser: Ansichten vom Rhein. Stahlstichbücher des 19. Jahrhunderts. Köln 1963   **Häuser**

Waltraud Hagen: Die Drucke von Goethes Werken. Berlin 1971 (Goethe, Werke, Erg. Bd. 1)   **Hagen**

Ludwig Hain: Repertorium Bibliographicum ... ad annum MD. 4 Tle. in 2 Bdn. u. 3 Suppl. Bde. von Walter A. Copinger. Stuttgart 1826–1838. Reprint Mailand 1948/1966 (London 1895–1902)   **Hain/Copinger**

Samuel Halkett/John Laing: Dictionary of Anonymous and Pseudonymous in English Literature. 9 Bde. Edinburgh 1926–1962. 3. veränd. Aufl. Harlow 1980 ff.   **Halkett/Laing**

T. H. Hall: A Bibliography on Conjuring in English from 1580 to 1850. Lepton 1957   **Hall**

Gottlieb Emanuel Haller: Bibliothek der Schweizergeschichte. 7 Bde. Bern 1785–1788   **Haller**

Georg C. Hamberger: Das gelehrte Teutschland oder Lexikon der jetzt lebenden teutschen Schriftsteller. Fortges. von Johann G. Meusel. 5. Aufl. 23 Bde. Lemgo 1796–1834. Reprint Hildesheim 1965/66   **Hamberger/Meusel**

Victor Hantzsch: Die Landkartenbestände der königlichen öffentlichen Bibliothek zu Dresden. Zentralblatt für das Bibliothekswesen. Beiheft 28. Leipzig 1904   **Hantzsch**

Documents – *The Harkness Collection in the Library of Congress.* Documents from early Peru. The Pizarros and the Almagros, 1531–1578. Washington 1936   **Harkness Coll.**

Manuscripts – *The Harkness Collection in the Library of Congress.* Calendar of Spanish Manuscripts Concerning Peru, 1531–1651. Washington 1932   **Harkness Coll.**

Henry Harrisse: Bibliotheca Americana Vetustissima (1492–1551). 2 Bde. New York/Paris 1866–1872   **Harrisse**

James Edmund Harting: Bibliotheca Accipitraria. A catalogue of books ancient and modern relating to falconry. London 1891. Reprint 1977   **Harting**

Ernst L. Hauswedell/C. Voigt (Hg.): Buchkunst in Deutschland 1750–1850. 2 Bde. Hamburg 1977   **Hauswedell/Voigt**

Nicolò Francesco Haym: Notizia de' libri rari nella lingua Italiana. London 1726. Mehrere Ausgaben bis 1803 unter anderen Titeln   **Haym**

Hayn/ Gotendorf	*Hugo Hayn/Alfred Gotendorf:* Bibliotheca Germanorum erotica et curiosa. 9 Bde. München 1912–1929
Heckethorn	*Charles William Heckethorn:* The printers of Basle in the XV. and XVI. centuries. 1897
Heidtmann	*Frank Heidtmann/H. J. Bresemann/R. H. Kraus:* Die deutsche Photoliteratur 1839–1978. München 1980
Heitz/Ritter	*Paul Heitz/François Ritter:* Versuch einer Zuammmenstellung der Deutschen Volksbücher. Straßburg 1924
Helwig	*Hellmuth Helwig:* Handbuch der Einbandkunde. 2 Bde. u. Register-Bd. Hamburg 1953–1955
Hemmerle	*Rudolf Hemmerle:* Franz Kafka. Eine Bibliographie. München 1958
Henderson	*California.* Spanish exploration to American statehood. The library of J. Crocker Henderson. Cat. J. Howell 1979
Henze	*Dietmar Henze:* Enzyklopädie der Entdecker und Erforscher der Erde. 4 Bde. 1978–1995
Herzog	*Johann J. Herzog (Hg.):* Realencyklopädie für protestantische Theologie und Kirche. 3. verb. u. verm. Aufl. hg. von Albert Hauck. 24 Bde. Leipzig 1896–1913. Reprint Graz 1969–1971. Auch als RE zitiert
Hess	*W. Hess:* Die Werke Sven Hedins. Versuch eines vollständigen Verzeichnisses und Nachtrag. 2 Bde. Stockholm 1962–1980
Hevesi	*Bibliotheca utopistica.* Sammlung des Schriftstellers Ludwig Hevesi. Wien o. J. Reprint 1977
Heyse	*Karl W. L. Heyse:* Bücherschatz der deutschen Nationalliteratur des XVI. und XVII. Jahrhunderts. Berlin 1854
Hieronymus	*F. Hieronymus:* Basler Buchillustration 1500–1545. Katalog Basel 1984
Hiler	*Hilaire Hiler u. a.:* Bibliogaphy of costume. New York 1939
Hinrichsen	*Alex Hinrichsen:* Baedeker's Reisehandbücher 1832–1944. Holzminden 1981. Mit Preisangaben
Hirsch/ Hübotter	*August Hirsch u. a. (Hg):* Biographisches Lexikon der hervorragenden Ärzte aller Zeiten und Völker. 5 Bde. erg. von H. Hübotter. Berlin 1925–1930 und 2 Nachtrags-Bde. Berlin 1932–1933. Reprint München 1962
Hirschberg	*Katalog der Büchersammlung von Julius Hirschberg (Medizin).* Berlin 1901
Hirzel	*Franz Fink (Hg.):* Verzeichnis von Salomon Hirzels Goethe-Sammlung der Universitäts-Bibliothek Leipzig. Leipzig 1932
Hobrecker	*Karl Hobrecker:* Alte vergessene Kinderbücher. Berlin 1924. Reprint Dortmund 1981
Hocken	*Thomas Morland Hocken:* A bibliography of the literature relating to New Zealand. Wellington 1909. Suppl. Auckland 1927
Hocks/Schmidt	*Paul Hocks/Peter Schmidt:* Index zu deutschen Zeitschriften der Jahre 1773–1830. Bisher 3 Bde. Nendeln 1979
Hoefer	Siehe unter NBG
Hofer	*Philip Hofer:* Baroque book illustration. A short survey from the collection in the department of graphic arts, Havard college library. Cambridge 1951
Hoff/Budde	*J. F. Hoff:* Adrian Ludwig Richter. Verzeichnis seines gesamten graphischen Werkes. 2. Aufl. hg. von K. Budde. 2 Bde. Freiburg 1922–1926

Hans H. Hofstätter: Jugendstil Druckkunst. Baden Baden 1968 **Hofstätter**

Paul Hohenemser: Flugschriften-Sammlung G. Freytag. Frankfurt/M. 1925. Reprint Nieuwkoop 1966 **Hohenemser**

M. Holloway: Steel engraving in nineteenth century British topographical books. London 1977 **Holloway**

F. W. H. Hollstein: German engravings, etchings and woodcuts. Amsterdam 1954 ff. **Hollstein**

Michael Holzmann/Hanns Bohatta: Deutsches Anonymen-Lexikon. 7 Bde. Weimar 1902–1928. Reprint Hildesheim 1961; und: Deutsches Pseudonymen-Lexikon. Wien 1902. Reprint Hildesheim 1961 und 1970 **Holzmann/Bohatta**

Harrison D. Horblit: One Hundred Books Famous in Science. New York 1964 **Horblit**

Schöne alte Kochbücher. Katalog der Kochbuchsammlung E. Horn u. J. Arndt. München 1982 **Horn/Arndt**

Walther Horn/Sigmund Schenkling: Index Litteraturae Entomologicae. 4 Bde. Berlin 1928–1929 **Horn/Schenkling**

Picasso – Abraham Horodisch: Pablo Picasso als Buchkünstler. Mit einer Bibliographie, Ges. d. Bibliophilen. Frankfurt/M. 1957 **Horodisch**

Heinrich Hubert Houben: Verbotene Literatur von der klassischen Zeit bis zur Gegenwart. 2. verb. Aufl. 2 Bde. Berlin 1925–1928 **Houben**

Heinrich Hubert Houben/Oskar Walzel: Zeitschriften der Romantik. Berlin 1904 **Houben/Walzel**

J. C. Houzeau/A. Lancaster: Bibliographie générale de l'astronomie jusqu'en 1880. Neue Aufl. von D. W. Dewhurst. 2 Bde. London 1964 **Houzeau/Lancaster**

Wright Howes: U. S. -iana (1700–1950). A descriptive check-list of ... printed sources relating to those parts of continental north America now comprising the United States. New York 1954 **Howes**

Bettina Hürlimann: Europäische Kinderbücher in drei Jahrhunderten. Zürich 1959. Bearb. Ausg. München 1968 **Hürlimann**

Louis Huguet: Alfred Döblin Bibliographie. Berlin 1972 **Huguet**

Johann Markus Hulth: Bibliographia Linnaeana. Upsala 1907 **Hulth**

Magdalene Humpert: Bibliographie der Kameralwissenschaften. Köln 1937 Umfaßt den Zeitraum von 1520 bis 1850 **Humpert**

William Lanier Hunt: The shouthern garden. Chapel Hill 1934 **Hunt**

Works on horsemanship and swordmanship in the library of Frederick Henry Huth. Bath 1890 **Huth**

Siehe unter Index Aureliensis **IA**

Siehe unter García Icazbalteca **Icazbalteca**

Indice generale degli incunaboli delle biblioteche d'Italia. 6 Bde. Rom 1943–1981 **IGI**

F. Wickhoff (Hg.): Beschreibendes Verzeichnis der illuminierten Handschriften in Österreich. 7 Bde. Leipzig 1905–1917; und: Neue Folge, hg. von J. Schlosser u. H. J. Hermann. 7 Bde. Leipzig 1923–1938 **Illum. Hss. Österreich**

Index Aureliensis. Catalogus librorum sedecimo saeculo impressorum. Bisher 21 Bde. Baden-Baden 1965–1996. Bde. z. T. auch einzeln unter den Verfassern zitiert **Index Aureliensis**

Benjamin Daydon Jackson: Guide to the literature of botany. 1881. Reprint New York 1964 **Jackson**

Jähns	*M. Jähns:* Geschichte der Kriegswissenschaften. 3 Bde. München 1889–1891. Reprint 1966
Järv	*Harry Järv:* Die Kafka-Literatur. Eine Bibliographie. Malmö 1961
Jantz	*German Baroque Literature of the Collection H. Jantz.* 2 Bde. New Haven 1974
JNB	*Salomon Winninger (Hg.):* Große jüdische National-Biographie. 7 Bde. Czernowitz 1925–1936
Jöcher	*Christian G. Jöcher:* Allgemeines Gelehrten-Lexicon. 4 Bde. Leipzig 1750–1751. Reprint 1968. Noch immer brauchbar, da viele Persönlichkeiten nur hier nachgewiesen sind
Jung	*Rudolf Jung:* Lichtenberg-Bibliographie. Heidelberg 1972
Junk	*Wilhelm Junk:* Bibliographia botanica. 2 Bde. Berlin 1909–1916
Kat. Schleswig-Holstein	*Katalog der Provinzial-Bibliothek für Schleswig-Holstein bzw. Katalog der Schleswig-Holsteinischen Landesbibliothek.* 5 Bde. Schleswig/Kiel 1896 ff.
Kayser/des Coudres	*Werner Kayser/Hans Peter des Coudres:* Joachim-Ringelnatz-Bibliographie. Philobiblon Bd. 2. Hamburg 1960
Kerry	*Otto Kerry:* Karl-Kraus-Bibliographie. München 1970
Kertbeny	*Károly Kertbeny (Pseud. Karl Maria Benkert):* Magyaroszágra vonatkoszó régi német nyomtatványok 1454–1600. Budapest 1880
Kind	*Helmut Kind:* Die Lutherdrucke des 16. Jahrhunderts und die Lutherhandschriften der Niedersächsischen Staats- und Landesbibliothek Göttingen. Göttingen 1967
King	*Janet K. King:* Literarische Zeitschriften 1945–1970. Stuttgart 1974
Kippenberg	*Fritz Adolf Hünich:* Katalog der Sammlung Kippenberg: Goethe, Faust, Alt-Weimar. 2. Aufl. von A. Bergmann. 1928
Kirchner	*Joachim Kirchner:* Bibliographie der Zeitschriften des deutschen Sprachgebietes bis 1900. 3 Bde. Stuttgart 1969–1977
Klawiter	*Randolph J. Klawiter:* Stefan Zweig. A bibliography. Chapel Hill 1964
Klebs	*Arnold C. Klebs:* Incunabula scientifica et medica. Short title list. Bruges 1938
Kleinheyer/Schröder	*Gerd Kleinheyer/Jan Schröder:* Deutsche Juristen aus fünf Jahrhunderten. Eine biographische Einführung in die Geschichte der Rechtswissenschaft. 2. neubearb. Aufl. Heidelberg 1983
KLL	*Kindlers Literatur-Lexikon.* 7 Bde. u. Suppl. Zürich 1965. Reprint in 25 Bdn. München 1974. Erheblich veränderte Neuaufl. unter dem Titel »Kindlers neues Literatulexikon«. 20 Bde. München 1988
Klotz	*Aiga Klotz:* Kinder- und Jugendliteratur in Deutschland 1840–1950. Gesamtveröffentlichungen in deutscher Sprache. Stuttgart 1990
Knaake	*Bibliothek J. K. F. Knaake (Reformationsschriften).* Leipzig 1906–1908
Köhring	*Hans Köhring:* Bibliographie der Almanache, Kalender und Taschenbücher für die Zeit von ca. 1750–1860. Hamburg 1929. Privatdruck
Koemann	*Cornelis Koemann:* Atlantes Neerlandici. 5 Bde. Amsterdam 1967–1971. Umfassendstes Verzeichnis der niederländischen Kartographie bis 1800
Kohler/Kelletat	*Maria Kohler/Alfred Kelletat:* Hölderlin-Bibliographie 1938–1950. Stuttgart 1953
Kosch	*Wilhelm Kosch:* Deutsches Literatur-Lexikon. Biographisches und bibliogra-

phisches Handbuch. 2. Aufl. Bern 1949–1958. 3. völlig neu bearb. Aufl. von
Bruno Berger und Heinz Rupp. Bern 1968 ff.
Theater – *Wilhelm Kosch: Deutsches Theater-Lexikon. Biographisches und bi-*   **Kosch**
bliographisches Handbuch. Klagenfurt/Wien 1953 ff.
The Kress Library of bussiness and economics. 4 Bde. Boston/Mass. 1957–1967   **Kress**
Paul Kristeller: Die Straßburger Bücherillustrationen im XV. und im Anfang des   **Kristeller**
XVI. Jahrhunderts. Leipzig 1888
Peter Krivatsy: National Library of Medicine. A catalogue of seventeenth cen-   **Krivatsy**
tury books. Bethesda 1989
Wolfgang Kroh: Eichendorff-Bibliographie. In: Eichendorff heute. München   **Kroh**
1960
Arnold Kuczynski: Thesaurus libellorum historiam reformationis illustrantium.   **Kuczynski**
Verzeichnis einer Sammlung von nahezu 3000 Flugschriften Luthers und sei-
ner Zeitgenossen. Leipzig 1870–1874. Reprint Nieuwkoop 1969
Horst Kunze: Geschichte der Buchillustration in Deutschland: Das 15. Jahr-   **Kunze**
hundert. 2 Bde. Leipzig 1975
Ernst Kyriß: Verzierte gotische Einbände im alten deutschen Sprachgebiet.   **Kyriß**
Stuttgart 1951
F. Laban: Die Schopenhauer-Literatur. Versuch einer chronologischen Über-   **Laban**
sicht. 1880. Reprint New York 1970
Frédéric Lachèvre: Bibliographie sommaire de Keepsakes. 2 Bde. Paris 1929   **Lachèvre**
Paul Lacombe: Livres d'heures imprímés au XVe et au XVIe siècle. Paris 1907.   **Lacombe**
Reprint 1963
V. Lada-Mocarski: Bibliography of Books on Alaska published before 1868.   **Lada-**
New Haven/London 1969   **Mocarski**
Joseph Jérome (le Français) de la Lande: Bibliographie astronomique. 1803   **de la Lande**
Maria Lanckoronska/Richard Oehler: Die Buchillustration des XVIII. Jahrhun-   **Lanckoronska/**
derts in Deutschland, Österreich und der Schweiz. 3 Bde. Leipzig 1932–1934   **Oehler**
Maria Lanckoronska/Arthur Rümann: Geschichte der deutschen Taschenbücher   **Lanckoronska/**
und Almanache aus der klassisch-romantischen Zeit. München 1954   **Rümann**
Georg Peter Landmann: Stefan George und sein Kreis. Eine Bibliographie. Ham-   **Landmann**
burg 1960
John Landwehr: German emblem books 1531–1888. Utrecht 1972   **Landwehr**
– Emblem books in the low countries 1554–1949. Utrecht 1970
– Dutch enblem Books. Utrecht 1962
– French, Italian, Spanish and Portuguese books of devices and emblems
1534–1872. Utrecht 1976
– Studies in Dutch books with coloured plates published 1662–1875. Den
Haag 1976
Peter Lauridsen: Bibliographia Groenlandica. Kopenhagen 1890. Reprint Ko-   **Lauridsen**
penhagen 1979
Bibliotheca Americana. Paris 1878. Reprint 1961   **Charles Leclerc**
Paul Leemann van Elck: Die zürcherische Buchillustration von den Anfängen   **Leemann van Elck**
bis um 1850. 1952

Leemann van Elck	*Froschauer – Paul Leemann van Elck:* Die Offizin Froschauer. Leipzig 1940
Leitzman	Siehe unter Lipsius/Leitzmann
Le Petit	*J. Le Petit:* Bibliographie des principales èditions originales d'ecrivains Français de XVe au XVIIIe siècle. Paris 1888
Leroquais	*Victor Leroquais:* Les Bréviaires. Manuscrits des Bibliothèques publiques de France. 6 Bde. Paris 1934
	– Les Livres de Heures. 4 Bde. Paris 1927
	– Les Psautiers. 3 Bde. Macon 1940–1941
	– Les Pontificaux. 4 Bde. Paris 1937
Lewine	*J. Lewine:* Bibliography of eighteenth century Art and Illustrated Books. London 1898
LGB	*Lexikon des gesamten Buchwesens.* Joachim Kirchner (Hg.): 3 Bde. Leipzig 1935–1937. 2. Aufl. Stuttgart 1968 ff.
Liebmann/ Wahl	*Louis Liebmann/Gustav Wahl:* Katalog der historischen Abteilung der ersten Internationalen Luftfahrtsausstellung ... 1909. Frankfurt/M. 1911–1912
van der Linde	*Antonius van der Linde:* Benedictus Spinoza. Bibliografie. s'Gravenhage 1871. Reprint Nieuwkoop 1961
Lindner	*Kurt Lindner:* Bibliographie der deutschen und niederländischen Jagdliteratur von 1480–1850. Berlin 1976
Lipperheide	Katalog der Lipperheideschen Kostümbibliothek. 2 Bde. 2. völlig umgearb. Aufl. Berlin 1965. 1. Aufl. Berlin 1896–1905. Reprint 1896–1905
Lipsius/ Leitzmann	*J. G. Lipsius:* A bibliography of numismatic books printed before 1800. 1801. *Johann Jacob Leitzmann:* Bibliotheca numaria (Forts. von Lipsius). Verzeichnis sämmtlicher seit 1800 bis jetzo erschienenen numismatischen Werke. Weißensee 1841. 2. Aufl. 1867. Reprint 1977
Lisney	*Arthur A. Lisney:* A bibliography of British lepidoptera 1608–1799. 1960
LKJL	Siehe unter Doderer
Loewe	*Hannover – Victor Loewe:* Bibliographie der hannoverschen und braunschweigischen Geschichte. Posen 1908
Loewe	*Schlesien – Victor Loewe:* Bibliographie der schlesischen Geschichte (Schlesische Bibliographie, Bd. 1). Breslau 1927
Löwenberg	*Julius Löwenberg:* Alexander von Humboldt. Bibliographische Übersicht seiner Werke, Schriften und zerstreuten Abhandlungen. Stuttgart 1960
Lohner	*Edgar Lohner:* Gottfried Benn. Bibliographie 1912–1956. 2. Aufl. Wiesbaden 1958
Lonchamp	*Frédéric Charles Lonchamp:* Manuel du bibliophile suisse. 1922
	Arthur Lotz: Bibliographie der Modelbücher. Stuttgart 1963
Loubier	*Hans (Jean) Loubier:* Die neue deutsche Buchkunst. Stuttgart 1921
Lowndes	*William Lowndes:* The bibliographer's manual of Engish literature. 6 Bde. London 1857–1864. Reprint Detroit 1967
LThK	*Lexikon für Theologie und Kirche.* Begr. von Michael Buchberger. 2. Aufl. hg. von Josef Höfer und Karl Rahmer. 14 Bde. Freiburg 1957–1969
Ludwig	*Viktor Ludwig:* Gerhart Hauptmann. Werke von und über ihn (1881–1931). 2. Aufl. Neustadt 1932

Karl J. Lüthi-Tschanz: Die Bibel in Wort und Bild im Laufe der Zeiten von Land zu Land. Ausst. Kat. Schweizerisches Gutenbergmuseum. Bern 1925 — **Lüthi**

Susanna Lundsgaard-Hansen von Fischer: Verzeichnis der gedruckten Schriften Albrecht von Hallers. Berlin 1959 — **Lundsgaard-Hansen**

John Lust: Index sinicus. A catalogue of articles relating to China in periodicals and other publications. Cambridge 1964 — **Lust**

Lieselotte Maas: Handbuch der deutschen Exilpresse 1933–1945. 3 Bde. München 1976–1981 — **Maas**

The Macmillan dictionary of Canadian biography. 4. Aufl. Toronto 1978 — **Macmillan Dict.**

R. Mahé: Les artistes illustrateurs. Répertoire des éditions de luxe de 1900 à 1928. Paris 1943 — **Mahé**

A. Maire: Bibliographie général des œuvres de Blaise Pascal. 5 Bde. (m. n. e.). Paris 1925–1927 — **Maire**

Arnim – *Otto Mallon:* Arnim-Bibliographie. Berlin 1925 — **Mallon**

Brentano – *Otto Mallon:* Brentano Bibliographie. Berlin 1926 — **Mallon**

Kurt Mantel: Deutsche forstliche Biographie 1560–1965. 3 Tle. Freiburg 1967–1972 — **Mantel**

Herbert Marcuse: Schiller-Bibliographie. Berlin 1925 — **Marcuse**

André Martin: Le livre illustré en France au XVe siècle. Paris 1931 — **Martin, A.**

Werner Martin: Heinrich Böll. Eine Bibliographie seiner Werke. Hildesheim 1975 — **Martin, W.**

André Martin/Gérard Walter: Catalogue de l'histoire de la révolution française. 7 Bde. Paris 1936 ff. — **Martin/Walter**

Felizitas Marwinski: Zeitungen und Wochenblätter. Weimar 1968. Literaturzeitungen, Intelligenzblätter etc. — **Marwinski**

Harry Matter: Die Literatur über Thomas Mann. Eine Bibliographie 1898–1969. 2 Bde. Berlin 1972 — **Matter**

Anton Mayer: Wiens Buchdrucker-Geschichte. 1482–1882. 2 Bde. Wien 1883–1887 — **Mayer**

Joseph Meder: Dürer-Katalog. Ein Handbuch über Albrecht Dürers Stiche, Radierungen, Holzschnitte, deren Zustände, Ausgaben und Wasserzeichen. Wien 1932 — **Meder**

José Toribio Medina: Historia de la imprenta de los antiguos dominios españoles de América y Oceania. 2 Bde. Santiago de Chile 1958 — **Medina**

Lima – *José Toribio Medina:* La imprente en Lima (1584–1824). 4 Bde. Santiago de Chile 1904–1907. Reprint Amsterdam 1965 — **Medina**

Mexiko – *José Toribio Medina:* La imprenta en Mexico (1539–1821). 8 Bde. Santiago de Chile 1908–1912. Reprint Amsterdam 1965 — **Medina**

Gaetano Melzi: Dizionario di opere anonime e pseudonime di scrittori Italiani. 3 Bde. u. 2 Suppl. Mailand 1848–1888. Reprint New York 1960–1961 — **Melzi**

Brigitte Melzwig: Deutsche sozialistische Literatur 1918–1945. Buchveröffentlichungen. Berlin/Weimar 1975. Sammlung von Personalbibliographien von 97 Autoren. Gezählte 1001 Erstveröffentlichungen. — **Melzwig**

Sidney Mendelssohn: South African Bibliography. 2 Bde. London 1910. Reprint — **Mendelssohn**

London 1957 und 1968. 2. Aufl. unter dem Titel: A South African bibliography to the year 1925. 4 Bde. Kapstadt 1979. Erfaßt auch Südwestafrika, Madagaskar, Mauritius

Mennessier de la Lance	*Gabriel René Mennessier de la Lance:* Essai de Bibliographie Hippique donnant la description détaillée des ouvrages publiés ou traduits en Latin et en Français sur le Cheval et la Cavalerie. 2 Bde. Paris 1915–1921. Reprint 1971
Metzeltin	*Günther Hermann Metzeltin:* Die Bahn. Literaturverzeichnis zum Schienenverkehr aus einer großen Privatbibliothek. Karlsruhe 1977
Merlo	*Johann Jakob Merlo:* Ulrich Zell. Koelns erster Drucker. Köln 1900
Meusel	siehe unter Hamberger/Meusel
Meyen	*Fritz Meyen:* Wilhelm Raabe Bibliographie. 2. Aufl. Göttingen 1973
Meyer, F.	*F. Meyer:* Verzeichnis einer Heinrich Heine-Bibliothek. Leipzig 1905
Meyer, H.	*Hermann Meyer:* Moses Mendelssohn-Bibliographie. Berlin 1965
Meyer, J.	*J. Meyer:* Der Paul Steegemann Verlag. Stuttgart 1975
Meyer, J.	*Jochen Meyer:* Verzeichnis der Schriften von und über Hans Henny Jahnn. Neuwied 1967
Meynen	*Emil Meynen:* Bibliographie des Deutschtums der kolonialzeitlichen Einwanderungen in Nordamerika 1683–1933. Leipzig 1937
MGG	*Friedrich Blume (Hg.):* Die Musik in Geschichte und Gegenwart. Allgemeine Enzyklopädie der Musik. 17 Bde. Kassel 1949–1986
Miansarof	*M. Miansarof:* Bibliographia Caucasica et Transcaucasica. St. Petersburg 1874–1876. Reprint 1967
Mises	*Paul Obermüller/Herbert Steiner:* Katalog der Rilke-Sammlung Richard von Mises. Frankfurt/M. 1966
MNE	*Michal O. Krieg:* Mehr nicht erschienen. Ein Verzeichnis unvollendet gebliebener Druckwerke. 2 Bde. Bad Bocklet 1954–1958
Möllendorff	*P. G. u. O. F. v. Möllendorff:* Manual of Chinese Bibliography, being a list of works and essays relating to China. Shanghai 1876
Möller/Tecke	*K. D. Möller/A. Tecke:* Bücherkunde zur Hamburgischen Geschichte. Verzeichnis des Schrifttums der Jahre 1900–1954. 4 Bde. Hamburg 1939–1990
Monaghan	*Frank Monaghan:* French travellers in the United States, 1765–1932. A bibliography. New York 1933
Monglond	*André Monglond:* La France revolutionnaire et impériale. 10 Bde. Grenoble 1930 ff. Reprint Genf 1976–1978
Mortimer	***France** – Ruth Mortimer:* Harvard College Library Cat. French 16th century books. 2 Bde. Cambridge/Mass. 1964. Sehr detaillierte Beschreibungen zu 557 Drucken des 16. Jahrhunderts
Mortimer	***Italy** – Ruth Mortimer:* Harvard College Library Cat. Italian 16th century books. 2 Bde. Cambridge/Mass. 1974. Beschreibung von 559 Drucken
Mueller	*Wolf Mueller:* Bibliographie Kaffee, Kakao, Schokolade, Tee und deren Surrogate, bis 1900. Wien 1960
Muir	*P. Muir:* English Children's Books, 1600 to 1900. 2. Aufl. New York 1969
Muller	*Jean Muller:* Bibliographie Strasbourgeoise. Bibliographie des ouvrages imprimés à Strasbourg au XVIe siècle. Bd. 2 u. 3. Baden-Baden 1985–1986

Jean Muller/E.Roth: Außereuropäische Druckereien im 16. Jahrhundert. Bibliographie der Drucke. Baden-Baden 1969 — **Muller/Roth**

Franz Muncker: Verzeichnis der Drucke von Lessings Schriften 1747–1919. In: Lessing: Sämtl. Schriften, hg. v. Karl Lachmann. 3. Aufl. Bd. 22, II, 1919. S. 315–807 — **Muncker**

Richard Muther: Die deutsche Bücherillustration der Gotik und Renaissance. München 1884 — **Muther**

Oskar Nachod: Bibliographie von Japan. 6 Bde. Leipzig 1928–1940. Reprint Stuttgart 1970. Umfaßt die in europäischen Sprachen erschienene Japanliteratur 1906–1928 — **Nachod**

Georg K. Nagler: Die Monogrammisten. 5 Bde. München 1858–1920. Reprint Nieuwkoop 1966 — **Nagler**

M. F. de Navarrete: Bibliotheca Maritima Española. 2 Bde. Madrid 1851 — **de Navarrete**

Johann C. F. Hoefer: Nouvelle Biographie Générale. 46 in 23 Bdn. Paris 1855–1866. Reprint Kopenhagen 1963–1969 — **NBG**

Neue Deutsche Biographie. Berlin 1953 ff. Stark überarbeitete Neuauflage der ADB — **NDB**

Ingo Nebehay/R. Wagner: Bibliographie altösterreichischer Ansichtenwerke. 5 Bde. Graz 1981–1984 — **Nebehay/ Wagner**

Max Nettlau: Bibliographie de l'anarchie. Bibliothèque des ›temps nouveaux‹. Brüssel 1897 — **Nettlau**

F. v. Neufforge: Über den Versuch einer deutschen Bibliothek als Spiegel deutscher Kulturentwicklung. Berlin 1940. Reprint 1970 — **Neufforge**

Ferdinand Friedrich v. Nicolai: Nachrichten von alten und neuen Kriegsbüchern ... Stuttgart 1765 — **Nicolai**

Botan. Ill. – *Claus Nissen:* Die botanische Buchillustration. 2. Aufl. Stuttgart 1966 — **Nissen**

Fischbücher – *Claus Nissen:* Schöne Fischbücher. Stuttgart 1951 — **Nissen**

Kräuterbücher – *Claus Nissen:* Kräuterbücher aus fünf Jahrhunderten. Zürich 1956 — **Nissen**

Tierbücher – *Claus Nissen:* Tierbücher aus fünf Jahrhunderten. Zürich 1968 — **Nissen**

Vogelbücher – *Claus Nissen:* Die illustrierten Vogelbücher. Stuttgart 1953 — **Nissen**

Zool. Ill. – *Claus Nissen:* Die zoologische Buchillustration. 2 Bde. Stuttgart 1969–1978 — **Nissen**

Neue Österreichische Biographie 1815–1918. Wien 1923 ff. — **NÖB**

Laura Noesser: Fonds ancien de littérature pour la jeunesse. Catalogue de livres imprimés avant 1914. Paris 1987 — **Noesser**

Walter Nubel: Bertolt-Brecht-Bibliographie. In: Sinn u. Form 9, 1957. Auch als Seperatabdruck — **Nubel**

John C. T. Oates: A catalogue of the fifteenth century printed books in the (Cambridge-)university library. Cambridge 1954 — **Oates**

Österreichisches biographisches Lexikon 1815–1950. Graz 1957 ff. — **ÖBL**

M. C. Oldenbourg: Die Buchholzschnitte des Hans Baldung Grien. Ein bibliographisches Verzeichnis ihrer Verwendung. Baden-Baden/Straßburg 1962 — **Oldenbourg**

Olivier/Hermal	*E. Olivier/G. Hermal/R. de Roton:* Manuel de l'amateur de reliures armoriées français. 30 Bde. Paris 1924–1930
Olschki	*Leonardo S. Olschki:* Le livre illustré au XVe siècle. Florenz 1926
van Ortroy	***Apian** – Fernand van Ortroy:* Bibliographie de l'œuvre de Pierre Apian. In: La bibliographie moderne 5, 1901, S. 89–156, 284–333. Reprint Amsterdam 1963
van Ortroy	***Frisius** – Fernand van Ortroy:* Bio-bibliographie de Gemma Frisius, fondateur de l'école Belge de geographie. Brüssel 1920. Reprint Amsterdam 1966
Osborne-Coll.	*The Osborne Collection of Early Children's Books.* 1476/1566–1910. 2 Bde. Toronto 1975
Osler	*W. W. Francis u. a.:* Bibliotheca osleriana. A catalogue of books illustrating the history of medicine and science, coll. and annotated by W. Osler. Oxford 1929. Reprint Montreal/London 1969
Otto	*Friedrich Otto:* Die Gesamtliteratur Niederlands, oder Leben und Werken der holländischen Schriftsteller seit dem 13. Jhdt. bis auf unsere Zeit. Hildburghausen 1838
Palau	*Antonio Palau y Dulcet:* Manual del libero hispano-americano. Bibliografia general española e hispano-americana desde la invención de la imprenta hasta nuestros tiempos. 28 Bde. 2. Aufl. Bacelona 1948–1981. Hauptwerk der spanischsprachigen Bibliographie
Panzer	*Georg W. Panzer:* Annales Typographici ab artis inventae origine ad annum MDXXXVI. 11 Bde. Nürnberg 1793–1803. Reprint Hildesheim 1963–1964. Die deutschsprachigen Inkunabeln sind aufgenommen in Georg W. Panzer: Annalen der älteren deutschen Litteratur. 2 Bde. Nürnberg. 1788–1885. Reprint Hildesheim 1961–1962. Für die Druckgeschichte des 1. Drittels des 16. Jahrhunderts ist das Verzeichnis auch heute noch unersetzlich
Paolini	*C. Paolini:* Justus von Liebig. Eine Bibliographie sämtlicher Veröffentlichungen. Heidelberg 1968
Pardo de Tavera	*T. H. Pardo de Tavera:* Biblioteca Filipina. Washington 1903
Parmegani	*Claude-Anne Parmegiani:* Les Petits français illustrés, 1860–1940. Paris 1989
Pataky	*Sophie Pataky:* Lexikon deutscher Frauen der Feder. 2 Bde. Berlin 1898. Reprint Pforzheim 1987
Paulitschke	*Philipp Viktor Paulitschke:* Die Africa-Literatur in der Zeit von 1500 bis 1750. Wien 1882
Pegg	***Copenhagen** – Michael A. Pegg:* German and Dutch Books (1516–1550) in the Royal Library Copenhagen. A short-title catalogue. Baden Baden 1989
Pegg	***Reformation** – Michael A. Pegg:* A catalogue of German reformation pamphlets (1516–1550) in Swiss libraries. Baden Baden 1983
Peitler/Ley	*Hans Peitler/Hans Ley:* Kaspar Hauser. Über tausend bibliograpische Hinweise. Ansbach 1927
Pellechet/ Pollain	*Marie Pellechet/Louis Pollain:* Catalogue général des incunables des bibliothèques publiques de France. Bd. 1–3. Paris 1897–1909. Bd. 4–26 Nendeln 1970
Petermann	*Kurt Petermann:* Tanzbibliographie. 3 Bde. München/New York 1978. 2. Aufl. München 1981 und Register-Bd. Leipzig 1987
Petersen	*Klaus Dietrich Petersen:* Bertolt-Bibliographie. Bad Homburg 1968

Hjalmar Pettersen: Bibliotheca Norvegica. 4 Bde. Christiania 1899–1924. Reprint Kopenhagen 1972–1974 **Pettersen**

M. A. Pfeiffer: Die Werke der Marie Sibylle Merian. Meißen 1931 **Pfeiffer**

Philip L. Phillips: A List of Geographical Atlases in the Library of Congress. 8 Bde. Washington 1909–1974. Reprint Bde. 1–4 Amsterdam 1971 **Phillips**

Heiner Plaul: Illustrierte Karl May Bibliographie. Leipzig 1988 **Plaul**

R. S. Pine-Coffin: Bibliography of British and American travel in Italy to 1860. Florenz 1974 **Pine-Coffin**

J. B. Podeschi: Book on the horse and horsemanship. 1400–1941 (P. Mellon Collection). London 1981 **Podeschi**

Johann Christian Poggendorff: Bibliographisch-literarisches Handwörterbuch zur Geschichte der exacten Wissenschaften. 7 Bde. Leipzig 1863 ff. und 2 Bde. Amsterdam 1965. Reprint Bde. 1–6 Ann Arbor 1945; Bde. 1–4 Amsterdam 1965–1967 **Poggendorff**

Marie Louis Polain: Catalogue des livres imprimés au quinzième siècle des bibliotheques de Belgique. 4 Bde. Brüssel 1932. Reprint und Suppl. Brüssel 1978 **Polain**

John H. Pollen: Universal catalogue of books on art. 1868–1870 **Pollen**

August Potthast: Bibliotheca historica medii aevi. Wegweiser durch die Geschichtswerke des europäischen Mittelalters. 3 Bde. 2. Aufl. Berlin 1896 **Potthast**

Mario Praz: Studies in Seventeenth-Century Imagery. Rom 1964 **Praz**

Christine Pressler: Schöne alte Kinderbücher. München 1980 **Pressler**

Georg August Pritzel: Thesaurus Literaturae Botanicae. Neue Aufl. Leipzig 1872. Reprint Königstein 1972 **Pritzel**

Robert Proctor: Index to early printed Books in the British Museum from the invention of printing to the year 1500. With notes of those in the Bodleian Library. 2 Bde. in 5 u. 4 Suppl. London 1898–1983. Reprint London 1960 **Proctor**

Johann Karl Proksch: Die Literatur über die venerischen Krankheiten. 5 Bde. Bonn 1889–1900. Reprint 1966 **Proksch**

Hans Pyritz u. a.: Goethe-Bibliographie. 2 Bde. Heidelberg 1965–1968 **Pyritz**

Joseph-Marie Quérard: La France litteraire ou Dictionaire Bibliographique. 12 Bde. Paris 1827–1864. Reprint Paris 1964. Die Teile 1–10 bilden ein durchgehendes Verfasseralphabet. Bde. 11 u. 12 enthalten Nachträge **Quérard**

Paul Raabe: Die Zeitschriften und Sammlungen des literarischen Expressionismus, 1910–1921. Stuttgart 1964 **Raabe**

Dorothea Rammensee: Bibliographie der Nürnberger Kinder- und Jugendbücher, 1522–1914. Bamberg 1961 **Rammensee**

Hamburgensien Sammlung Dr. Gottfried Rapp: Bd. 1 Druckschriften. Hamburg 1916 **Rapp**

Peter Rath: Bibliotheca Schlemiliana. Ein Verzeichnis der Ausgaben und Übersetzungen des Peter Schlemihl. Berlin 1919 **Rath**

W. Raub: Melchior Lechter als Buchkünstler. Darstellung, Werkverzeichnis, Bibliographie. Köln 1969 **Raub**

Émile Ravier: Bibliographie de la philosophie de Leibniz. Caen 1927; und: Bibliographie des œuvres de Leibniz. 1937 **Ravier**

RE	Siehe unter Herzog
Renouard	*Antoin Augustin Renouard:* Annales de l'imprimrie des Aldes. 3. Aufl. Paris 1834. Reprint Bologna 1953
Rép. XVIe siècle	*Répertoire bibliographique de livres imprimés en France au XVIe siècle.* 30 Bde. Baden-Baden 1968 ff. Nach Druckorten geordnet
Rép. XVIIe siècle	*Répertoire bibliographique de livres imprimés en France au XVIIe siècle.* Baden-Baden 1978 ff. Durch die Standortnachweise in französischen und ausländischen Bibliotheken für den Sammler besonders wertvoll
RGG	*L. Zscharnack (Hg.):* Die Religion in Geschichte und Gegenwart. 6 Bde. 2. Aufl. Tübingen 1927
Riccardi	*Pietro Riccardi:* Biblioteca Matematica Italiana. 2 Bde. Mailand 1952
Richter	*Günter Richter:* Christian Egenolffs Erben, 1555–1667. In: Archiv für Geschichte des Buchwesens 7, 1967, Sp. 449–1130
Riemann	*Riemann Musik-Lexikon.* 3 Bde. 12. Aufl. hg. von W. Gurlitt. Mainz 1959–1967
Ries	*Hans Ries:* Illustration und Illustratoren des Kinder- und Jugendbuches im deutschsprachigen Raum 1871–1915. Osnabrück 1992 Auch bedeutsam als Einführung in die graphischen Techniken
Riling	*Ray Riling:* Guns and Shooting. A selected chronological bibliography. New York 1951
RISM	*Répertoire international des sources musicales.* Internationales Quellenlexikon der Musik. Serie A: Alphabetische Reihe. 11 Bde. Serie B: Systematische Reihe. 10 Bde. Kassel 1960 ff.
Ritter	**1955** – *François Ritter:* Histoire de l'imprimerie alsacienne aux XVe et XVIe siècles. Straßburg 1955
Ritter	**1948** – *François Ritter:* Catologue des incunables et livres du XVIe siècle de la Bibliothèque municipale de Strasbourg. Straßburg 1948
Ritzler	*Walter Ritzler:* Rainer Maria Rilke Bibliographie. Wien 1951
Ritzler	*Walter Ritzler:* Trakl-Bibliographie. Salzburg 1956
Rius	*Leopold Rius y de Llosellas:* Bibliografía crítica de las obras de Miguel de Cervantes Saavedra. 3 Bde. Madrid 1895–1926
Roberts	*A. Roberts:* Guide to technical literature. 1939
Robertson	*James Alexander Robertson:* Bibliography of the Philippine Islands. Cleveland 1908. Reprint 1970
Rodenberg	*Julius Rodenberg:* Deutsche Pressen. 1925. Nachtrag 1931
Rodrigues	*J. C. Rodrigues:* Catalogo annotado dos livros sobre o Brasil. Rio de Janeiro 1907. Reprint 1966
Röhricht	*Reinhold Röhricht:* Deutsche Pilgerreisen nach dem heiligen Lande. Gotha 1889. Mehrere Ausgaben und Reprints
Rogge	*Hendrik Cornelius Rogge:* Bibliotheca Grotiana. Den Haag 1873
Roth	*F. Wilhelm Emil Roth:* Geschichte der Buchdruckereien zu Speyer im XV. und XVI. Jahrhundert. Speyer 1894–1895
Roth	*F. Wilhelm Emil Roth:* Die Buchdruckereien zu Worms am Rhein im XVI. Jahrhundert und ihre Erzeugnisse historisch-bibliographisch bearbeitet. Worms 1892

Eva Rothe: Kleist-Bibliographie 1954–1960. In: Jahrbuch der Deutschen Schillergesllschaft 5, 1961, S. 414–54/ **Rothe**

E. Camillo Rudolphi: Die Buchdrucker-Familie Froschauer. Verzeichnis der aus ihrer Offizin hervorgegangenen Druckwerke. Zürich 1869 **Rudolphi**

Chares Louis Ruelens/Augustin de Backer: Annales plantiniensis. Brüssel 1865 **Ruelens/de Backer**

18. Jhdt. – *Arthur Rümann:* Die illustrierten deutschen Bücher des achtzehnten Jahrhunderts. Stuttgart 1927 **Rümann**

19. Jhdt. – *Arthur Rümann:* Die illustrierten deutschen Bücher des neunzehnten Jahrhunderts. Stuttgart 1926 **Rümann**

Illust. Bücher – *Arthur Rümann:* Das illustrierte Buch des XIX. Jahrhundert in England, Frankreich und Deutschland 1790–1860. Leipzig 1937 **Rümann**

Kinderbücher – *Arthur Rümann:* Alte deutsche Kinderbücher. Wien 1937 **Rümann**

Joseph Sabin: A Dictionary of books relating to America, from its discovery to the present time. 29 Bde. New York 1868–1936. Reprint Amsterdam 1961–1962. Register: John E. Molnar: Author-title index to Joseph Sabin... 3 Bde. Metuchen 1974 **Sabin**

Gerhard Salomon: E. T. A. Hoffmann Bibliographie. 2. verb. Aufl. Paetel, Berlin 1927 **Salomon**

18. Jhdt. – *Max Sander:* Die illustrierten französischen Bücher des 18. Jahrhunderts. Stuttgart 1926 **Sander**

19. Jhdt. – *Max Sander:* Die illustrierten französischen Bücher des 19. Jahrhunderts. Stuttgart o. J. (1924) **Sander**

Italien – *Max Sander:* Le livre à figures Italien depuis 1467 jusq'à 1530. 6 Bde. Mailand 1942. Reprint 1969 **Sander**

Carlos Sanz: La Geographia de Ptolemeo ... Estudio bibliográfico y crítico. Madrid 1959 **Sanz**

William A. S. Sarjeant: Geologists and the history of geology. An international bibliography from the origins to 1978. 6 Bde. Melbourne 1980–1987 **Sarjeant**

Heinz Sarkowski: Der Insel-Verlag. Eine Bibliographie 1899–1969. Frankfurt/M. 1970 **Sarkowski**

I. B. – *Heinz Sarkowski:* 50 Jahre Insel-Bücherei 1912–1962. Frankfurt/M. 1962 **Sarkowski**

Charles J. Sawyer/F. J. Harvey Darton: English books 1475–1900. A signpost for collectors. Westminster 1927 **Sawyer/Darton**

M. v. Arnim: Katalog der Bibliothek Otto Schäfer, Schweinfurt. 2 Bde. Stuttgart 1984 **Schäfer**

Georg K. Schauer: Deutsche Buchkunst 1890–1960. 2 Bde. Hamburg 1963 **Schauer**

Fritz Schlawe: Literarische Zeitschriften 1885–1933. 2 Bde. 2. Aufl. Stuttgart 1965/1973 **Schlawe**

Werner Schlick: Das Georg Büchner-Schrifttum bis 1965. Hildesheim 1968 **Schlick**

Anselm Schloesser: Die englische Literatur in Deutschland von 1895–1934. Mit einer vollständigen Bibliographie der deutschen Übersetzungen und der im deutschen Sprachgebiet erschienenen englischen Ausgaben. Jena 1937 **Schloesser**

Charles Schmidt: Répertoire bibliographique Strasbourgeois jusque vers 1530. 9 Bde. Straßburg 1893–1910. Reprint Baden-Baden 1980 **Schmidt**

Schobes	*Joachim Schobes:* Literatur von und über Theodor Fontane. 2. verm. Aufl. Potsdam 1965
Schoene	*Renate Schoene:* Bibliographie zur Geschichte des Weines. Mannheim 1976 ff. 2. Aufl. München 1988
Schottenloher	*Karl Schottenloher:* Bibliographie zur deutschen Geschichte im Zeitalter der Glaubensspaltung 1517–1585. 7 Bde. Stuttgart 1956–1966
Schrader/ Hering	*G. W. Schrader/Edward Hering:* Biographisch-literarisches Lexikon der Thierärzte aller Zeiten und Länder. Stuttgart 1863
Schraemli	*Zweitausend Jahre gastronomische Literatur.* Offizieller Führer durch die Sammlung Harry Schraemli. Zürich 1942
Schramm	*A. Schramm:* Bildschmuck der Frühdrucke. 23 Bde. Leipzig 1920–1943
Schreiber	*Wilhelm L. Schreiber:* Handbuch der Holz- und Metallschnitte des 15. Jahrhunderts. 8 Bde. Leipzig 1926–1930
Schröder	*Hans Schröder:* Lexikon der hamburgischen Schriftsteller bis zur Gegenwart. 8 Bde. 1851–1883
Schuchhard	*C. Schuchhard:* Die Zeiler-Merianschen Topographien bibliographisch beschrieben. Philobiblon Bd. 3. Hamburg 1959
Schudt	*Ludwig Schudt (Hg.):* Le Guide di Roma; Wien/Augsburg 1930. Reprint 1971
Schulte	*Johann Friedrich Schulte:* Die Geschichte der Quellen und Literatur des canonischen Rechts von Gratian bis auf die Gegenwart. 4 Bde. Stuttgart 1875–1880
Schulte-Strathaus	*Ernst Schulte-Strathaus:* Bibliographie der Originalausgaben der deutschen Dichtung im Zeitalter Goethes. Bd. I,I (mehr nicht erschienen). München 1913
Schunke	*Ilse Schunke:* Die Einbände der Palatina in der vatikanischen Bibliothek. 2 Bde. Città del Vaticano 1962
Schwab	*Moise Schwab:* Bibliographie de la Perse. 1875. Reprint Amsterdam 1962
Schweiger	*Franz L. A. Schweiger:* Bibliographisches Handbuch der gesamten Literatur der Römer. 2 Bde. Leipzig 1834. Reprint Amsterdam 1962
Schwerdt	*H. Collman u. a.:* Hunting–Hawking–Shooting. Illustrated in a catalogue of books, manuscripts, prints and drawings collected by Francis George Richard Schwerdt. 4 Bde. London 1928–1937. Privatdruck, 300 Ex.
Seebaß	*Adolf Seebaß:* Alte Kinderbücher und Jugendschriften. 2 Bde. Antiquariatskataloge Haus der Bücher. Basel 1954/1983 (Kataloge 636 und 818)
Seebaß	*Friedrich Seebaß:* Hölderlin-Bibliographie. München 1922
Seidel	*Gerhard Seidel:* Bibliographie Bertolt Brecht. Titelverzeichnis. Berlin 1975 ff.
Seifert	*Siegfried Seifert:* Lessing-Bibliographie. Berlin 1973
Sembdner	*Helmut Sembdner:* Kleist-Bibliographie 1803–1862. Heinrich von Kleists Schriften in frühen Drucken und Erstveröffentlichungen. Stuttgart 1966
Shirley	*Rodney W. Shirley:* The mapping of the world. Early printed maps 1472–1700. London 1984
Simon	*André Louis Simon:* Bibliotheca Bacchia. 2 Bde. London 1927–1932. Reprint 1972
Simon	*André Louis Simon:* Bibliotheca Gastronomica. London 1953. Reprint 1978
Singer	*Hans Wolfgang Singer:* Allgemeiner Bildnis-Katalog. 14 Bde. Leipzig 1930 ff.

Sachaverell Sitwell/Handasyde Buchanan/James Fisher: Fine bird books, 1700– 1900. 1953   **Sitwell/ Buchanan**

David E. Smith: Rara Arithmetica. Boston/London 1908. Addenda 1939. 4. Aufl. New York 1970   **Smith**

Rolf Söderberg: French Book Illustration 1880–1905. Stockholm 1977   **Söderberg**

Jan Frederik van Someren: Essai d'une bibliographie de l'histoire spéciale de la peinture et de la gravure en Hollande et en Belgique (1500–1875). Amsterdam 1882   **van Someren**

Carlos Sommervogel: Bibliothèque de la Compagnie de Jésus. Neue Ausg. 11 Bde. Brüssel/Paris 1890–1932. Reprint Brüssel/Paris u. Suppl. Löwen 1960   **Sommervogel**

***Anonym** – Carlos Sommervogel:* Dictionaire des ouvrages anonymes et pseudonymes publiés par des religieux de la Compagnie de Jésus. Reprint Amsterdam 1966   **Sommervogel**

Vasily S. Sopikov: An essay in Russian Bibliography or a complete dictionary of works printed in the Church Slavonic and Russian language from the introduction of printing to the year 1813. 2. Aufl. von V. N. Rogozhin. 2 Bde. St. Petersburg 1890. Reprint 1962   **Sopikov**

Bibliotheca chemico-mathematica. Cat. H. Sotheran. 2 Bde. und 4 Suppl. Bde. London 1921–1952. Reprint 1980   **Sotheran**

Roger François Souhart: Bibliographie général des ouvrages sur la chasse. Paris 1886. Reprint Leipzig 1986; und: Paul Petit: Quelques additions. Paris 1888   **Souhart**

Basil H. Soulsby (2. Aufl. bearb. von): A catalogue of the works of Linnaeus preserved in the libraries of the British museum. London 1933   **Soulsby**

Martin Spahn: Johannes Cochläus. Ein Lebensbild aus der Zeit der Kirchenspaltung. Berlin 1898. Reprint Nieuwkoop 1964   **Spahn**

John M. Spalek/J. Strelka (Hg.): Deutsche Exilliteratur seit 1933. Bd. I: Kalifornien. 2 Bde. Bern/München 1976   **Spalek/Strelka**

Joachim Staedtke: Heinrich Bullinger. Bibliographie. Zürich 1972   **Staedtke**

Ernst Staehelin: Oekolampadbibliographie. In: Basler Zeitschrift für Geschichte und Altertumskunde 17, 1918, S. 1–119. Reprint Nieuwkoop 1963   **Staehelin**

Gerhard Stalla: Bibliographie der Ingolstädter Drucke des 16. Jahrhunderts. 7 Bde. Baden Baden 1971–1977   **Stalla**

Josef Stammhammer: Bibliographie des Socialismus und Communismus. 3 Bde. Jena 1893–1909. Reprint Aalen 1963–1964. Berichtszeitraum bis 1908   **Stammhammer**

Francis M. Staton/Marie Tremaine (Hg.): A bibliography of Canadiana. Toronto 1939. Suppl. Toronto 1959   **Staton/ Tremaine**

Wihelm Sternfeld/Eva Tiedemann: Deutsche Exil-Literatur 1933–1945. Eine Bio-Bibliographie. 2. Aufl. Heidelberg 1970   **Sternfeld/ Tiedemann**

Henry N. Stevens: Ptolemy's Geography. A brief account of all the printed editions to 1730. 2. Aufl. London 1908   **Stevens**

Roderich Stintzing: Geschichte der deutschen Rechtswissenschaft (Abt. 3 von Ernst Landsberg). 3 Bde. München 1880–1910   **Stintzing/ Landsberg**

Robert Streit: Bibliotheca missionum. 30 Bde. München 1916–1974   **Streit**

Stuck-Villa	*Illustrierte Kinderbücher aus 3 Jahrhunderten.* Ausst. Kat. Villa Stuck München 1970
Talvart/Place	*Hector Talvart/Joseph Place:* Bibliographie des auteurs modernes de langue française (ab 1801). 22 Bde. Paris 1928 ff.
Taylor	*Clyde R. H. Taylor:* A Pacific Bibliography. Printed matter relating to the native peoples of Polynesia, Melanesia and Micronesia. 2. Aufl. Oxford 1965
Tchemerzine	*Avenir Tchemerzine:* Bibliographie d'éditions originales et rares d'auteurs français. 10 Bde. Paris 1927–1934
Tchemerzine	***Repert.*** *– Avenir u. St. Tchemerzine:* Répertoire de livres à figures rares et précieux (XVIIe siècle). Paris 1933
Teitge	*Hans Erich Teitge:* Theodor Storm Bibliographie. Berlin 1967
Ter Meulen	*Jacob Ter Meulen:* Concise bibliography of Hugo Grotius. Library of the Palace of Peace. Leyden 1925
Thiébaud	*Jules Thiébaud:* Bibliographie des ouvrages français sur la chasse. Paris 1934. Suppl. 1953. Reprint 1974
Thieme/Becker	*Ulrich Thieme/Felix Becker (Hg.):* Allgemeines Lexikon der bildenden Künstler von der Antike bis zur Gegenwart. 37 Bde. Leipzig 1953–1962
Thomas-Stanford	*Charles Thomas Stanford:* Early editions of Euclid's elements. Bibliographical society 1926
Thorndike	*Lynn Thorndike:* A history of magic and experimental science. 8 Bde. New York 1923–1958. Grundwerk zur Geschichte der Naturwissenschaften bis zum 17. Jahrhundert
Tiele	*Pieter Anton Tiele:* Nederlandsche Bibliographie van Land- en Volkenkunde. Amsterdam 1884. Reprint 1966
Tiele	***Navigateurs*** *– Pieter Anton Tiele:* Mémoire bibliographique sur les journaux des navigateurs Néerlandais. 1867. Reprint Amsterdam 1960 und 1966
Tissandier	*Gaston Tissandier:* Bibliographie aéronautique. 1887
Tobler	*Titus Tobler:* Bibliographia geographica Palestinae. Zunächst kritische Uebersicht gedruckter und ungedruckter Beschreibungen der Reisen in das heilige Land. Leipzig 1867. Suppl. Dresden 1875
Tomkinson	*G. S. Tomkinson:* A select bibliography of the principal modern public presses in Great Britain and Ireland. London 1928
Tooley	*Ronald Vere Tooley:* English books with coloured plates 1790 to 1860. London 1954. Neue Aufl. London 1973
TRE	*Gerhard Krause/Gerhard Müller (Hg.):* Theologische Realenzyklopädie. 12 Bde. Berlin 1976–1994
Tourneux	*Maurice Tourneux:* Bibliographie de l'Histoire de Paris pendant la Revolution français. 5 Bde. Paris 1890–1913
Trelles	*Carlos M. Trelles y Govin:* Bibliografia Cubana de los siglos XVII y XVIII. Havanna 1927. Reprint Vaduz 1965
Ullrich	*H. Ullrich:* Robinson und Robinsonaden. Bibliographie, Geschichte, Kritik. Weimar 1898
Vanderhaeghen	*Ferdinand François Vanderhaeghen:* Bibliotheca Erasmiana. 7 Bde. Gent 1897–1908

Albert Vanselow: Die Erstdrucke und Erstausgaben der Werke von Wilhelm Busch. Leipzig 1913   **Vanselow**

Verzeichnis der im deutschen Sprachbereich erschienenen Drucke des XVI. Jahrhunderts. Hg. von der Bayerischen Staatsbibliothek in München in Verbindung mit der Herzog August Bibliothek in Wolfenbüttel. Abt. I. 22 Bde. Stuttgart 1983–1995   **VD 16**

Georges Vicaire: Manuel de l'amateur de livres du XIXe siècle. 8 Bde. Paris 1894–1920. Reprint Brueil-en-Vexin 1974–1975   **Vicaire**

Gastronomie – *Georges Vicaire:* Bibliographie gastronomique. Paris 1890. Reprint 1978   **Vicaire**

Arsène Vigeant: La Bibliographie de l'Escrime ancienne et moderne. Paris 1882   **Vigeant**

Francisco Vindel: El arte tipografico en España durante el siglo XV. 9 Bde. Madrid 1945–1951   **Vindel**

Manfred Vischer: Bibliographie der Zürcher Druckschriften des 15. und 16. Jahrhunderts. Baden-Baden 1991   **Vischer**

Jürgen Voerster: 160 Jahre E. T. A. Hoffmann-Forschung 1805–1965. Eine Bibliographie mit Inhaltserfassung und Erläuterungen. Stuttgart 1967   **Voerster**

Leon Voet: The Plantin press (1555–1589). A bibliography of works printed and published by Christopher Plantin. 6 Bde. Amsterdam 1980–1983   **Voet**

Paul Heinz Vogel: Europäische Bibeldrucke des 15. und 16. Jahrhunderts in den Volkssprachen. Baden-Baden 1962   **Vogel**

Hans Vollmer: Allgemeines Lexikon der bildenden Künstler des 20. Jahrhunderts. 6 Bde. Leipzig 1953–1962. Fortsetzung des Thieme/Becker   **Vollmer**

Ernst Voulliéme: Zur Bibliographie Heinrich Knoblochtzers in Heidelberg. In: Bok- och bibliotekshistoriska studir, tillägnade Isak Collijn. Upsala 1925, S. 137–151   **Voulliéme**

Ernst Voulliéme: Der Buchdruck Kölns bis zum Ende des 15. Jahrhunderts. Bonn 1903. Reprint Düsseldorf 1978   **Voulliéme**

Erwin Wackermann: Münchhausiana. 2 Bde. Stuttgart 1969–1978   **Wackermann**

Adolf Waeber: Landes- und Reisebeschreibungen. Ein Beitrag zur Bibliographie der schweizerischen Reiseliteratur, 1479–1890. Bern 1899 (Bibliographie der schweizerischen Landeskunde, Bd. 3)   **Waeber**

Charles Louis Camp (erw. u. durchgesehen von): Henry Raup Wagner's The Plains and the Rockies. A bibliography of original narratives of travel and adventure 1800–1865. San Francisco 1937. 3. Aufl. Columbus 1953   **Wagner/Camp**

Helmut Waibler: Hermann Hesse. Eine Bibliographie. Bern 1962   **Waibler**

H. Sallander: Bibliotheca Walleriana. The books illustrating the history of medicine and science. Coll. by E. Waller. 2 Bde. Stockholm 1955. Reprint New York um 1990   **Waller**

A descriptive catalogue of the books printed in the fifteenth century in the library of H. Walters. Baltimore 1906   **Walters**

A. Warda: Die Druckschriften Immanuel Kants (bis zum Jahre 1838). Wiesbaden 1919   **Warda**

Carl G. Warmholtz: Bibliotheca historica Sveo-Gothica. 15 Bde. Stockholm/ Upsala 1782–1817. Reprint Kopenhagen 1966–1968   **Warmholtz**

Weale/Bohatta	*William Henry James Weale:* Bibliographia liturgica. Catalogus missalium ritus Latini ab anno MCCCClXXIV. Neu hg. von Hanns Bohatta. London 1928
Weber	*Horst Weber:* Hugo von Hofmannsthal Bibliographie. Berlin 1972; und: Hugo von Hofmannsthal. Bibliographie des Schrifttums 1892–1963. Berlin 1972
Wedewer	*Hermann Wedewer:* Johannes Dietenberger, 1475–1537. Sein Leben und Wirken. Freiburg 1880. Reprint Nieuwkoop 1967
Wegehaupt	*Heinz Wegehaupt:* Alte deutsche Kinderbücher. 2 Bde. 1507–1850/1851–1900. Berlin 1979/1985
Wegehaupt	***Arbeiterklasse*** *– Heinz Wegehaupt:* Deutschsprachige Kinder- und Jugendliteratur der Arbeiterklasse von den Anfängen bis 1945. Berlin 1972
Wellcome	*Wellcome Historical Medical Library.* A catalogue of printed books in the Wellcome Historical Medical Library. 3 Bde. London 1962–1973
Weller	*Emil Weller:* Die falschen und fingierten Druckorte. 2 Bde. u. 1 Suppl. Leipzig 1864–1867. Reprint 1970
Weller	***Annalen*** *– Emil Weller:* Annalen der poetischen Nationalliteratur der Deutschen. Freiburg 1862–1864
Weller	***Pseudonyme*** *– Emil Weller:* Lexicon Pseudonymorum. 2. Aufl. Regensburg 1886
Westbury	*Lord Westbury:* Handlist of Italian cookery books. Florenz 1963
Westwood/ Satchell	*Thomas Westwood/Thomas Satchell:* Bibliotheca Piscatoria. A catalogue of books on angling, the fisheries and fish-culture. London 1883. Reprint 1966
Wetzer/Welte	*J. Hergenröther/F. Kaulen (Hg.):* Wetzer und Welte's Kirchenlexikon oder Enzyklopädie der katholischen Theologie und ihrer Hülfswissenschaften. 2. Aufl. 13 Bde. Freiburg 1882–1903
Wheeler	*W. D. Weaver (Hg.):* Catalogue of the Wheeler Gift of books, pamphlets and periodicals in the Library of the American Institute of Electrical Engineers. New York 1909
Wierzbowski	*Theodor Wierzbowski:* Bibliographia Polonica XV ac XVI ss. 3 Bde. Warschau 1889–1894. Reprint Nieuwkoop 1961
Wilhelm	*Gottfried Wilhelm:* Heine-Bibliographie. 3 Bde. Weimar 1960–1968
Willems	*Alphonse Willems:* Les Elzevier. Brüssel 1880. Reprint 1962
Wilpert/Gühring	*Gero v. Wilpert/Adolf Gühring:* Erstausgaben deutscher Dichtung. Stuttgart 1967. 2. erw. Aufl. Stuttgart 1992
Wolfstieg	*August Wolfstieg:* Bibliothek der freimaurerischen Literatur. 3 Bde. 2. Aufl. Leipzig 1911–1913. Reprint Leipzig 1923. Suppl. Leipzig 1926
Wood	*Casey A. Wood:* An introduction to the literature of vertebrate zoology. Montreal 1931
Wütschke	*Hans Wütschke:* Hebbel-Bibliographie. Ein Versuch. Berlin 1910. Fortgesetzt 1910–1970 von U. H. Gerlach. 1973
Wurzbach	*Constant v. Wurzbach:* Biographisches Lexikon des Kaiserthums Österreich. 60 Tle. u. Register. Wien 1856–1923. Biographien aus allen Nationen der k. u. k. Monarchie.
Zachert/Zeidler	*Ursula Zachert/U. Zeidler:* Verzeichnis medizinischer und naturwissenschaftlicher Drucke 1472–1830. Herzog August Bibliothek Wolfenbüttel. Reihe A:

Alphabetischer Index. 4 Bde. Nendeln 1982. Reihe B: Chronologischer Index.
3 Bde. 1976. Reihe C: Ortsindex. 3 Bde. 1978

Wolfram Zaunmüller: Bibliographisches Handbuch der Sprachwörterbücher.   **Zaunmüller**
New York 1958

Edith Zenker: Heinrich Mann Bibliographie. Werke. Berlin 1967   **Zenker**

Werner Ziegenfuß/Gerhard Jung: Philosophen-Lexikon. Handwörterbuch der   **Ziegenfuß**
Philosophie nach Personen. 2 Bde. Berlin 1949–1950

John Todd Zimmer: Catalogue of the Edward E. Ayer ornithological library.   **Zimmer**
3 Bde. Chicago 1926

Ernst Zinner: Geschichte und Bibliographie der astronomischen Literatur in   **Zinner**
Deutschland zur Zeit der Renaissance. Leipzig 1941. Nachtrag Stuttgart 1964

Charles B. Zippermann: Gottfried Keller. Bibliographie 1844–1934. Zürich 1935   **Zippermann**

Gert A. Zischka: Index lexicorum. Bibliographie der lexikalischen Nachschla-   **Zischka**
gewerke. Wien 1959

Berlin-Bibliographie (bis 1960). In der Senatsbibliothek Berlin. Berlin 1965   **Zopf/Heinrich**

Register

zu den Bibliographien und
Nachschlagewerken

Buchdruck
– *Frankreich* Claudin
Buchkunst Artist and the Book; Loubier
Buchwesen allgemein LGB
Büchner, Georg Schlick
Bullinger, Heinrich Staedtke
Busch, Wilhelm Vanselow

Calvin, Johannes Erichson
Cervantes Saavedra, Miguel de Rius
Chamisso, Adalbert
– *Peter Schlemihl* Rath
Chemie Bolton; Duveen; Ferchl;
Ferguson; Sotheran
Chile Briseño
China Cordier; Lust; Möllendorff
Cochläus, Johannes Spahn, Cochläus

Dänemark Bruun, 1877; Bruun, 1913
– *Biographien* DBI
Darwin, Charles Freeman, Darwin
Dietenberger, Johannes Wedewer,
Dietenberger
Dillingen Bucher
Döblin, Alfred Huguet
Droste-Hülshoff, Annette v. Arens
Dürer, Albrecht Meder

Egenolff, Christian Richter
Eichendorff, Joseph v. Eichendorff,
Karl; Kroh
Einbände Béraldi; Goldschmidt;
Haebler, Stempel; Helwig; Kyriß;
Olivier/Hermal; Schunke
Einstein, Albert Boni/Russ/Laurence
Eisenbahn Metzeltin
Elzevier Berghmann; Willems
Emblembücher Landwehr
Entdeckungen Cox; Embacher; Engel-
mann; Henze
Erasmus von Rotterdam Bezzel; Van-
derhaeghen
Erotika Bilder-Lex.; Gay-Lemmonyier;
Hayn-Gotendorf
Erstausgaben Borst; Brieger;
Wilpert/Gühring
– *Amerika* Brussel
– *Frankreich* Le Petit
– *Goethezeit* Schulte-Strathaus

– *Sozialistische Literatur* Melzwig
Esoterik Dorbon-Ainé
Eugen von Savoyen (Prinz Eugen)
Böhm
Euklid Thomas-Stanford
Exil Maas; Spalek-Strelka; Sternfeld/Tie-
demann
Expressionismus
– *Zeitschriften* Raabe

Faksimiles Geigy
Falknerei Harting; Schwerdt
Falsche Druckorte Weller
Faust Engel; Kippenberg
Fechtkunst Castle; Vigeant
Fichte, Johann Gottlieb
Baumgartner/Jacobs
Fischerei Westwood/Satchell
Flugschriften Hohenemser
Fontane, Theodor Schobess
Forster, Georg Fiedler
Forstwirtschaft Mantel
Fotografie Heidtmann
Frankreich Gr. Enc.
– *Achtzehntes Jahrhundert* Fürstenberg;
Kat. Fürstenberg
– *Biographien* Biogr. nouv.
– *Literatur* Cioranescu; Quérard; Tal-
vart/Place; Tchemerzine; Le Petit
– *Revolution/Kaiserreich* Martin/Walter;
Monglond
– *Sechzehntes Jahrhundert* Mortimer,
France; Rép. XVIe siècle
– *Siebzehntes Jahrhundert* Goldsmith,
France; Rép. XVIIe siècle; Tchemerzine,
Répert.
– *Übersetzungen ins Deutsche* Fromm
Freimaurer Fesch; Wolfstieg
Frisius, Gemma van Ortroy, Frisius
Froschauer Leemann van Elck,
Froschauer; Rudolphi, Froschauer

Garten Dochnahl; Hunt
Gastronomie Bitting; Georg; Schraemli;
Simon, Bacchia; Simon, Gastronomica;
Vicaire, Gastronomie
Geographie Atkinson; Engelmann;
Streit
Siehe auch unter Entdeckungen, Kartogra-

phie, Polargebiete, Reisen
Geologie Agassiz; Sarjeant
George, Stefan Landmann
Geschichte
– *Deutschland* Dahlmann-Waitz
– *Mittelalter* Potthast
**Giolto de' Ferrari di Monferato,
Gabriel** Bongi
Giunti Camerini
Goethe, Johann Wolfgang v. Hagen;
Hirzel; Kippenberg; Pyritz
Grabbe, Christian Dietrich Bergmann
Groenland Lauridsen
Großbritannien Encycl. Brit.
– *Biographien* DNB
– *Literaturwissenschaften* Bateson;
Bateson/Meserole; Lowndes
– *Stahlstichansichten* Holloway
– *Übersetzungen ins Deutsche*
Schloesser
Grosz, George Dückers
Grotius, Hugo Rogge; Ter Meulen
Guam Griffin, Samoa

Hagenau Benzing, Hagenau
Haller, Albrecht Lundsgaard-Hansen
Hamburg Möller/Tecke; Rapp; Schröder
Handarbeiten Lotz
Handschriften Leroquais
– *Gotik/Renaissance* Muther
– *Sammlung Ludwig* van Euw/Plotzek
– *Österreich* Illum. Hss. Österreich
Hannover Loewe, Hannover
Hauptmann, Gerhart Ludwig
Hauser, Kaspar Peitler/Ley
Hebbel, Friedrich Wütschke
Hedin, Sven Hess
Heine, Heinrich Meyer, F.;
Wilhelm
Heraldik Armorial Belge; von Berchem;
Bernd; Guigard
Herder, Johann Gottfried Berger,
Herder
Hesse, Hermann Waibler
Hölderlin Kohler/Kelletat; Seebaß;
Hölderlin
Hoffmann, Ernst Theodor Amadeus
Salomon; Voerster
Hofmannsthal, Hugo v. Weber

Holzschnitte Schreiber; Hollstein
Holzstiche Brivois
Humboldt, Alexander v. Löwenberg

Illustrierte Bücher Carteret, 1924;
Carteret, 1946
– *Achtzehntes Jhdt.* Cohen-Ricci;
Lanckoronska-Oehler; Lewine;
Rümann, 18. Jhdt.; Sander, 18. Jhdt.
– *Barock* Hofer
– *Basel, Sechzehntes Jhdt.* Hieronymus
– *Botanik* Nissen, Botan. Ill.; Nissen,
Kräuterbücher
– *Gotik/Renaissance* Muther
– *Inkunabeln* Kunze; Martin; Olschki;
Schramm
– *Jugendstil* Hofstätter
– *Neunzehntes Jhdt.* Brivois; Rümann,
19. Jhdt.; Rümann, Illustr. Bücher; San-
der, 19. Jhdt.; Söderberg; Tooley
– *Schweiz* Lonchamp
– *Zoologie* Nissen, Fischbücher; Nissen,
Tierbücher; Nissen, Vogelbücher;
Nissen, Zool. Ill.
– *Zürich* Leemann van Elck
– *Zwanzigstes Jahrhundert* Mahé
Ingolstadt Stalla
Inkunabeln Baer; Berkowitz; BMC;
BMC, STC; Bohatta, Liturgie; Bohatta,
Stundenbücher; Goff; GW; Hain-Co-
pinger; IGI; Lacombe; Oates; Olschki;
Panzer; Pellechet/Polain; Polain;
Proctor; Walters; Weale-Bohatta
– *Basel* Heckethorn
– *Bibel* Darlow/Moule; Vogel
– *Deutschland* Fairfax Murray, Germany;
Geldner
– *Elsaß* Ritter
– *Frankreich* Fairfax Murray, France;
Martin
– *Hagenau* Burg
– *Illustrationen* Kunze; Schramm
– *Italien* Sander, Italien
– *Köln* Voulliéme, Köln
– *Medizin* Klebs
– *Polen* Wierzbowski
– *Portugal* BGP; Haebler, Iberica
– *Rouen* Frère
– *Schweden* Collijn, 16. Jhdt.

174

– *Spanien* Haebler, Iberica; Vindel
– *Speyer* Roth, Speyer
– *Straßburg* Kristeller; Ritter, Kat. Straß-
  burg; Schmidt, Rép
– *Ulm* Amelung
– *Wien* Gollob
– *Zürich* Vischer
Insel-Verlag Sarkowski; Sarkowski, IB
Iran Schwab
Island Fiske
Italien Encicl. Ital., Haym
– *Reisen* Pine-Coffin
– *Sechzehntes Jahrhundert* Mortimer, Italy
– *Sprache* Gamba

Jagd Lindner; Schwerdt; Souhart;
  Thiébaud
Jahnn, Hans Henny Meyer
Japan Cordier, Bibl. jap.; Nachod
Jean Paul Berend/Krogoll
Jesuiten de Backer; Carayon; Sommer-
  vogel; Sommervogel, Anonyme
Judaica Freimann; Fürst
– *Biographien* JNB
Jugendbücher Brüggemann; Doderer;
  Klotz; Ries; Seebaß; Wegehaupt,
  Arbeiterklasse
– *Nürnberg* Rammensee

Kaffee Mueller
Kafka, Franz Hemmerle; Järv
Kakao Mueller
Kalender
Siehe unter **Almanache**
Kalligraphie Doede
Kanada Amtmann; Cooke/Holland;
  Staton/Tremaine
– *Biographien* Macmillan Dict.
Kant, Immanul Adickes; Warda
Kartographie Acta Cart.; Engelmann;
  Hantzsch; Phillips; Shirley
– *Apian, Petrus* van Ortroy, Apian
– *Frisius, Gemma* van Ortroy, Frisius
– *Niederlande* Koeman
– *Ptolemaeus, Claudius* Sanz; Stevens
Kaukasien Miansarof
Keller, Gottfried Zippermann
Kepler, Johannes Caspar
Kinderbücher Brüggemann; Doderer;

Gumuchian; Hobrecker; Hürlimann;
Klotz; Noesser; Osborne-Coll.;
Parmegiani; Pressler; Ries; Rümann,
Kinderbücher; Seebaß;
Stuck-Villa; Wegehaupt; Wegehaupt,
Arbeiterklasse
– *England* Muir
– *Nürnberg* Rammensee
– *Robinson Crusoe* Ullrich
Kleist, Heinrich v. Rothe; Sembdner
Knoblochtzer, Heinrich Voulliéme;
Knoblochtzer
Kochbücher Axford; Bitting; Drexel;
Georg; Horn/Arndt
– *Italien* Westbury
Kommunismus *Siehe unter Sozialismus*
Kopernikus, Nicolaus Baranowski
Kostümkunde Colas; Hiler; Lipper-
heide
Kraus, Karl Kerry
Kriegswissenschaft Jähns; Nicolai
Kuba Trelles
Kunstgeschichte Arntzen/Rainwater;
Bénézit; Cicognara; Lewine; Pollen;
Thieme/Becker; Vollmer
– *Belgien* van Someren
– *Niederlande* van Someren
– *Schweiz* Brun
Kupferstiche Andresen; Hollstein
Kurt Wolff Verlag Göbel

Lechter, Melchior Raub
Leibniz, Gottfried Wilhelm v. Ravier
Lessing, Gotthold Ephraim Muncker;
Seifert
Lexika Zischka
Lichtenberg, Georg Christoph Jung
Liebig, Justus Paolini
Linné, Carl v. Hulth; Soulsby
Literaturwissenschaft Geisler;
Goedeke; Grimm; DW; KLL; Kosch;
Weller, Annalen
– *Frankreich* Querard; Talvart/Place;
Tchemerzine
– *Frauen in der Literatur* Pataky
– *Goethezeit* Schulte-Strathaus
– *Großbritannien* Bateson;
Bateson/Meserole; Lowndes
– *Klassische Philologie* Schweiger

LITHOGRAPHIE

Polen Estreicher
Pontificale Leroquais
Porträts Diepenbroick-Grüter; Singer
Portugal Anselmo; Barbosa Machado;
Gr. Enc. Port.
– *Inkunabeln* BGP; Haebler, Iberica
– *Siebzehntes Jahrhundert* Goldsmith,
Spain
Pressendrucke Rodenberg
– *Großbritannien* Tomkinson
Psalterien Leroquais
Pseudonyme *Siehe unter Anonyme*
Ptolemaeus, Claudius Sanz; Stevens

Raabe, Wilhelm Meyen
Radierungen Hollstein
Recht Kleinheyer/Schröder;
Stintzing/Landsberg
– *Kanonisches Recht* Schulte, Quellen
Reformation Knaake; Kuczynski;
Schottenloher, Pegg, Reformation
Reisen Cox; Embacher; Engelmann
– *Italien* Pine-Coffin
– *Palaestina* Röhricht
– *Wilder Westen* Wagner/Camp
Reuchlin, Johannes Benzing, Reuchlin
Rheinland
– *Stahlstiche* Häuser
Richter, Ludwig Hoff/Budde
Rilke, Rainer Maria Mises; Ritzler,
Rilke
Ringelnatz, Joachim Kayser/des Cou-
dres
Ritter Huth
Rom Schudt
Romantik Bobeth
– *Zeitschriften* Houben/Walzel
Rußland Sopikov
– *Alaska* (vor 1868) Lada-Mocarski
Rouen Frère

Samoa Griffin, Samoa
Schiller, Friedrich v. Marcuse
Schlesien Loewe, Schlesien
Schleswig-Holstein DBI; Kat. Schles-
wig-H.
Schokolade Mueller
Schopenhauer, Arthur Laban
Schreibmeisterbücher Doede

Schweden Collijn, 16. Jhdt.; Collijn,
17. Jhdt.; Warmholtz
Schweiz Barth; Haller; Waeber
– *Illustrierte Bücher* Lonchamp
– *Kunstgeschichte* Brun
Sechzehntes Jahrhundert Adams;
Benzing, 16. Jhdt.; BMC, STC, …;
Bohatta, Stundenbücher; Heyse;
Index Aureliensis; Lacombe;
Weale-Bohatta
– *Außereuropa* Muller/Roth
– *Basel* Heckethorn; Hieronymus
– *Belgien* Belgica Typographica
– *Bibel* Vogel
– *Deutschland* Pegg, Copenhagen; VD 16
– *Dillingen* Bucher
– *Elsaß* Ritter
– *Frankreich* Cioranscu, 16. Jhdt.;
Mortimer, France; Rép. XVIe siècle
– *Genf* Chaix/Dufour
– *Hagenau* Benzing, Hagenau; Burg
– *Ingolstadt* Stalla
– *Italien* Mortimer, Italy
– *Medizin* Durling
– *Mexiko* García Icazbalceta
– *Naturwissenschaft* Darmstaedter
– *Niederlande* Pegg, Copenhagen
– *Polen* Wierzbowski
– *Portugal* Anselmo
– *Rouen* Frère
– *Schweden* Collijn, 16. Jhdt.
– *Speier* Roth, Speier
– *Straßburg* Benzing, Straßburg;
Kristeller; Muller; Ritter, Kat. Straß-
burg; Schmidt, Rép.
– *Türkendrucke* Göllner
– *Ungarn* Kertbeny
– *Venedig* Essling
– *Wien* Gollob
– *Worms* Roth, Worms
– *Zürich* Vischer
Siehe auch unter Reformation
Seefahrt
– *Niederlande* Tiele, Navigateurs
– *Spanien* de Navarrete
Siebzehntes Jahrhundert Benzing,
16. Jhdt.; Bonaffé; Heyse; Praz
– *Frankreich* Goldsmith, France, Rép.
XVIIe siècle; Tchemerzine, Répert.

– *Portugal* Goldsmith, Spain
– *Schweden* Collijn, 17. Jhdt.
– *Spanien* Goldsmith, Spain
Siehe auch unter Barock
Sozialismus Melzwig; Stammhammer
Spanien Foulché-Delbosc; Gallardo;
Palau
– *Seefahrt* de Navarrete
– *Inkunabeln* Haebler, Iberica;
Vindel
– *Siebzehntes Jahrhundert* Goldsmith,
Spain
Spinoza, Baruch van der Linde
Sprachwörterbücher Zaunmüller
Stahlstiche
– *Großbritannien* Holloway
– *Rheinland* Häuser
Stifter, Adalbert Eisenmeier
Storm, Theodor Teitge
Straßburg Benzing, Straßburg;
Kristeller; Muller
Stundenbücher Bohatta, Stunden-
bücher; Lacombe; Leroquais

Tabak Arents
Tanz Petermann
Technik Darmstaedter; Roberts
– *Elektrotechnik* Wheeler
Tee Mueller
Theater Kosch, Theater
Theologie Herzog; LThK; RGG; TRE;
Wetzer/Welte
Transkaukasien Miansarof
Trakl, Georg Ritzler, Trakl

Ungarn Apponyi; Ballagi; Kertbeny
Universitäten Erman-Horn
Unvollendete Druckwerke MNE
USA Howes; Monaghan
– *Alaska* Lada-Mocarski
– *Biographien* DAB
– *Bürgerkrieg* Bartlett
– *Kalifornien* Cowan; Henderson
– *Wilder Westen* Wagner/Camp
Utopien Hevesi

Verbotene Bücher Fraxi; Houben
Veterinärmedizin Schrader/Hering
Volksbücher Heitz/Ritter

Voltaire, François Marie Arouet de
Bengesco
Waffen Riling
Wasserzeichen Briquet
Weimar Kippenberg
Wein Schoene
Weinheber, Josef Bergholz
Wien Mayer, Wien
Wirtschaft Humpert; Kress

Zeitschriften Hocks/Schmidt; King;
Kirchner; Marwinski; Schlawe
– *Expressionismus* Raabe
– *Germanistik* Diesch; Estermann
– *Romantik* Houben/Walzel
Zell, Ulrich Merlo
Zoologie Agassiz; Eales; Nissen,
Fischbücher; Nissen, Tierbücher;
Nissen, Vogelbücher; Nissen, Zool. Ill.;
Wood
– *Emtomologie* Horn/Schenkling; Lisney
– *Fische* Westwood/Satchell
Siehe auch unter Ornithologie
Zweig, Stefan Klawiter

Glossar

Abbreviatur Um Platz und Zeit zu sparen, gebrauchten mittelalterliche Schreiber Kurzformen, deren Bedeutungen allgemein bekannt waren. In der Regel bezeichnet eine horizontale Linie über den Buchstaben eine Abbreviatur. Bis weit ins 16. Jahrhundert hinein bediente sich auch die Typographie der Abbreviaturen. Vgl. auch → Ligatur *(siehe S. 31 f.)*.

Antiphonar Liturgisches Buch, das die Gesänge der Stundengebete (Antiphonen) nach den Festzeiten geordnet, kurze Gesangstücke vor und nach den Psalmen sowie Wechselgesänge zwischen Priester und Gemeinde enthält. Ab etwa dem Jahr 1000 entfaltet sich in den Antiphonaren eine reiche Buchmalerei. Die frühen Drucke sind sowohl wegen ihres Buchschmuckes wie auch als Beispiele für den frühen Notendruck bedeutsam. Vgl. → Graduale.

Autograph Ein von seinem Verfasser eigenhändig geschriebenes, authentisches Schriftstück, das durch die Persönlichkeit des Urhebers eine besondere Bedeutung erhält. Neben ganzen Texten werden in Antiquariaten auch Schriftstücke, die zwar von anderer Hand stammen, jedoch handschriftliche Korrekturen oder Anmerkungen eines Autors enthalten, redigierte oder unterschriebene Typoskripte, Bücher mit eigenhändiger Widmung oder Signatur als Autographen gehandelt.
M. Barthel/B. Weidner (Hg.): Signaturen. Autographen berühmter Persönlichkeiten. München 1983; M. A. Benjamin: Autographs. A key to collecting. New York 1986; B. Bennett: A collector's guide to autographs with prices. Lombard/Ill. 1986; G. Sanders/H. Sanders/R. Robets: The price guide to autgraphs. Radnor 1988.

Benedictionale Sammlung von Segnungen und Exorzismen, die in der Messe nach dem Pater noster gesungen wurden. Die meisten Handschriften stammen aus dem frühen Mittelalter.

Bibliophilie Im allgemeinen die Liebe zum Buch, die sich in ihrer krankhaften Form bis zur Bibliomanie steigern kann. Seit dem ausgehenden Mittelalter gibt es den Privatsammler von Büchern, der häufig auch als Initiator von öffentlichen Bibliotheken auftritt. Petrarca (1304–1374) und Boccaccio (1313–1375) ragen als Bibliophile der Renaissance hervor. In Frankreich setzte Jean Grolier (1479–1565) neue Maßstäbe für die Einbandkunst. Berühmt waren die sogenannten Corvinen aus der Privatbibliothek des Königs Matthias Corvinus (1443–1490) von Ungarn. Im 18. und 19. Jahrhundert entstanden vor allen Dingen in Frankreich und England Privatbibliotheken, deren Besitzer sich ausschließlich an ästhetischen Kriterien orientierten. Seit dem 19. Jahrhundert, mit dem Beginn der industriellen Buchproduktion, ging die Bedeutung der kostbaren privaten Büchersammlungen etwas zurück, wobei ab etwa 1830 eine Gegenbewegung einsetzte, die sich auf das Sammeln antiquarischer Bücher verlegte. Neben den nach wie vor vorhandenen antiquarischen Interessen macht sich der bibliophile Sammler auch um die moderne Buchkunst verdient, indem er den Verlegern von Pressendrucken oder sonstigen individuell gestalteten Büchern einen Absatzmarkt sichert. Dem Sammelobjekt entsprechend sind die Möglichkeiten der sammlerischen Konzeption nahezu unendlich. Bei den meisten Bibliophilen spielt das Buch als Kapitalanlage eine eher untergeordnete Rolle.

G. A. E. Bogeng: Die großen Bibliophilen. 3 Bde. Leipzig 1922; ders.: Einführung in die Bibliophilie. Leipzig 1931; J. Willms: Bücherfreunde, Büchernarren. Wiesbaden 1978; K. K. Walther (Hg.): Lexikon der Buchkunst und der Bibliophilie. Leipzig 1987 und München 1988; C. Franklin: Book collecting as one of the fine arts and other essays. Aldershot 1996.

Camaieu-Druck Variante des Clairobscur-Schnittes. Beim Camaieu-Druck wird ganz auf die Schwarzplatte verzichtet; die abgestuften Lichteffekte werden durch mehrere Holzschnitte mit verschiedenen Grautönen erreicht *(siehe S. 90)*.

Chrysographie Die Kunst, mit Gold zu schreiben, zu zeichnen oder zu malen. Sie wurde von byzantinischen Buchmalern im frühen Mittelalter gepflegt und im Abendland von ottonischen Schreibern und Buchmalern übernommen. Auf das dunkelrot gefärbte Pergament der Purpurcodices wurde mit Goldtinktur geschrieben.

V. Trost: Gold- und Silbertinten. Technologische Untersuchungen zur abendländischen Chrysographie und Argyrographie von der Spätantike bis zum hohen Mittelalter. Wiesbaden 1991.

Clairobscur-Schnitt Sonderform des Farbholzschnitts. Mit dem Helldunkelschnitt (= Clair-obscur) versucht man eine Licht- und Schattenwirkung zu erzielen, indem mit zwei Druckplatten gearbeitet wird, wobei mit der einen die Schwarzzeichnung, mit der anderen ein Farbton gedruckt wird. Es kann noch eine weitere Druckvorlage hinzukommen mit einer dunkleren Variante desselben Tons *(siehe S. 90)*.

Codex Buchform, die aus mehreren zusammengehefteten Lagen von Pergament, seit dem 14. Jahrhundert auch aus Papier besteht. Der Codex löst die Buchrolle der Antike ab. Als Vorläufer gelten die Schreibtafeln der Römer, bei denen gelegentlich zwei oder mehr mit Wachs überzogene Holztäfelchen zu einem Notizheft oder auch einer Prachturkunde verbunden wurden. Bestimmend für das Aufkommen von Codices war die Verwendung von Pergament statt Papyrus. Zwischen dem 2. und 4. Jahrhundert setzte er sich gegen die

Rolle durch. Der Codex bot ihr gegenüber einige Vorteile: Ein mehrere Rollen umfassender Text ließ sich in einem Codex zusammenfassen; man konnte ihn auf einem Pult aufschlagen und darin blättern, was eine leichtere Nachschlagetätigkeit ermöglichte. Die kubische Form ließ sich wesentlich einfacher aufstellen oder stapeln. Im romischen Buchwesen gab es kleinere Codices zunächst als preiswerte Taschen-, Reise- oder Geschenkbücher. Das Christentum leistete einen weiteren Beitrag zu seiner Verbreitung. Es gibt Anlaß zu der Vermutung, daß der Bibeltext seit dem 2. Jahrhundert in Form von Codices verbreitet wurde. Das trockene Wüstenklima Ägyptens hat aus dieser Zeit gebundene Bücher auf Papyrus bewahrt. Überliefert sind u. a. ein Ilias- und ein Septuagintafragment. Die koptische Literatur des 4. Jahrhunderts wurde in Papyruscodices festgehalten. Im 4. Jahrhundert dürfte auch in der römischen Gesellschaft die Buchrolle definitiv abgelöst worden sein. Soweit es das Christentum zuließ, fanden auch Klassikertexte Eingang in die Codices. Zur Herstellung eines Codex wurden vorzugsweise Lagen von zwei bis neun Blättern verwendet. Im Frühmittelalter überwogen vierblättrige Lagen (Quaternionen). Die ursprünglich kleinen Formate der Taschenbücher entwickelten sich im Laufe der Spätantike zu ausgesprochenen Riesencodices von über 70 Zentimeter Seitenlänge. Mit dem Zusammenheften von Lagen entwickelte sich auch der Einband. Ursprünglich dienten wohl Schreine zur Aufbewahrung der Bücher.

Crayon-Manier Technik der Radierung. In der Crayon-Manier (auch Kreidetechnik genannt) wird die auf den Ätzgrund aufgetragene Zeichnung mit einem raspelähnlichen Hämmerchen und dem → Roulette bearbeitet bis eine Vielzahl an winzig kleinen Punkten entstanden ist. Im Druck ergibt sich dann eine kreidestrichähnliche Wirkung, ein Effekt, der dadurch noch verstärkt wird, daß man in Farben druckt, die den Kreidetönen weitgehend entsprechen. Es kommt deshalb auch häufig zu Verwechselungen mit Kreidezeichnungen. Als Erfinder gilt Jean Charles François, der bereits um 1740 Versuche mit dieser Technik machte *(siehe S. 99 f.)*.

Dentelle-Stil Form der Einbandverzierung, die Anfang des 18. Jahrhunderts aufkam. Anfänglich ein bescheidenes durch Rollen eingraviertes Muster, das die Randleisten zierte, entwickelte es sich zur reichen Spitzenbordüre mit üppiger Handvergoldung, zusammengesetzt aus konturierten und punktierten Stempeln auf farbigem → Maroquin.

Duodez Buchformat (12°). Zwölftelbogengröße.

Druckermarke -signet (Verlegersignet) Herkunfts- und Firmenzeichen der Buchdrucker und Verleger, dem Urheberzeichen auf gewerblichen Erzeugnissen verwandt. Das Signet steht in den Drucken des 15. Jahrhunderts hinter dem → Kolophon, um die Herkunft aus einer → Offizin zu beglaubigen. In den Handschriften gibt es dafür keine Vorbilder. Das älteste Druckersignet findet sich in der 48zeiligen Bibel von Fust und Schöffer aus Mainz 1462. Im frühen 16. Jahrhundert, als sich die Tätigkeit von Drucker und Verleger aufspaltete, wandelte sich das Druckersignet zum Verlegersignet. Die Entwürfe dafür stammen vielfach von namhaften Künstlern. Im ausgehenden 15. Jahrhundert erschienen die ersten »redenden Zeichen«. Im 16. Jahrhundert gewann die Emblematik auch Einfluß auf die Verlagszeichen. So führte die enge Verbindung von Buchwesen und Humanismus zu einer reichen Verwendung von Elementen aus der klassischen Mythologie. Von Frankreich ausgehend kamen im späten 17. Jahrhundert Kupferstichsignets mit zierlichen Putten und Genien auf. Für die Geschichte des Buchdruckes ist das Signet des Pariser Druckers Badius Ascensius von hoher Bedeutung. Es enthält die älteste bekannte Darstellung einer Druckerpresse (um 1625). In der modernen Buchkunst überwiegt das lineare, einprägsame Signet als Schutz- und Werbemarke, das auch auf Prospekten und Briefköpfen gebraucht wird.

H. Grimm: Deutsche Buchdruckersignete des 16. Jahrhunderts. Wiesbaden 1965; H. Wendland: Signete. Deutsche Drucker- und Verlegerzeichen 1457–1600. Hannover 1984 1993.

Editor Herausgeber. Der Editor stellt mit textkritischen Methoden einen möglichst zuverlässigen, lesbaren und autornahen Text her. Er dokumentiert seine Entstehung und Geschichte.

H. Boetius: Textkritik und Editionstechnik. In: H. L. Arnold/V. Sinemus (Hg.): Grundzüge der Literatur- und Sprachwissenschaft. Bd. 1. 3. Aufl. München 1975, S. 73–88.

Epistolar Zu den → Lektionaren zählendes liturgisches Buch, das die Lesungen aus dem Alten Testament, den Apostelbriefen, der Apostelgeschichte und der Apokalypse enthält, geordnet nach den Festtagen des Kirchenjahres.

Evangeliar Zu den → Lektionaren zählendes liturgisches Buch mit dem vollständigen Text der vier Evangelien, in der Regel in der Vulgatafassung. Oft sind die kommentierenden Einleitungsbriefe des Eusebius und des Hieronymus enthalten.

Evangelistar *Siehe unter Perikopenbuch*

Exlibris Bucheignerzeichen. Druckgraphisches Blatt kleinen Formates, meist in den vorderen Spiegel eingeklebt. Es enthält in der Regel das Wappen oder eine Darstellung aus dem persönlichen Umfeld des Büchersammlers. Von den Exlibris sind die mit buchbinderischen Mitteln auf der Außenseite des Einbandes angebrachten → Supralibros zu unterscheiden. Neben persönlichen Exlibris gibt es solche von Bibliotheken, Universitäten, Gesellschaften oder anderen Institutionen. Die frühesten Exlibris lassen sich als Holzschnitte gegen Ende des 15. Jahrhunderts nachweisen. Bald setzte sich der Kupferstich durch. Neben etymologisierenden Exlibris gibt es seit dem 17. Jahrhundert auch solche, die mit den Ausdrucksmitteln der Emblematik operieren. Im 18. Jahrhundert schätzte man Darstellungen von Bibliotheksräumen. Neben den überkommenen graphischen Techniken wurden seit Ende des 19. Jahrhunderts zunehmend photographische Verfahren für die Herstellung von Exlibris verwandt. Viele bedeutende Künstler haben für sich oder im Auftrag Exlibris geschaffen.

F. Warnecke: Die deutschen Bücherzeichen (Exlibris) von ihrem Ursprung bis zur Gegenwart. Berlin 1890; N. H. Ott: Exlibris. Frankfurt/M. 1967; Angela Hopf: Exlibris. München 1980; A. Treier: Redende Exlibris. Geschichte und Kunstform des deutschen Bücherzeichens. Wiesbaden 1986; E. Schutt-Kehm (Hg.): Das Exlibris. Eine Kulturgeschichte in 1600 Abbildungen aus den Beständen des Gutenberg-Museums Mainz. Dortmund 1990; S. Wolf: Exlibris. 1000 Beispiele aus fünf Jahrhunderten. München 1993.

Fanfare-Stil Französischer Bucheinbandstil, aufkommend in der zweiten Hälfte des 16. Jahrhunderts. Charakteristisch ist das Gemisch von Einzelstempeln, die in symmetrischer Anordnung die gesamte Deckelfläche mit Ausnahme eines freibleibenden Mittelfeldes bedecken. Dieses wurde oft mit dem Wappen des Besitzers versehen. Als Stempelmotive waren Palmblattzweige, Spiralen mit Blütenkelchen, Blätter und Blütenwerk gebräuchlich.

G. D. Hobson: Des reliures à la fanfare. London 1935. Reprint Amsterdam 1970.

Foliant Buch im → Folio-Format.

Folio Buchformat (2°): Ein halber Druckbogen entspricht einer Seite, wobei für die genaue Größe keine Normung vorliegt. Im allgemeinen spricht man bei mehr als 42 Zentimeter Seitenlänge von Folio-Format. In mittelalterlichen Handschriften und bei frühen Drucken ersetzt die Folio-Zählung die → Paginierung. Man zählte nicht die Seiten, sondern die Blätter.

Frontispiz In der älteren Buchkunst ein auf dem Titelblatt befindlicher Holzschnitt, der den Inhalt des Buches verdeutlichen sollte. Als → Druckermarke hatte es rein dekorative Funktion. Mit dem Aufkommen des Kupferstiches findet sich das Frontispiz auf der dem Titel gegenüberliegenden Seite. Gelegentlich enthält es die Titelangabe in stark verkürzter Form. Neben allegorischen Darstellungen treten im 17. und 18. Jahrhundert zunehmend Verfasserporträts auf. Seit Mitte des 18. Jahrhunderts dient es gelegentlich auch zur Illustration einer hervorgehobenen Textstelle.

Galvanoplastik Elektrochemisches Verfahren zur Abformung eines Gegenstandes. Dieser wird mit einer Fettschicht umgeben in ein galvanisches Bad gelegt. Die entstehende Metallschicht kann abgenommen werden. Mit einer galvanischen Abformung kann auch eine geprägte Blei oder Wachsmatrize, die von einem originalen Hochdruckstock abgenommen worden ist, metallisch überzogen werden. Nach Trennung des Metallhäutchens von der Matrize und Hintergießen desselben mit einer Metallegierung entsteht ein Metallklischee, das wiederum als Druckvorlage dient.

Graduale Der vom Kantor und der → Schola vorgetragene Wechselgesang in der katholischen Messe. Seit dem 12. Jahrhundert wird der Begriff auch für die liturgischen Bücher verwandt, die diese Gesänge enthalten. Er wird gelegentlich mit dem → Antiphonar gleichgesetzt.

Illumination Bezeichnet die malerische Auschmückung von Handschriften. Der weitergehende Begriff Illustration kann auch die Bebilderung eines Buches durch Handzeichnung oder -malerei und durch drucktechnische Mittel bedeuten.

Impressum Text, der die an der Herstellung und Herausgabe eines Druckerzeugnisses Beteiligten entsprechend der gesetzlichen Vorgaben nennt. Eine Vorform ist das → Kolophon in Inkunabeln und Drucken des 16. Jahrhunderts.

Initiale Bezeichnung für den durch Farbe, Größe und Schmuck hervorgehobenen Anfangsbuchstaben eines Textes in Handschriften und Drucken. In liturgischen Prachthandschriften kann die Initiale gelegentlich eine ganze Seite einnehmen. In den frühen Inkunabeln wurde der Platz für die Initiale zunächst ausgespart und nachträglich durch Briefmaler handschriftlich ausgemalt. Seit 1472 sind auch Holzschnittinitialen gebräuchlich, die in der Regel koloriert wurden. In der Mitte des 16. Jahrhunderts entstehen zunächst in Venedig bildliche Initialen, die ihre Thematik aus der antiken Mythologie beziehen. Die moderne Buchkunst bemüht sich um Angleichung des Anfangsbuchstabens an die verwendete Typographie.

Inkunabel Wiegendruck. Druckerzeugnis aus der Frühzeit des Buchdrucks (vor 1500).
Ludwig Hain: Repertorium Bibliographicum ... ad annum MD. 4 Tle. in 2 Bdn. u. 3 Suppl. Bde. von Walter A. Copinger. Stuttgart 1826–1838. Reprint Mailand 1948/1966 (London 1895–1902); Georg W. Panzer: Annales Typographici ab artis inventae origine ad annum MDXXXVI. 11 Bde. Nürnberg 1793–1803. Reprint Hildesheim 1963–1964. Die deutschsprachigen Inkunabeln sind aufgenommen in: Georg W. Panzer: Annalen der älteren deutschen Litteratur. 2 Bde. Nürnberg. 1788–1885. Reprint Hildesheim 1961–1962; A. Schramm: Bildschmuck der Frühdrucke. 23 Bde. Leipzig 1920–1943.

Kollationierung Dabei wird der Grad der Vollständigkeit eines Werkes festgestellt. Das Ergebnis ist wichtiger Bestandteil der katalogmäßigen Beschreibung eines antiquarischen Buches.

Kolophon Schlußformel mittelalterlicher Handschriften und Frühdrucke mit Angaben über Verfasser, Druckort und Druckjahr. Vgl. → Impressum.

Kolorierung Bezeichnet das Ausmalen von Zeichnungen, Graphhiken, Photographien, Diapositiven u. ä. Sie hat ihre Wurzeln in der mittelalterlichen Buchmalerei, wo lavierte Federzeichnungen illuminiert wurden. Im 15. Jahrhundert wurden sowohl Blockbücher als auch mit Holzschnitten illustrierte Werke koloriert. Diese Aufgabe fiel den Briefmalern zu. Auch Einblattdrucke wie Flugblätter, Andachtsbilder und Bilderbögen wurden bis weit in das 19. Jahrhundert hinein koloriert. In Antiquariatskatalogen wird zwischen Alt- und Neukolorit unterschieden. Unter Altkolorit versteht man eine farbliche Ausmalung der Originalzeit, während Neukolorit eine Farbgebung von späterer Hand bedeutet.

Lektionar Liturgisches Buch mit den Bibelabschnitten für den christlichen Gottesdienst. Sammelbezeichnung für → Epistolar und → Evangeliar.

Ligatur Zusammenziehung von Buchstabenfolgen durch ein oder mehrere Zeichen. In der Typographie wird die Buchstabenverbindung auf einer Type als Ligatur bezeichnet.

Majuskel Bezeichnung für die Großbuchstaben der griechischen und lateinischen Schrift, deren früheste Formen ausschließlich Majuskeln kennen. Aufgrund des Beschreibstoffes (Stein, Metall) weisen die frühesten Majuskeln, in Griechenland seit dem 8. Jahrhundert und in Rom seit dem 6. Jahrhundert, eckige und spitzwinkelige Formen auf, die den Schriftduktus der »Capitalis« kennzeichnen. Diese Schriftform wurde sowohl im griechischen als auch im lateinischen Kulturbereich mit zunehmender Schriftlichkeit rundlicher und damit flüssiger. Es entstand die Majuskelkursive. Diese im lateinischen Bereich vereinzelt seit dem 2. vorchristlichen Jahrhundert erscheinende Schrift wurde in der Spätantike zur Regelschrift: die → Unziale. Durch die Verbreitung von Pergament als Schreibstoff, das eine flüssigere Schreibweise zuließ, wurde dieser Duktus entscheidend gefördert. Mit der Ausbildung der Halbunziale, die Ober- und Unterlängen bei einzelnen Buchstaben zuließ, bahnte sich die Entwicklung der → Minuskel an. Durch die iro-schottische Missionstätigkeit wurde seit dem 6. Jahrhundert die insulare Halbunziale die beherrschende Buchschrift im kontinentalen Westeuropa. Mit den karolingischen Reformbestrebungen um 800 kam es von Tours ausgehend zu einer Neubildung der Majuskel, während daneben auch in Minuskelschrift geschrieben wurde. Seit dem 10. Jahrhundert wurde die Majuskel nur noch als Auszeichnungsschrift verwendet. Majuskelbuchstaben erhielten sich über das ganze Mittelalter als Initialen. Mit der Großschreibung seit dem 15. Jahrhundert kommt ihnen dann auch innerhalb der Texte eine Bedeutung zu. In der Druckkunst sind Majuskeln oft Objekte der künstlerischen Gestaltung. Bei Schreibschriften nennt man die Majuskeln Großbuchstaben, bei Druckschriften → Versalien.

Maroquin Besonders wertvolles, sehr festes und grobnarbiges Buchbinderleder, das ursprünglich aus dem Fell der marokkanischen Ziege hergestellt wurde. In der Renaissance aus dem Orient in die italienischen und französischen Buchbinderwerkstätten eingeführt, findet Maroquin bis heute Verwendung für besonders kostbare Einbände. Wird die Narbung geglättet, so entsteht ein sehr glänzendes Leder, das als Maroquin-Ecrasé bezeichnet wird.

Mezzotinto Auch Schabkunst oder »Englische Manier«. Technik des Kupferstiches *(siehe S. 95 f.)*.

Minuskel Bezeichnung für Kleinbuchstaben des griechischen und lateinischen Alphabetes. Im Gegensatz zu den → Majuskeln erscheinen die Minuskeln erst verhältnismäßig spät, in ihrer ausgebildeten Form erst im 8. nachchristlichen Jahrhundert. Im griechischen Bereich entwickelten sie sich aus der byzantinischen Geschäftsschrift, der Kursive. Als Buchschrift wurden Minuskeln bis ins 15. Jahrhundert hinein gebraucht. Dem venezianischen Drucker Aldus Manutius dienten sie als Vorbild für seine seit 1495 verwendete Druckkursive. Die Vorbilder für die lateinischen Minuskeln liegen in der seit dem 4. Jahrhundert gebräuchlichen jüngeren römischen Kursive und in den Formen der Halbunziale. Wie im byzantinischen Kulturbereich war auch die lateinische Kursive zunächst eine Geschäfts- und Urkundenschrift. Die Ausbildung zur vorkarolingischen Minuskel erfolgte in den klösterlichen → Skriptorien seit dem 6. Jahrhundert. Eine Vereinheitlichung der verschiedenen Minuskeltypen entstand in karolingischer Zeit. Bereits seit dem 9. Jahrhundert sind verschiedene Schreiber des Minuskelalphabetes aus dem Umkreis Karls des Großen bekannt (Godescalc). Die karolingische Minuskel blieb auch nach dem Zerfall des Karolingerreiches bis in das 12. Jahrhundert die formbeständigste Schrift des frühen und hohen Mittelalters. Auch die gotische Minuskel und die Humanistenschrift, die unter Verwendung der karolingischen Schrift entstanden sind, haben ihre Wurzeln in der karolingischen Minuskel. Die im 15. und 16. Jahrhundert entstandenen Druckschriften (Schwabacher, Antiqua) bewahren ebenso wie moderne Druck- und Schreibschriften den Minuskelcharakter.

Missale Wichtigstes liturgisches Buch der katholischen Kirche, bis zum zweiten vatikanischen Konzil meist in lateinischer Sprache. Es entstand aus der Verschmelzung mehrerer anderer, ursprünglich selbstständiger liturgischer Bücher: das → Sakramentar enthielt die Gebetstexte für den Priester, das

→ Epistolar und das › Evangeliar später zum → Lektionar vereinigt – dienten dem Diakon für die Lesungen, und das → Antiphonar (Graduale) war für den Kantor bestimmt. Gegen Ende des 10. Jahrhunderts kam es zur Vereinigung der Teilbücher zum Voll-Missale. Seit karolingischer Zeit bemühte man sich um eine Vereinheitlichung der liturgischen Texte auf der Basis des Missale Romanum. Dennoch verfügten kirchliche und monastische Zentren bis zum Ende des Mittelalters über eigene Meßbücher. 1570 wurde die Verbindlichkeit des Missale Romanum in der Fassung des Konzils von Trient für die gesamte katholische Kirche erklärt.

Niello In der älteren Forschung wird die Niello-Technik als Vorläufer des Kupferstiches angesehen *(siehe S. 96 f.)*.

Offizin Seit dem ausgehenden 16. Jahrhundert gebräuchliche Bezeichnung für die Buchdruckerwerkstatt. Auch heute nennen sich graphische Betriebe gelegentlich noch so.

Oktav Buchformat (8°). Achtelbogengröße.

Oktodez Buchformat (18°). Achtzehntelbogengröße.

Paginierung Seitenzählung.

Perikopenbuch Auch Evangelistar genannt. Ein zur Gruppe der → Lektionare gehörendes seit dem 6. Jahrhundert bekanntes Buch, das ausgewählte bei der Messe zur Lesung benötigte Evangelien enthält. Wie beim → Epistolar sind die Texte nach den Festtagen des Kirchenjahres angeordnet. Viele Perikopenbücher gehören zu den buchkünstlerisch bedeutendsten Handschriften des Mittelalters.

Pointillé-Stil Eine in Frankreich um 1620 aufkommende Einbanddekoration, bei der spiral- und blattförmig gezogene Linien in Punkte aufgelöst werden. In diese Gebilde wurden die Fers pointillés eingefügt, die von der Mitte bukettförmig ausstrahlen. Bevorzugtes Material war rotes → Maroquin-Leder, auf dem sich die fein punktierten Goldmuster besonders gut abhoben. Die englischen Cottage- und Allover-Styles sind aus dem Pointillé-Stil hervorgegangen.

Privatpressen Druckereien von meist geringer Betriebsgröße, die den persönlichen, wissenschaftlichen oder künstlerischen Zielen ihres Leiters dienen. Gewerbliche Absichten sind in der Regel sekundär. Im allgemeinen versteht man seit der Buchkunstbewegung unter Privatpressen Werkstätten, die von Buchkünstlern oder Typographen geleitet werden. Ihre Drucke wenden sich vornehmlich an bibliophile Sammler. Gelegentlich erscheint der Begriff auch im Zusammenhang mit Gelehrten, die eine Druckwerkstätte unterhielten, um ihre eigenen Werke zu publizieren. Der Mathematiker und Astronom Johannes Regiomontanus betrieb 1474/75 in Nürnberg eine Presse, mit der er antike und zeitgenössische Mathematiker druckte. Den modernen Pressendruck begründete 1891 William Morris mit der Kelmscott Press. In Deutschland entstanden nach 1900 unter anderen die Janus-Presse (1907–1923), die Ernst-Ludwig-Presse (1907–1937), die Bremer Presse (1911), die Cranach-Presse (1913–1936) und die Officina Serpentis (1911).

Rodenberg/G. S. Tomkinson: A select bibliography of the principal modern public presses in Great Britain and Ireland. London 1928.

Provenienz Die Herkunft eines Kunstwerkes, Buches oder einer Handschrift. In Antiquariats- und Bibliothekskatalogen werden gelegentlich – falls bekannt – auch die Vorbesitzer des beschriebenen Objektes genannt.

Psalter Umfaßt die 150 Gesänge des alttestamentlichen Psalmenbuches als deren Verfasser in der späteren jüdischen und christlichen Tradition König David angesehen wird. Seit frühchristlicher Zeit sind die Psalmen beim Gottesdienst im liturgischen Gebrauch. Über die Einteilung in der Benediktinerregel, derzufolge der Psalter in einer Woche vollständig rezitiert werden konnte, breitete er sich seit dem 8. Jahrhundert als liturgisches Buch der römischen Kirche aus. Die Handschriften wurden häufig durch ein Kalendarium ergänzt. Die → Illustrationen nehmen meistens Bezug auf den Text oder ergänzen ihn durch Szenen aus dem Neuen oder Alten Testament. Während es aus karolingischer und frühmittelalterlicher Zeit zahlreiche Prachthandschriften des Psalters gibt, sank in der Gotik die Bedeutung des Textes. Erst mit der neuen Laienfrömmigkeit im Spätmittelalter entstanden Breviere und Stundenbücher, die auch die Psalmen aufnahmen. Vollständige Psalter bleiben allerdings selten. Gutenberg hatte einen gedruckten Psalter vorbereitet, der 1457 von Peter Schöffer vollendet wurde. In diesem Psalterium Moguntinum *(vgl. S. 50)* wurden die → Initialen erstmalig zweifarbig von Metallschnitten gedruckt. Der Wittenberger Psalter Luthers (1531 bei Hans Lufft verlegt) leitet die Epoche des reformatorischen Psalterdruckes ein.

Punze Werkzeug zum Gravieren der Druckplatten. Sie besteht meist aus einem vierkantigen Stahlstift, dessen Ende zweckentsprechend geformt und gehärtet ist.

Quart Buchformat (4°). Viertelbogengröße.

Recto Die Seite eines Buches oder einer Handschrift, die zuerst beschrieben oder bedruckt worden ist. Bei Papyri konnte man auf ihr entlang der Maserung schreiben, bei Pergament handelte es sich um die besser als Schreibstoff geeignete Hautinnenseite. Vgl. → Verso.

Responsoriale Liturgisches Buch, das die für bestimmte Teile des Stundengebetes und dessen Lesung nötigen Gesänge und Antiphone enthält. Desalb wird es auch als → Antiphonar bezeichnet.

Roulette Instrument mit gezähntem Rädchen oder stachelbesetzter Walze, das in der Radierung zum Punktieren der Kupferplatte verwendet wird.

Sakramentar Liturgisches Buch, das die Gebetstexte des Priesters für den Gottesdienst enthält.

Schola Institutionelle Vereinigung von Lehrern und Schülern, besonders zur Pflege und Weiterentwicklung des Gregorianischen Chorals.

Sedez Buchformat (16°). Sechzehntelbogengröße.

Skriptorium Mittelalterliche Klosterschreibstube *(siehe S. 16 f.)*.

Supralibros (Superexlibris) Auf dem Außendeckel angebrachtes Eignerzeichen des Besitzers eines Buches in Form eines Wappens, Signets, Wahlspruchs, Porträts, Monogramms oder einer Initiale. Das Supralibros ist Teil des künstlerischen Einbandschmuckes. Es wurde mit Einzelstempel in Blind oder Goldprägung ausgeführt. Mit dem Entstehen der Privatbibliotheken in der Renaissance kam auch das Bucheignerzeichen auf den Außendeckeln auf. Eines der ältesten Supralibros ist die Devise des großen französischen Bibliophilen Jean Grolier (1479–1565) »Io. Grolierii et amicorum«. Die für den Kurfürsten Ottheinrich von der Pfalz hergestellten Einbände zeigen das authentische Porträt des Fürsten. Eine Sonderform ist das Schließen-Exlibris: Der Name des Besitzers ist auf den Schließen des Buches angebracht.

Textkritik Antike oder mittelalterliche Texte sind in nur sehr seltenen Fällen in einer autornahen Form überliefert. Bei zahlreichen Abschriften über die Jahrhunderte sind durch Eingriffe oder Fehler der Kopisten Textvarianten entstandenen, die der Philologe als verderbt bezeichnet. Um zu einer autornahen Textausgabe zu gelangen, ist es notwendig, das gesamte überlieferte Material zu sichten und zu ordnen. Dabei werden die Überlieferungsträger zu Gruppen zusammengestellt, die nach dem Prinzip ihrer Abhängigkeit untereinander aufgebaut sind. Wenn gemeinsame Charakteristika erkennbar sind, liegt der Schluß nahe, daß sich Überlieferungsträger innerhalb einer Gruppe gegenseitig kopiert haben. Durch sorgfältigen Vergleich ist es möglich das früheste Glied innerhalb der Gruppe festzustellen. Das braucht nicht unbedingt die älteste Handschrift zu sein. Wenn zum Beispiel bei einem Text aus dem 12. Jahrhundert die Handschrift des 13. Jahrhunderts schon aus mehreren verderbten Überlieferungsträgern kopiert ist, so kann eine Handschrift aus dem 14. Jahrhundert, die aus einer autornahen Quelle des 12. Jahrhunderts schöpft,

für die Textkritik wesentlich bedeutsamer sein. Nachdem der → Editor das gesamte Überlieferungsmaterial gesichtet hat, wird er ein Stemma anfertigen, einen Stammbaum des Textes, der die Abhängigkeit der Kopien voneinander erkennen läßt. Da nur in sehr seltenen Fällen das vollständige Material erhalten ist, sind in diesen Stammbaum in der Regel eine Reihe von hypothetischen Zwischenträgern der Überlieferung eingeschaltet, von denen der Herausgeber des Textes annimmt, daß einige andere von ihnen kopiert haben. Das Stemma ermöglicht dem Philologen die Entscheidung über das Editionsprinzip: An der Wurzel des Stammbaumes steht eine – meist nicht erhaltene – Quelle, aus der alle anderen Handschriften schöpfen. Man bezeichnet sie als Archetypus. Wenn der textkritische Bearbeiter einen Träger der Überlieferung als den Archetypus erkannt hat, wird er sich zum Leithandschriftenprinzip entschließen. Diese Handschrift wird als Grundlage des zu edierenden Textes genommen und relevante Abweichungen anderer Manuskripte und Drucke werden in den Anmerkungen aufgeführt. Komplizierter ist die Situation, wenn es nur späte – spät in der Bedeutung großer Entfernung vom Archetypus – Manuskripte und Drucke gibt. In diesem Fall muß der Herausgeber aus dem Überlieferungsmaterial einen Text rekonstruieren, der in Sprache, Stil und Duktus dem Archetypus möglichst nahe kommt. Für den späteren Benutzer des Textes ist es dabei von Bedeutung, daß jede philologische Überlegung des Herausgebers penibelst dokumentiert wird. Neuere literarische Werke liegen meist in Ausgaben letzter Hand oder in Drucken vor, die vom Verfasser autorisiert sind. Die Aufgabe des Herausgebers oder textkritischen Bearbeiters beschränkt sich dann auf die Dokumentation der Entstehungsgeschichte eines Werkes und auf sehr vorsichtige Eingriffe in die Orthographie und die Interpunktion. Eine Ausnahme gilt für Texte, die vom Autor nicht für den Druck bearbeitet worden sind: Briefe, Tagebücher, fragmentarische Werke. Aufgrund unterschiedlicher Prinzipien der Textkritik können sich edierte Texte zum Teil erheblich voneinander unterscheiden.
P. Maas: Textkritik. 4. Aufl. Leipzig 1960; H. Boetius: Textkritik und Editionstechnik. In: H. L. Arnold/V. Sinemus (Hg.): Grundzüge der Literatur- und Sprachwissenschaft. Bd. 1. 3. Aufl. München 1975, S. 73–88.

Topographie Geographisches Werk des 16. bis 18. Jahrhunderts, in der Regel mit Illustrationen zur Beschreibung von Städten und Landschaften. Maßgebend für diese Gattung war die Schedelsche Weltchronik von 1493 *(vgl. S. 40)*, in der erstmalig Holzschnittillustrationen in ein belehrendes gedrucktes Buch aufgenommen worden sind. Während die Holzschnittbücher im ausgehenden 15. und 16. Jahrhundert nur sehr eingeschränkt die Absicht haben, eine genaue Wiedergabe der beschriebenen Lokalität zu geben, entsteht mit dem Kupferstich auch die Möglichkeit, Städte und Landschaften realistisch abzubilden. Mit der Produktion von Braun-Hogenberg setzt um 1580 eine neue Phase der geographischen Illustration ein, die mit den Topographien des Matthäus Merian ihren Abschluß findet. Schwerpunkt dieser Buchgattung ist seit

Schedels Zeiten das Bild. Dem Text kommt nur begleitende Funktion zu.
P. Volkelt: Die Stadtansicht in den großen Druckwerken. Diss. Marburg 1949.

Typographie In einem allgemeinen Sinne kann der Ausdruck zur Bezeichnung der gesamten Buchdruckkunst mit beweglichen Lettern benutzt werden. Gelegentlich versteht man unter Typographie die buchkünstlerische Formgebung eines Druckwerkes. Im bibliophilen und kunsthistorischen Sprachgebrauch bedeutet Typographie die Gestaltung des Schriftsatzes.
A. Kapr/W. Schiller: Gestalt und Funktion der Typographie. Leipzig 1977.

Unziale Gerundete → Majuskel der lateinischen Schrift.

Vernis mous Weichgrundätzung *(siehe S. 98 f.)*.

Versalie → Majuskel in Druckschrift.

Verso Die Seite eines Buches oder einer Handschrift, die als zweite beschrieben oder bedruckt worden ist. Bei Papyri mußte man auf ihr entgegen der Maserung schreiben, bei Pergament handelte es sich um die schlechtere Hautaußenseite. Vgl. → Recto.

Vignette Bildliches oder ornamentales Zierstück zur Bereicherung der Illustration und des Buchschmucks auf dem Titelblatt, bei den Kapitelanfängen, den Kapitelschlüssen und am Ende des Buches.

Vingesimoquart Buchformat (24°). Vierundzwanzigstelbogengröße.

Xylographie Holzschnitt, Holzstich *(siehe S. 88 ff. u. S. 111 ff.)*.